蓝冰 /著

民事法定听审权研究

Anspruch auf rechtliches Gehör

知识产权出版社
全国百佳图书出版单位

图书在版编目（CIP）数据

德国民事法定听审请求权研究／蓝冰著．—北京：知识产权出版社，2019.4
ISBN 978－7－5130－5956－5

Ⅰ.①德… Ⅱ.①蓝… Ⅲ.①民事诉讼—审判—司法制度—研究—德国 Ⅳ.①D951.651

中国版本图书馆 CIP 数据核字（2018）第 262509 号

责任编辑：崔开丽　　　　　　　　　　责任校对：王　岩
封面设计：SUN 工作室　韩建文　　　　责任印制：刘译文

德国民事法定听审请求权研究
蓝　冰　著

出版发行：	知识产权出版社有限责任公司	网　　址：	http://www.ipph.cn
社　　址：	北京市海淀区气象路 50 号院	邮　　编：	100081
责编电话：	010－82000860 转 8377	责编邮箱：	cui_kaili@sina.com
发行电话：	010－82000860 转 8101/8102	发行传真：	010－82000893/82005070/82000270
印　　刷：	三河市国英印务有限公司	经　　销：	各大网上书店、新华书店及相关专业书店
开　　本：	720mm×1000mm　1/16	印　　张：	14
版　　次：	2019 年 4 月第 1 版	印　　次：	2019 年 4 月第 1 次印刷
字　　数：	225 千字	定　　价：	58.00 元
ISBN 978－7－5130－5956－5			

出版权专有　侵权必究
如有印装质量问题，本社负责调换。

立足于祖国土地,思想和心灵在世界的天空翱翔!

[西班牙] 胡安·雷蒙·西蒙内斯

内容提要

本书主要是对德国民事诉讼法具体制度展开研究。德国民事法定听审请求权关涉诉讼过程中当事人的人性尊严保障，体现法治国家原则，是民事诉讼法和民事诉讼的核心理念。德国民事法定听审请求权是当事人在民事诉讼中享有的一项程序基本权利，也是宪法上的人权保障观在民事诉讼中的体现，旨在保障当事人的诉讼主体地位。本书对德国民事法定听审请求权展开了全景式、体系化研究，涵盖了德国民事法定听审请求权的意涵、历史、理论基础、主体、内容、限制和救济，探求法定听审请求权作为一项程序基本权利和人权保障理念，对民事诉讼相关制度的指导意义和核心作用。反思我国立法实践与民事诉讼制度设计，基于我国人权保障的宪法基础和程序权保障的诉讼理论，针对我国宪法和民事诉讼法立法缺陷、民事司法实践的需要以及民事诉讼制度亟待完善的现实，本书提出了在宪法和民事诉讼法上确认法定听审请求权保障的理念、在民事诉讼各项具体制度中完善法定听审请求权的构想，以期对我国民事诉讼法改革和民事诉讼法理论的完善有所裨益。本书分为三部分，共九章。

第一部分是德国民事法定听审请求权的历史与理论基础。本部分旨在分析法定听审请求权这一术语在德国法上的含义、一般性质以及与其他国家规定的差异，探求法定听审请求权在德国的生长历程和成长环境及其理论支撑。这是本书研究的起点。

第一章说明，"法定听审请求权"一词译自德文。笔者在译文上忠实于该权利的实质含义，即当事人基于宪法所赋予的程序主体地位，有权请求法院在作出判决时，保障当事人能够参与该审判程序、享有充分的攻击防御、陈述事实和法律上的意见和辩论的机会，从而影响裁判程序的进行和结果。

法定听审请求权既是一项宪法规定的程序基本权利，也是一项复合性诉讼权利，同时是一项民事诉讼基本原则，因此，"法定听审请求权"通常可以与"法定听审"互用。同时，德国法定听审请求权的历史演变也表明，法定听审请求权是自然正义和宪政发展的成果，具有宪法实定法化的历程。本章旨在说明法定听审请求权的来源与其所具有的程序基本权和复合性诉讼权利的性质。

第二章阐述了法定听审请求权所依据的法治国理论和人权保障的理论基础，说明法定听审请求权是宪法发展的产物。宪法是法定听审请求权所具有的保障当事人在诉讼中的主体地位的依据，而法定听审请求权是宪法确认的人权保障观在民事诉讼中的体现。本章旨在阐明法定听审请求权的法治国家原则性和人权保障观。

第二部分是对德国法定听审请求权的体系化研究，旨在考察以法定听审请求权保障为理念的民事诉讼制度。

第三章分别在宪法和民事诉讼法层面对德国民事法定听审请求权主体进行了梳理。宪法上的法定听审请求权人的范围大于民事诉讼法。在宪法上，人人都享有法定听审请求权；在民事诉讼法上，法定听审请求权的主体具有特定性，包括当事人或者类似当事人地位而参与法院诉讼程序的人，或者直接与诉讼存在法律上的利害关系的人。本章旨在对法定听审请求权主体在宪法和民事诉讼法层面加以区分，认为前者具有概括性，后者具有特定性。

第四章涉及法定听审请求权的内容，包括知悉权、陈述权、审酌请求权和突袭性裁判禁止请求权。法定听审请求权不仅是当事人享有的复合性诉讼权利，同时也要求法官履行审酌义务和提示义务，禁止突袭性裁判，实现当事人的程序主体地位保障。而这种保障还涉及与民事诉讼相关的制度，例如律师代理制度。法定听审请求权三个方面的内容与民事诉讼具体制度相关，一是得到送达制度保障的知悉权；二是集中体现当事人程序主体地位的陈述权；三是得到法官心证公开制度保障的审酌请求权，其中还包括了得到释明义务和法律讨论义务保障的突袭性裁判禁止请求权。这是本书的重点部分。

第五章论及法定听审请求权在民事诉讼法上受到失权制度的合法限制。由于法定听审请求权具有宪法基本权利的特殊地位，它不应当受到非法限制。只有在法院错误适用失权规定时，才会侵害法定听审请求权。

第六章研究了法定听审请求权的救济程序。法定听审请求权的救济因法定听审请求权的双重属性而具有特殊性，即双轨式救济。作为宪法基本权利，它可以通过宪法诉讼得以救济；作为一项复合性诉讼权利，也可以得到民事法院的救济。其救济方式包括宪法抗告和向普通民事法院提出上诉和听审责问。2001年和2004年的《德国民事诉讼法》新增了听审责问救济程序，强化对法定听审请求权的救济。

第三部分将视角转向反思我国民事法定听审请求权实践。促进我国民事诉讼的人权保障理念，并改进相关诉讼制度，是本书研究的落脚点。

第七章转而分析我国法定听审请求权立法缺失的原因。我国古代儒家传统文化、家族主义的家长制否定了个人，在立法上体现为义务本位主义，在诉讼中个人被义务性法律束缚，没有程序主体地位，对裁判的形成不能发挥积极的影响作用。因此，尽管我国古代实行"两造听讼"的审判制度，但是，它与保障人权和当事人程序主体地位的法定听审请求权制度实质不同。我国现行《宪法》①和《民事诉讼法》②没有明确规定法定听审请求权，是囿于权利意识淡薄、传统的国家主义立法观的主导以及对法定听审请求权立法的理论准备不充分。

第八章论证了我国确立法定听审请求权的必要性和可行性。这解决了我国确立法定听审请求权的正当性问题。我国《宪法》和《民事诉讼法》确立法定听审请求权是法定听审请求权得以有效保障的前提。一方面，法定听审请求权的宪法化是宪法完善人权保障、宣誓和保障法定听审请求权和确认民事诉讼法的宪法理念的需要。法定听审请求权只有在宪法上被确认为公民的一项基本权利，才能成为我国民事诉讼制度设计的宪法理念，也才能称之为法定听审请求权的宪法保障；法定听审请求权的民事诉讼法化不仅可以使宪法理念具体化、法定听审请求权作为人权保障理念的原则化，而且还可以使法定听审请求权保障体系化及其民事救济程序法定化。法定听审请求权只有在民事诉讼法规定其基本原则和救济方式后，才能成为贯穿我国民事诉讼法

---

① 本书中提及的我国《宪法》、现行《宪法》均为1982年《宪法》。
② 本书中提及的我国《民事诉讼法》、修改后的《民事诉讼法》、现行《民事诉讼法》均为2007年修正的《民事诉讼法》。

制度和民事诉讼的主线,才能得到切实的法律保障;另一方面,这也是优化诉讼程序、防止涉诉上访、树立司法权威并且减轻最高人民法院负担的根本之举。目前,人权保障已纳入我国宪法,实务中已经开始践行诸如告知制度之类的保障当事人法定听审请求权的措施,"司法和谐"已成为诉讼追求的目标,法定听审请求权纳入宪法和民事诉讼法体系和理论体系都不存在障碍,这些都表明,确立法定听审请求权已具备初步条件。

第九章从理论上提出了我国法定听审请求权立法宏观构想,并对相关民事诉讼制度进行检讨与改进。这涉及法定听审请求权对我国相关民事诉讼制度的整合,并从当事人的保障、对法官的约束和救济程序三个层次,对我国法定听审请求权相关制度进行检讨并提出改进建议。

一提出了法定听审请求权宪法化的宏观构想。宪法明确规定法定听审请求权,并由最高人民法院设置专门法庭对司法实践中侵害法定听审请求权的行为予以追究。

二提出了法定听审请求权民事诉讼法化的宏观构想。由于法定听审原则是一项以保障法定听审请求权为核心的宪法性原则,其效力高于普通民事诉讼法原则,因此,民事诉讼法理当明确把它确定为民事诉讼法的一项基本原则。本章说明,法定听审请求权实定法化是法定听审请求权保障作为诉讼中人权保障理念得以正当化的前提,因此,它首先应当得到我国《宪法》确认,然后在我国《民事诉讼法》上确立为基本原则。

三检讨送达制度。我国现有送达方式存在诸多缺陷,推定送达制度不够完善,对此,应当通过保障有效送达、完善推定送达制度和构建层级送达体制予以改进,从而确保当事人的知悉权,为行使法定听审请求权所涵盖的其他权利提供基础。

四是从法定听审请求权防止突袭性裁判的角度,检讨释明义务。释明范围缺乏层次和对法律观点提示义务认识不清的问题,应当以法定听审请求权保障为目标,完善法律观点提示义务,例如,法官应当在特定情形下履行法律观点提示义务并记入笔录,以备审查;法官不当履行或者不履行释明提示义务而作出的裁判,可以因法官侵害法定听审请求权被提起上诉、责问或宪法抗告而获得救济。

五是证据失权制度存在正当性理论基础单一、证据失权规则缺陷和相关配套制度不健全的问题,应当把诉讼负担论和法定听审请求权保障及其合宪性限制作为证据失权制度的正当性基础的补充,改进其具体制度,健全答辩失权和证据交换配套制度。细言之,我国在设计该制度时,应当以法定听审请求权的最低限制为根据,严格限制证据失权制度的适用。为此,证据制度应当进行如下改革:首先,应当有条件地放宽举证期限,以当事人在举证期限届满之前提供证据为一般原则,同时,在一审言词辩论终结前,根据查明案件真实的需要,当事人有权及时提供证据。其次,规定严格的证据失权要件,即法官实施了审前准备,为当事人提交证据提供了足够的机会和时间;允许当事人逾期举证将导致诉讼延迟;当事人逾期举证有重大过失或者恶意;当事人逾期举证时,法院应当赋予该当事人就无过失逾期进行释明的机会;只有在法官认为当事人逾期举证存在重大过失,而且逾期举证会导致延迟诉讼时,才能适用证据失权。再次,应当重新界定新证据的范围。一审中的新证据应当包括:一审最后言词辩论终结时未提出、被放弃、被法院正确地排除的证据;在一审言词辩论终结后才发生的事实;一审中当事人的主张无实质性争议,而在第二审时,对补正该争议的实质性时所提供的证据。二审允许提供的新证据包括:一审法院明显忽略或者认为不重要的观点;因一审程序缺陷而没有主张的证据;非因当事人的过失而没有在一审中提出的证据。最后,确立答辩失权制度和完善庭前证据交换制度相关配套制度。

六是心证公开是对法官履行审酌义务的要求。尤其是裁判理由是否公开,其是法定听审请求权是否得到保障的重要标志。心证公开制度立法粗疏,在实践中有较大的随意性,其理论视角偏狭,应当转换研究视角,以保障法定听审请求权的理念并完善其具体制度。

七是对我国2007年修订后的《民事诉讼法》关于当事人申请再审所涉及的法定听审请求权保护进行检视。该项规定仍然具有程序工具论之嫌,应当以保障当事人法定听审请求权为再审制度设计理念,把"法官违背释明义务"和"不当限制当事人提出新的攻击防御方法"添加到当事人申请再审的事由中,缩短再审申请期限,要求案件只有在经过上诉审后才能提出再审申请,并且只允许申请一次再审。综上所述,本书有以下几个方面的创新内容:

（一）视角新

本书研究法定听审请求权及其保障，目的在于为我国民事诉讼相关制度的整合寻求一个基本立足点。法定听审请求权不仅是一项复合性诉讼权利，而且由于它具有宪法上的最高地位，实际上起到了贯穿于民事诉讼各项制度的基本原则的作用。因此，本书对法定听审请求权的系统化研究对我国民事诉讼法相关制度的改革和完善有所裨益。法定听审请求权所包含的诉讼告知权、意见陈述权、法官的审酌请求权等内容，在我国分别得到了较为细致的研究。但是，这些研究缺乏整体性、体系化，且未从程序理念以及宪法高度入手，加之缺乏对法定听审请求权所具有的基本原则性的认识，在具体的权利设置和制度安排上顾此失彼，不能相互呼应，甚至脱节。典型的例子就是我国关于证据失权制度如何宽严相济的争议。

（二）观点新

第一，法定听审请求权仅仅指诉讼系属到裁判作出这一阶段所实施的请求权，不包含司法裁判请求权，即开启诉讼的权利，进而可以把判决程序一分为二。本书明确法定听审请求权和司法裁判请求权的界限和研究范围，前者研究程序权的保障，而后者研究受案范围。

第二，法定听审请求权的研究体系化。这包括法定听审请求权的历史发展、理论基础、功能结构和救济方式。我国学界虽然对法定听审请求权涉及的内容分别进行了或多或少的研究，例如提供证据权等，但并未认识到这些权利所具有的整体性特征，因而其体系化研究阙如。

第三，法定听审请求权体现了人权保障观，是一种程序理念，具有贯穿整个民事诉讼法和民事诉讼的原则性功能。我国学界通常从程序保障的角度研究当事人的诉讼权利，也从宪法与民事诉讼法的关系角度讨论程序保障，但是并没有从二者相结合的角度出发，对法定听审请求权进行系统而具体化考察。换言之，我国学界没有将法定听审请求权贯穿整个民事诉讼程序和所有民事诉讼制度，且没有将其落实到具体权利保护的角度开展研究。

第四，法定听审请求权作为一项具有宪法地位的程序基本权利，应当在我国实定法化，纳入宪法和民事诉讼法规范：宪法宣示法定听审请求权保障，民事诉讼法明确规定以法定听审请求权保障为核心的法定听审原则。

（三）资料新

第一，本书能采用大量的德文原文资料，得益于本人在多年前获得德语语言文学学士学位后，长期参与中德文化交流事务，并有幸在2004年赴德学习。其时虽短，但为本论题收集了大量的一手资料。

第二，与德国法学专家直接对话。德国法定听审请求权涉及诉讼中的法治国家原则和当事人的人权保障。如何防止该权利在民事诉讼中遭到侵害，成为德国法上一个极其重要的问题，理论界和实务界都非常关注。由于两国交流不畅，德国法学教授们对中国类似法律制度研究颇感兴趣，对本论题的选择也十分兴奋和期待，并提供了有益见解和资料支持。

第三，及时关注资料更新。各国宪法虽然都关涉法定听审请求权的内容，但唯有《德国民事诉讼法》明确规定了对法定听审请求权全面的民事救济程序，并不断完善对法定听审请求权的保护，因此，德国法定听审请求权的这一独特性具有重要研究价值。为了尽可能准确地把握法定听审请求权的立法动态，本书特别关注2001年德国民事诉讼法改革的相关内容，以及规定在本审级内部对法定听审请求权侵害实施救济的新方式的《德国听审责问法》（2005年生效），以期掌握德国法定听审请求权的整体运作，从而对我国法定听审请求权保障的理论研究与立法有所助益。

本书的内容是作者2008年通过答辩的博士学位论文。书稿中提及的法律法规均是当时的规范文件，例如书稿中列明的我国《民事诉讼法》、修改后的《民事诉讼法》、现行《民事诉讼法》等均指2007年修正的《民事诉讼法》。随着时间的流逝，我国社会生活发生了极大的变化，法律制度日趋完善。但是，本书研究的民事法定听审请求权及其保障所涉及的民事诉讼法与宪法的关系，以及民事法定听审请求权如何在我国民事诉讼中具体实践的问题，仅仅是研究的起点。党的十九大报告指出，要树立宪法法律至上的法治理念，坚持中国特色社会主义法治道路，推进宪法实施。鉴于此，当前我国依然有必要进一步加强对民事诉讼法与宪法的关系研究。作者也将继续深入研究德国民事诉讼不同阶段、不同类型案件中的法定听审请求权保障的具体问题及其对我国宪法和民事诉讼法制度完善的经验启示，并另行著书阐释。

目录 Contents

引　言 ……………………………………………………………… 1

第一部分　德国民事法定听审请求权之历史与理论基础

第一章　法定听审请求权之意涵与历史 …………………………… 11
一、德国民事法定听审请求权之意涵 …………………………… 11
二、法定听审请求权之历史 ……………………………………… 27

第二章　法定听审请求权之理论基础 ……………………………… 37
一、法治国理论 …………………………………………………… 37
二、尊重人性尊严 ………………………………………………… 42

第二部分　德国民事法定听审请求权之构成

第三章　法定听审请求权主体 ……………………………………… 55
一、《德国基本法》上的法定听审请求权人 …………………… 55
二、诉讼中的法定听审请求权人 ………………………………… 56

第四章　法定听审请求权之基本内容 ……………………………… 64
一、知悉权 ………………………………………………………… 64
二、陈述权 ………………………………………………………… 72
三、审酌请求权 …………………………………………………… 83
四、突袭性裁判禁止请求权 ……………………………………… 88

第五章　法定听审请求权之限制——失权 ………………………… 97
一、失权规定对法定听审请求权之合宪性限制 ………………… 98

二、误用失权规定对法定听审请求权之侵害 …………………… 99

第六章　法定听审请求权之民事救济程序 ………………………… 103
　　一、侵害法定听审请求权裁判之可治愈性 …………………… 104
　　二、法定听审请求权侵害之救济 ……………………………… 105

第三部分　我国民事法定听审请求权实践之反思

第七章　我国法定听审请求权立法缺失及成因 …………………… 121
　　一、我国古代法定听审请求权缺失及成因 …………………… 121
　　二、我国法定听审请求权立法缺失之现状与成因 …………… 132

第八章　我国确立法定听审请求权之必要性与可行性 …………… 139
　　一、我国确立法定听审请求权之必要性 ……………………… 141
　　二、我国确立法定听审请求权之可行性 ……………………… 150

第九章　我国法定听审请求权实定法化之宏观构想与制度完善 …… 155
　　一、《宪法》上法定听审请求权之立法构想 ………………… 155
　　二、民事诉讼法上的法定听审请求权立法设计 ……………… 156
　　三、我国现行送达制度之检讨与改进 ………………………… 158
　　四、释明义务之检讨与改进 …………………………………… 165
　　五、证据失权制度之检讨与改进 ……………………………… 172
　　六、心证公开制度之检讨与改进 ……………………………… 181
　　七、当事人申请再审制度之检讨与改进 ……………………… 185

结　　语 …………………………………………………………………… 190

参考文献 …………………………………………………………………… 192

致　　谢 …………………………………………………………………… 205

引　言

一、选题背景

（一）我国民事诉讼法改革的需要

法定听审请求权是当事人在诉讼过程中所享有的一项程序基本权利，又是一项复合性诉讼权利，其目的在于保障当事人诉讼主体地位，体现民事诉讼中的法治国家与人权保障的宪法理念，并以法定听审请求权的保障贯穿于整个民事诉讼法和民事诉讼过程。简言之，法定听审请求权一是指权利本身，二是指其在民事诉讼法和民事诉讼过程中的保障。我国虽然在立法上没有明确规定法定听审请求权的概念，但是，法定听审请求权保障的相关理论已有一定程度的研究，从抽象地强调程序保障，走到了稍微具象化的当事人主体论。然而，这类研究都没有从根本上突破法定听审请求权空洞化的弊病。这主要体现为法定听审请求权的体系化研究缺乏、立法上法定听审请求权原则性的缺位。这些缺陷导致了我国民事诉讼法在保障当事人程序主体地位方面的制度改革缺乏宪法理念的具体化和实践性。换言之，法定听审请求权保障并没有成为贯穿和指引相关民事诉讼制度改革的原则，导致我国各项民事诉讼制度缺乏自洽性。法定听审请求权作为宪法在民事诉讼中的体现，是民事诉讼现代化的标志。它贯穿于整个民事诉讼法和整个民事诉讼过程，应当成为构建民事诉讼体系的依据。

我国古代实行司法行政合一的司法体制和家长制审理方式，当事人成为被审问的对象，没有机会充分行使辩论权，沦为诉讼的客体。我国现行《宪法》在制定之时，由于受经济不发达、公民的权利意识淡薄、传统的家族主义主导立法观以及理论准备欠缺的影响，仍然没有规定法定听审请求权。我国现行《民事诉讼法》也没有明确规定法定听审请求权的概念及其救济。法定听审请求权的非实定法化弱化了法定听审请求权的宪法保障和民事诉讼法的保障。对此，法定听审请求权应当纳入宪法和民事诉讼法，成为一种宪法上的程序基本权，成为一项民事诉讼法基本原则，进而成为构建我国民事诉讼法制度体系的依据，并以法定听审请求权保障为完善我国民事诉讼制度的理念并对其进行检讨和改进。

（二）德国民事法定听审请求权立法和研究的新经验

本书选择了德国民事法定听审请求权作为研究和借鉴的对象，这主要是因为德国关于法定听审请求权的保障和研究具有三个特点：重要性、体系性和代表性。

一是重要性。本书所界定的法定听审请求权是当事人在诉讼过程中所享有的一项程序基本权利。它是由《德国基本法》第103条第1项所规定的一项基本权利，不仅贯穿于各大程序法，而且是民事诉讼法的基本原则。民事诉讼法的重要制度，例如当事人制度、证据制度等，都与法定听审请求权保障密不可分。因此，法定听审请求权的宪法地位决定了法定听审请求权保障的必要性和重要性，而这种必要性和重要性反过来不仅体现在民事诉讼法对之保障的体系化，而且也决定了它成为民事诉讼法学研究的重要课题，有利于推动法定听审请求权研究的体系化。

二是体系性。德国关于法定听审请求权的研究著述丰富而具有体系性，涵盖了从法定听审请求权的理论基础到主体、内容和救济的整套制度设置，并且给德国民事诉讼理论和实践带来了深刻影响。法定听审请求权理论甚至在学理上已经引领着德国民事诉讼法理论的发展。在实务中，宪法法院受理的诉愿案件[①]也以侵害当事人法定听审请求权的数量居多，这些不断出现的实践问题也反过来推动了法定听审请求权保障的理论研究和立法完善。尤其是2001年《德国民事诉讼法改革法》最终确立的听审责问程序，为法定听审请求权在本审级中受到的侵害提供了即时救济。这种新的救济方式与原来

---

① 诉愿案件，即宪法诉讼案件。

通过上诉和宪法诉愿的方式相结合,使法定听审请求权的保护更加严密。法定听审请求权在民事诉讼法上具有不可忽视的重要地位。

三是代表性。德国民事法定听审请求权的保障和研究全面而细腻,是大陆法系国家对该问题研究的典范,已成为我国台湾地区和日本借鉴的对象。但是,我国台湾地区民事诉讼法学历来致力于对法条规定的解释演绎,文献上较少涉及民事诉讼法和宪法原则之间的关系。只是从20世纪70年代末期以来,才广泛展开诉讼法上关于程序保障法律的研究[①]。这类研究在学界、实务界和立法层面都产生了深刻的影响。尽管如此,我国台湾地区就法定听审请求权的实际内容的研究依然不足,并且由于我国台湾地区在法系上归于以德国为代表的大陆法系,我国台湾学者为了民事诉讼法学研究更加具体化,仍然以德国法的发展为借鉴,讨论并还原法定听审请求权在台湾民事诉讼法上应有的定位[②]。

日本民事诉讼法也是对《德国民事诉讼法》的移植和改造,但是,它并未赋予法定听审请求权以民事诉讼基本原则的重要地位,也没有为之设置专门的救济方式。其中最主要的原因在于,日本与德国在宪法和民事诉讼法关系上的理解差异,以及两国对法官和当事人关系上的认识差异。日本没有在其宪法上规定法定听审请求权,进而在民事诉讼中保障当事人陈述意见的权利。而《德国基本法》明确规定了保障法定听审请求权,法院也把侵害当事人的法定听审请求权视为损害程序正义;德国通过法定听审请求权保障当事人的程序主体地位,即"法定听审请求权使当事人摆脱诉讼的客体地位,确保其在接受判决的程序中的主体性,它被定位于个人(包括法人)对国家的权利。"[③] 民事裁判程序被理解为法官对诉讼当事人的公权利。而日本则强调法官的消极性,"在解决纠纷中,法官的作用甚至极端消极,他只关心当事人之间充分进行诉讼活动的程序规范,目的在于赋予裁判程序中诉讼当事人之间交涉过程的连续性。"[④] 尽管如此,日本学界对引

---

① 一般认为我国台湾地区学者邱联恭在20世纪70年代末期留学返台后,致力于这类研究,成为我国台湾地区学者在程序保障论研究方面的领军人物。

② 姜世明:《民事程序法之发展与宪法原则》,台北:元照出版社,2003年版,第54页。

③ [日]本间靖规:《手续保障侵害救济》,载上田他著,《效果的权利保护宪法秩序》,法律文化社,1990年,246页。

④ 同上注。

入法定听审请求权展开了积极探讨并予以肯定,但立法和日本最高法院的判例还未作出相应的规定。

综上,德国民事法定听审请求权立法和研究所具有的经验,成为我国借鉴的参照。

二、论题意义

(一) 理论意义

第一,本书把法定听审请求权界定为当事人在诉讼系属后至裁判作出之间所享有的一项程序基本权,明确了法定听审请求权与司法裁判请求权的区别,有益于为我国学界提供以裁判请求权、法定听审请求权来界分判决程序的思考,并为法定听审请求权获得民事诉讼法上的保障提供理论依据。

第二,通过对法定听审请求权的主体、内容、限制和救济所进行的体系化研究,为我国民事法定听审请求权体系化研究和它所涉及的相关制度完善提供了参照系。

第三,法定听审请求权的含义分析表明,法定听审请求权既是一项程序基本权,又是一项复合性诉讼权利。法定听审请求权的这种双重属性提供了宪法和民事诉讼法的紧密联系。

第四,法定听审请求权集程序基本权利和程序保障理念为一体的特点,提供了全面保障当事人程序权利的新路径。法定听审请求权作为程序保障理念,可以成为提起宪法抗告的依据;作为程序基本权,也可以获得民事救济程序的保护。传统的民事救济方式是开启民事上诉程序,而新的救济方式是在本审级内部展开听审责问程序,对法定听审请求权侵害及时提供救济。

第五,鉴于我国存在法定听审请求权保障非实定法化、法定听审请求权保障不充分以及关于法定听审请求权的程序保障论和当事人主体论的空洞化的弊端,并基于我国人权入宪对人权保障的要求,我国法定听审请求权应当实定法化,纳入宪法和民事诉讼法。法定听审请求权的宪法化是宪法完善、强化人权保障、宣示和保障法定听审请求权和确认民事诉讼法的宪法理念的需要；法定听审请求权纳入民事诉讼法是民事诉讼法的宪法理念的具体化、法定听审请求权作为人权保障理念的原则化以及法定听审请求权保障的体系化和法定听审请求权民事救济程序的法定化的要求。因此，法定听审请求权无疑应当成为我国相关诉讼立法和制度改革的核心理念。

（二）论题的实践意义

法定听审请求权蕴含了人权保障理念。我国当前的民事诉讼领域过于强调职权主义诉讼模式，不仅使法官不堪重负，而且影响审判机关的中立形象，而过于强调当事人主义诉讼模式，也容易出现诉讼迟延和诉讼成本增加以至实体不公等缺陷。尤其是在传统的职权主义诉讼模式转变为当事人主义的过程中，在强化当事人的程序保障的同时，当事人权利的保护也遭到了忽视。例如，当事人的举证责任得到强化，原来属于法院承担的收集和调查证据的责任转移给了当事人，由于缺乏相关的制度保障，这实际上在一定程度上弱化了当事人的权利；又如，过度强调法院查明案件的客观真实情况的职责往往容易侵害当事人在诉讼中的处分权，使当事人处于被法院审查的地位；再如，由于法官的素质参差不齐，其释明义务的不当履行有回归职权主义窠臼之虞。总之，如果当事人在案件审理的程序中无法获得充分的机会来提出自己的主张和证据，知悉案件信息和对方当事人的陈述，对案件事实和法律问题表明自己的见解，他就难以切实感受到程序保障和程序的公正，也难以做到"辨法析理，胜败皆服"，案件的处理结果也难以得到社会公众的接受和信任，涉法上访屡见不鲜，司法权威遭到威胁，最高人民法院也因此而深受负累。

因此，有必要在宪法和民事诉讼法上明确规定当事人享有法定听审请求权，改革和设置相关的诉讼制度，例如，实行有效的送达制度、改革和完善法官释明义务、建立并完善证据失权制度、心证公开制度以及当事人申请再审制度。

三、研究视角和方法

（一）研究视角

法定听申请求权具有双重属性，它既是一项程序基本权，属于宪法学研究的范围；又是一项复合性诉讼权利，属于民事诉讼法学研究的内容。仅从宪法学角度研究，难免失之空泛，因为法定听审请求权最终必须由诉讼程序来实现；反之，仅从民事诉讼法的角度来研究，其所具有的宪法性权利属性则被漠视，其终极的、最高的法源则缺失。因此，本书将对法定听审请求权进行民事诉讼法学和宪法学交叉研究，突出其在宪法性保障下的基本权性质和复合性诉讼权利性质。

（二）研究方法

1. 宏观与微观的研究方法

本书运用宏观与微观的研究方法，从微观着手，从宏观着眼；前者体现为规范的研究方法，后者体现为规范的研究被置于历史的、比较的、整体的研究方法之下。德国法和中国大陆的法均属大陆法系，而规范的研究方法为大陆法系研究的重要方法，因为大陆法不仅逻辑严谨，而且体系完整。同时，宏观研究的框架又能避免微观的研究所造成的狭隘性和局部性。在此研究方法下，本书从主体、内容、限制和救济诸方面的探讨，对法定听审请求权进行了体系化研究。

2. 历史分析方法

本书运用历史分析方法研究法定听审请求权。通过回溯式的历史叙述，说明法定听审请求权此一问题在诉讼法史上具有不同的意涵，这些不同的意涵受制于历史上不同的人类物质生活，正是如此，从罗马法中的法定听审到《德国基本法》中的法定听审原则，表面上看起来似乎是一个自然的历史演进，实际上却并不是"跬步"累积而成的自然结果。在历史分析方法下，借鉴该制度所需要的前提和条件才得以凸显和清晰。

3. 比较分析方法

缺失来源于比较,优劣是比较的结果,改革是比较的动力。蕴含着人权保障理念的法定听审请求权已属国际法义务,为法治国家宪法所确认和保障;在民事诉讼中属于具有宪法地位的最高程序性权利。这无疑为我国民事诉讼法立法和改革提供了人权保障理念参照模式。

4. 整体分析方法

诉讼制度并非是一个可任意拆卸并加以组装的聚合物,它是一个复杂的体系,从诉讼理念到诉讼基本原则、到法律规范以及司法制度,无疑是具有整体性的,因此,在借鉴法定听审请求权的语境下,须全面地、多维度地考察其与受体的兼容性。本书是在此基础上探讨借鉴法定听审请求权的必然性、可行性以及具体制度设想。

四、本书结构

第一部分德国民事法定听审请求权之历史与理论基础。这是本书研究的起点。

第一章法定听审请求权之意涵与历史。分析了法定听审请求权的性质、在宪法和民事诉讼法上与其他权利或原则的界分及其在其他国家的流变,然后对其历史演变进行考察,旨在说明法定听审请求权的来源及其所具有的程序基本权和复合性诉讼权利的性质。

第二章法定听审请求权之理论基础。指出法治国理论和人性尊严尊重是法定听审请求权所产生的理论依据,旨在阐明法定听审请求权的法治国家原则性和人权保障观。

第二部分德国民事法定听审请求权之构成。这是对法定听审请求权进行的体系化研究,旨在考察以法定听审请求权保障为理念的民事诉讼制度。

第三章法定听审请求权主体。法定听审请求权主体在宪法和民事诉讼法层面加以区分,认为前者具有概括性,后者具有特定性。

第四章法定听审请求权之基本内容。这是本书的重点部分。法定听审请求权包括三个方面的内容,一是受到送达制度保障的知悉权;二是集中体现当事人程序主体地位的陈述权；三是受法官心证公开制度保障的审酌请求权，其中还包括了受到释明义务和法律讨论义务保障的突袭性裁判禁止请求权。

第五章法定听审请求权之限制——失权。失权制度对法定听审请求权的限制具有合宪性。只有在法官误用失权规则时，法定听审请求权才受到侵害。

第六章法定听审请求权之民事救济程序。法定听审请求权虽然是一项宪法基本权，但是侵害法定听审请求权的裁判可以通过民事法院的上诉和听审责问程序得到治愈。

第三部分我国民事法定听审请求权实践之反思。如何以体现人权保障观的法定听审请求权保障为我国民事诉讼和民事诉讼法的理念，并改进我国民事诉讼相关制度，是本书研究的落脚点。

第七章我国法定听审请求权立法缺失及成因。我国古代传统儒家文化中的家长制抹杀了个人，并导致了当事人不具有程序主体地位，这种状况在我国长期存在。加之国家本位主义和理论研究不足，造成法定听审请求权在立法上缺位。

第八章我国确立法定听审请求权之必要性与可行性。这是解决我国确立法定听审请求权的正当性问题。人权入宪的宪法基础和司法实践的迫切要求等使确立法定听审请求权必要而且可能。

第九章我国法定听审请求权实定法化之宏观构想和诉讼制度完善。法定听审请求权实定法化是法定听审请求权保障作为诉讼中人权保障理念得以正当化的前提，因此，它首先应当得到我国《宪法》确认，然后在我国《民事诉讼法》上确立为基本原则。法定听审请求权对我国相关民事诉讼制度进行整合，涉及送达制度、释明义务、证据失权制度、心证公开制度和民事救济制度。

第一部分 德国民事法定听审请求权之历史与理论基础

- 第一章 法定听审请求权之意涵与历史
- 第二章 法定听审请求权之理论基础

第一章
法定听审请求权之意涵与历史

一、德国民事法定听审请求权之意涵

(一) 德国法定听审请求权一般性质

法定听审请求权是德国法上的一个重要而独特的概念。它既是德国宪法上的一项程序基本权，又是德国诉讼法上的一项复合性诉讼权利，同时也是一项诉讼基本原则。《德国基本法》[①]第103条第1项明确规定："任何人在法院面前享有法定听审请求权"（Vor gerich that jedermann Anspruch auf rechtliches Gehör）。按照这一宪法规定，法定听审请求权适用于民事诉讼、刑事诉讼和行政诉讼，并且三大诉讼法都必须遵循法定听审请求权保障原则。本书仅就民事法定听审请求权进行研究。

法定听审请求权是指按照宪法和法律的规定，当事人在民事诉讼过程中，就法院裁判所依据的事实、证据和法律问题，享有请求法院提供充分的陈述意见和主张的机会的权利。它包含了三个方面的内容：一是知悉权（Recht auf Orientierung）。当事人享有请求法院提供充分的诉讼信息的权利。法院应当把一方当事人在诉讼中已经做出的重要陈述和行为通知他方当事人，并赋予当事人阅览卷宗的权利。二是陈述权（Recht auf Äußerung vor Gericht）。

---

① 德国现行宪法就是《波恩基本法》（简称《德国基本法》）（Grundgesetz），它是德意志联邦共和国成立时制定的，于1949年5月23日公布，同月25日生效，也称为《德国宪法》（Verfassung）。"基本法"是在当时德意志联邦共和国与德意志民主共和国的分裂状态下无法产生统一的宪法而采用的临时称谓。1990年德国统一后，联邦德意志共和国统一适用该《德国基本法》。

在广泛获得诉讼信息的基础上，当事人有权要求在法院面前进行陈述，尤其是针对事实和法律上所有可能的重要事项进行陈述。陈述权是法定听审请求权的核心内容。三是要求法院履行知悉和审酌义务的请求权。法院应当知悉当事人提出的诉讼材料，并在判决中予以考虑和履行说理的义务（Zur Kenntnisnehmen und in Erwägung ziehen）。法院的知悉和审酌义务被德国联邦宪法法院的判决视为法定听审请求权的"固有核心"。由此可知，德国民事法定听审请求权是宪法所确认的，当事人在诉讼中享有的，以知悉权、陈述权和法院审酌义务履行请求权为内容的一项复合性诉讼权利。现行《德国民事诉讼法》第136条第3款、第139条、第283条、第285条、第335条第1款第3项、第4项以及第1042条第1款第2项都是法定听审请求权的相关规定。

法定听审请求权是《德国基本法》赋予公民的一项基本权，在基本权的发展历史中，它还获得了《欧洲人权公约》第6条基本保障的地位。法定听审请求权既是一项基本权利，又是一种基本权利保障的手段或者价值秩序、原则，具有权利和权利保障的双重特点。这是由德国宪法基本权利规范的特点所决定的。在德国的宪法理论中，基本权利具有"主观权利"与"客观法"的双重性质。在"个人得向国家主张"的意义上，基本权利是一种"主观权利"。主观权利的核心内容是排除国家权力侵害的防御权，又称为主观防御权。同时，基本权利又是德国基本法所确立的"客观价值秩序"，是国家机关在行使公权力时必须遵守和贯彻的原则，即国家机关具有保障基本权利的义务。因而基本权利又是直接约束公权力的"客观规范"或者"客观法"，或者原则。[1] 基本权利的核心是人格尊严，依据基本权利规范双重性质理论，德国的基本权利保障体系调整着国家权力乃至整个社会生活。

法定听审请求权是一项程序基本权。程序基本权是德国法上的概念，它是指宪法所确认的当事人诉讼权利的总和。程序基本权与实体基本权是一对相对应的概念。前者旨在保障当事人在诉讼中的地位，后者旨在保障个人在

---

[1] ［德］Robert Alexy："作为主观权利与客观规范之基本权"，程明修译，《宪政时代》，1999年第24卷第4期。

人格上无限发展的可能性。程序基本权只存在于诉讼之中,对于当事人的诉讼地位十分重要。如果各项程序权利得不到法律保障,则遑论所有实体权利的实现。① 因此,程序基本权是保障给当事人提供没有程序瑕疵的裁判的权利。按照德国联邦宪法法院的解释,《德国基本法》规定的程序基本权大致分为诉讼告知请求权、法定听审请求权、有效的权利保护请求权和公正程序请求权,而德国法定听审请求权包含了诉讼告知请求权。按照德国联邦宪法法院对《德国基本法》第 103 条第 1 项规定的法定听审请求权的解释,法院在知悉涉诉人员和需要告知的人员时,有义务让诉讼所直接涉及的人员知悉诉讼已经系属。② 因此,法定听审请求权与有效的权利保护请求权和公正程序请求权构成了《德国基本法》上最主要的程序基本权。

法定听审请求权称为"诉讼基本权或者程序基本权",其目的在于强调诉讼保障的特点。这种保障不仅仅限于公民对国家权力享有防卫权,而且也含有当事人参与程序并发挥有效作用的意义。据此,那种认为法定听审请求权是一项相当于基本权的权利(ein grundrechtsgleiches Recht)的观点,即认为法定听审请求权是一项具有类似于基本权性质的程序性宪法请求权或者基于人性尊严的基本权,③ 或者认为法定听审请求权是一种确保实体基本权的程序性辅助基本权的观点,④ 都忽略了法定听审请求权所具有的人性尊严的尊重和法治国家原则的理论基础。不仅如此,把法定听审请求权仅仅视为一种"辅助的基本权"的观点,还忽视了法定听审请求权作为人权而受到保障的宪法地位,误解了诉讼权利的自身价值。

法定听审请求权也是一项复合性诉讼权利。"复合"是指"结合在一起",而法定听审请求权作为诉讼权利的结合体,并非各项诉讼权利简单的

---

① [德]卡尔海因茨施瓦布,埃郎根/彼得·戈特瓦尔特,雷根斯堡,"宪法与民事诉讼",载[德]米夏埃尔·施蒂尔纳主编:《德国民事诉讼法学文萃》,赵秀举译,北京:中国政法大学出版社,2005 年版,第 170 页。

② BVerfGE 60. 7.

③ Kurth, Das rechtliche Gehör im Verfahren nach der Zivilprozeßordnung, 1964, S. 47ff. m. w. N.

④ Mauder, Der Anspruch auf rechtliches Gehör, seine Stellung im System der Grundrechte und seine Auswirkung auf die Abgrenzungsproblematik zwischen Verfassung-und Fachgerichtsbarkeit, München 1986, S10.

"跬步"累积，而是种依次递进的有序结合，包括知悉权、陈述权、审酌请求权和突袭性裁判禁止请求权，并且基于其程序基本权的性质，法定听审请求权可以通过提起宪法抗告而获得保护，因此，它是诉讼中的一项真正的程序基本权。

法定听审请求权既是一项宪法上的程序基本权利，也是一种法律原则。这对程序法解释论影响甚巨，尤其对于程序法规定的合宪性解释原则具有重要的指导功能。[1] 在程序法规定有漏洞时，德国法院可以直接适用《德国基本法》第103条第1项关于法定听审请求权的规定。例如，德国法院根据该项规定，应当保障诉讼中的无诉讼行为能力人的法定听审请求权；如果程序法规范无漏洞时，该条款则只对程序法解释发生作用与影响，而不直接适用。宪法规定的法定听审请求权固然是确保裁判公正与正确的客观程序原则，但与此同时，在法院违反该原则时，亦赋予权利受侵害者以救济权利，其中有程序法层次上的救济程序，亦有属于宪法层次的救济。[2]

法定听审请求权是宪法所确认的程序法基本原则。[3] 法定听审请求权是一个基于维护人性尊严的法治国要求，它同时具有主观权利与程序法客观原则的性质，是一种程序性基本权，是《德国基本法》法秩序的基础，并且应被视为人权。[4] 法定听审请求权作为一项程序原则，体现在它贯穿于法院程序始终，不存在适用的例外情形。尤其在德国，法定听审请求权理论不仅已经成为诉讼法理论的主导，而且在实务中也得到适用和保障，在民事诉讼法学上占据了极其重要的地位。

目前，德国法上的"法定听审请求权"具有名称的多样性和含义的一致性的特点。现行《德国基本法》第103条虽然明确规定："任何人在法院面前享有法定听审请求权"，但在理论和实务上，并不排斥使用"法定听审原

---

[1] Wassermann, Zur Bedeutung, zum Inhalt und zum Umfang des Rechts auf Gehör, DRiZ 1984, 426.

[2] Keidel, Der Grundsatz des rechtlichen Gehörs im Verfahren der Freiwilligen Gerichtsbarkeit, 1964, S. 35ff.

[3] Musiclak, Grundkurs ZPO, 4. Aufl. 1998. Rdn 93.

[4] Wassermann, Zur Bedeutung, zum Inhalt und zum Umfang des Rechts auf Gehör, DRiZ 1984, 425.

则"一词。① "法定听审请求权""法定听审原则"和"法定听审"通常混用,虽然在文字上表述不同,三者的含义则是一致的。这与《德国基本法》第 103 条第 1 项规定的法定听审请求权的历史发展有关。"法定听审"作为一项古老的司法原则,是诉讼本身所具有的内在性,并且深深植根于德国人民的法律意识,在资产阶级的宪法运动中最终被纳入了宪法,受到宪法保障。"法定听审请求权"是宪法所确定的一项程序基本权,同时,它在诉讼法上被确立为法定听审原则,对法定听审请求权予以保障,法定听审原则的核心无疑就是法定听审请求权。现代意义上的"法定听审原则"一词出现在帝国法院时期。帝国法院把法定听审称为"原则"的原因在于,法定听审不仅被认为具有一般性,而且显示其具有法律评价的含义,特别显示出帝国法院对法定听审于法院程序的重要性的认识。② 尤其在 1949 年《德国基本法》施行后,"法定听审原则"一词得以推广,不仅在宪法层面上,而且在程序法层面上也被广泛使用,并且其重要性亦得到极大地强调。"法定听审原则"被称为"民事诉讼法的通用原则"③ "整个民事诉讼法的支柱"④ 或者"诉讼法的基本思想"⑤。可见,法定听审被视为一般的程序法原则,同时也是最高原则之一,并构成法治国程序法的重要组成部分。在德国实务界,"法定听审请求权"这一称谓的使用则立足于权利人的权利保障。一方面,它强调法定听审对当事人的保护功能;另一方面,它明确了法院应当受当事人的法定听审请求权的拘束,承担保障当事人的法定听审的义务。

(二) 德国民事法定听审请求权与其他权利或原则之关系

1. 与宪法上的司法裁判请求权与公正程序请求权之关系

法定听审请求权的目的在于保障诉讼中个人自由权,这决定了其作为宪

---

① Schumann, Die Wahrung des grundsatzes des rechtlichen Gehörs-Dauerauftrag für das BVerfGE, NJW 1985, 1134.

② Kenneweg, Darstellung und kritische Würdigung der Rechtsprechung zum Grundsatz des rechtlichen Gehörs unter besonderer Berücksichtigung verfassungsrechtlicher Gesichtspunkte, 1967, S14.

③ BayObLG 1951, 16, 18.

④ OLG Nüernberg MDR 57, 45, 46.

⑤ OLG Köln NJW 52, 1191.

法规范的独立性。它是《德国基本法》第 103 条第 1 项规定的一项宪法规范，与其他相关宪法规范所提供的保障之间存在交叉或者重合，但是，法定听审请求权追求的这一目的足以使其与这些规范区分开来，具有独立性。

（1）法定听审请求权与司法裁判请求权之关系。

司法裁判请求权（Justizgewährungsanspruch 或者 Rechtsgewährungsanspruch）又称为司法保障请求权，[①] 是指宪法所保障的个人在与他人发生争议时享有的提请法院裁判的权利。在特定情形下，也指任何人在受到公共权力侵害时，可以向法院提出司法审查请求的权利。它是由《德国基本法》第 19 条第 4 项规定，包括两方面的内容，一是裁判请求权，即接近法院的权利；二是这种接近法院的权利不能受到苛刻的方式的阻碍（例如高额的费用），并且裁判应当在合适的时限内作出。换言之，司法裁判请求权既是一项权利，也是一种权利保障。但是，司法裁判请求权的保障并不提供更多审级。[②]

法定听审请求权与司法裁判请求权的根本区别在于，法定听审请求权保障的是诉讼中个人的自由和程序参与，包括对主张的陈述进行评价、当事人到庭、由于在诉讼期限内的延迟而重新开始该审级审理、诉讼上的失权、适当的准备期间的裁量请求权以及延请口译员的权利。司法裁判请求权是从法治国家原则推导出来，它保护的是个人接近诉讼的权利，及其隐含的对案件的有效法律保护的利益。例如，首次诉诸法院和起诉审查的程度、律师费用问题和相应的法律保护的有效性。换言之，前者保障的是在已经系属的诉讼中的听审，而后者保障的是公民启动诉讼的权利。[③] 由此可以得出二者之间的另一个区别，即法定听审请求权的享有者与司法裁判请求权的享有者的范

[①] 国内学者对此有多种称谓。参见刘敏：《裁判请求权研究——民事诉讼的宪法理念》，北京：中国人民大学出版社，2003 年版，第 18、19 页。

[②] Grcifelds, Rechtswöterbuch, 17Auflage, Müenchen 2002, S1113.

[③] 这种区别在有些国家不被认可。例如土耳其和希腊，人们认为司法裁判请求权是审理请求权的前提。两国的宪法在保障审理请求权的同时，也保障了司法裁判请求权。德国也有人持此类观点，但被主流观点否定。参见 Alangoya, 国家报告, 第 7 页, Mitsopoulos: 国家报告, 第 6 页, Baur 载《民事实践档案》第 153 卷，第 393 页以下。转引自［德］米夏埃尔·施蒂尔纳主编：《德国民事诉讼法学文萃》，赵秀举译，北京：中国政法大学出版社，2005 年版，第 170 页。我国学者通常把司法裁判请求权等同于法定听审请求权。参见刘敏：《裁判请求权研究——民事诉讼的宪法理念》，北京：中国人民大学出版社，2003 年版，第 18、19 页。本书采用二者区别说。

围不同。法定听审请求权是诉讼中的一项程序基本权,因此,在具体案件诉讼中,法定听审请求权人是当事人或者具有当事人地位的人,其范围比司法裁判请求权人的范围狭窄。

法定听审请求权与司法裁判请求权之间存在时间联系。首先,法定听审请求权存在于《德国基本法》之中,也完全可以理解为一种一般的、广泛的法律保护保障,正如《欧盟人权法案》第6条规定的那样。就此而言,《德国基本法》第103条第1项和司法保障请求权之间无疑存在着一种"功能上的联系"。① 其次,法定听审请求权与司法裁判请求权实施的先后顺序不同。联邦宪法法院的判例结合法治国家原则,表明了《德国基本法》第2条第1项规定的自由基本权中也包含了司法裁判请求权,② 据此,《德国基本法》在权利保护上不存在漏洞,法定听审请求权和裁判请求权也并未混为一谈,保障法定听审请求权并不意味着保障了司法裁判请求权。③ 所以,法定听审请求权与司法裁判请求权之间的联系也就并不在于二者相同或者受到同等保护,而在于其实施的先后顺序。司法裁判请求权用于开启诉讼,而法定听审请求权则在诉讼程序开始后,在诉讼过程中实施,司法裁判请求权是法定听审请求权的前提。

在个案中,法定听审请求权与司法裁判请求权的范围难以界定。司法裁判请求权适用于程序尚未系属于法院之时。在递交符合法律规定的诉状之后的所有问题均只是听审问题,而不是司法保障问题。如果公民在依法起诉并且也预先支付了诉讼费用后,法官却拒绝送达,或者送达之后不确定期日,或者一再推迟期日,或者以"加重法院负担"为由把答辩期日规定在一年以上,这就是拒绝法定听审。

(2)法定听审请求权与公正程序请求权之关系。

法定听审请求权与公正程序请求权都是程序基本权利。公正程序请求权是联邦宪法法院根据法治国家原则,从程序基本权推导出对法院塑造程序的要求,④ 贯穿整个诉讼程序始终,具有抽象性。同时,它是双方当事人在民

---

① BVerfGE 107, 395, 409.
② BVerfGE 50, 1; 51, 146 und 352; 52, 203.
③ Baur, Fritz, Anspruch auf rechtliches Gehör, AcP 153, 393 (396ff).
④ BVerfGE 26, 66 (71f); 52, 131 (143).

事诉讼中对法院享有的基本权利。公正程序请求权不仅规定司法机关承担一定的行为义务，而且其在内容上具有在具体的各个程序中实现程序公正的实质意义的权利，具有具体性。

　　法定听审请求权与公正程序请求权之间存在具体性和抽象性的关系。一方面，公正程序请求权是一种广泛的诉讼上的基本权利，只有保障法定听审请求权，才能保障公正程序请求权，保障法定听审请求权只是公正程序请求权必不可少的前提条件之一。① 听审在很多情形下"更是一种人为的、强制性的干预"②，因此，侵害法定听审请求权也有侵害公正程序请求权之虞。另一方面，保障公正程序请求权并不等同于保障了法定听审请求权。公正程序请求权具有一种近于防范肆意裁判的危险的功能。这类一般程序基本权利的保护通常比较严密，但上诉法院和宪法法院对其审查并不严格。正是这种严格性的缺失弱化了法律对公民的保护。因此，在解释法定听审原则的适用范围和必须根据法治国家原则而考察各种请求权的含义时，由于公正程序请求权无法满足法治国家的要求，③ 则保障有效的法定听审与保障公正程序请求权不同。④ 保障公正程序请求权的同时不得侵害法定听审请求权，例如，从公正程序请求权中可以推导出禁止驳回首次期日中延迟的陈述。但是，这一期日显然已经届满，如果递交到无管辖权的法院的书状没有继续移交，而法院自身数年不作为，那么，根据保障回复原状的义务，法院不得将该陈述视为延迟的陈述。

　　法定听审请求权与公正程序请求权有时难以界分。德国联邦宪法法院的判例就曾误入歧途，把以前被主流观点认为属于听审保护范围的、不懂语言的诉讼参与人所享有的配备翻译请求权仅仅当作公正程序问题。

　　法定听审请求权与公正程序请求权受到侵害时，都可以通过宪法抗告得以救济。如果提出的宪法抗告针对的是侵害法定听审请求权保障，甚至只触及与侵害法定听审请求权保障有关的保护范围，除了直接违反《德国基本

---

① Musielak, Kommentar zur Zivilprozeßordnung, München 1999, Rdnr 29f.
② Karwacki, Der Anspruch der Parteien aufeinen fairen Zivilprozeß, Köln 1984, S56.
③ BVerfGe 3182，194.
④ Schilken, Eberhard, Gerichtsverfassungsrecht, 2. Aufl., Köln 1994, Rdnr. 114, 129.

法》第 103 条第 1 项规定的法定听审请求权外，该抗告一般也不能妨碍对侵害公正程序请求权的保障提出责问。

法定听审请求权是具有当事人地位的人在诉讼系属后到裁判作出之前所享有的复合性诉讼权利，即是"诉讼程序中"的权利，而不是"要求"开启程序的权利。德国学者大多反对把法定听审基本原则作宽泛的解释，他们认为，首先，尽管《德国基本法》第 103 条第 1 项包含了法治国家基本程序保障，但是，没有提供一般的司法行为请求权的保障。法定听审仅仅涉及程序如何"运作"，而完全不涉及程序如何"开启"。其次，该条已经包含了全面的权利保护保障，尤其是司法裁判请求权的宪法保障，否则，《德国基本法》第 19 条第 4 项关于一般司法程序的准入规定和该法的特别法律救济保障就完全难以理解了。因此，把第 103 条第 1 项的扩张解释扩大到了承认一般程序公正的原则上，这并不符合该法的本意。最后，宪法上对法定听审原则的规定本身与其他宪法规范存在难以界分的联系，它们之间亦有重叠之处。如果扩大解释，一方面造成在诉讼中适用的混乱，另一方面也将使宪法规范显得重复不合理。因此，笔者也赞同这一观点，即法定听审请求权只应限制在程序开始以后，不包括司法裁判请求权，并且不宜做宽泛解释。这也是本书的立足点。[①]

2. 与民事诉讼法上提供原则和平等原则之关系

以法定听审请求权为核心的法定听审原则是民事诉讼法的一项诉讼法基本原则。法定听审请求权具有程序法基本原则性，即客观法性。法定听审请求权保障的历史由来已久。1877 年德国民事诉讼立法者虽然并未将它明确规定为一般性程序法规定，但是，保障法定听审请求权实际上已经被《德国民事诉讼法》视为程序法的基本原则，理论上也早已被承认为判决的公正和正

[①] 另一种对立的观点则认为，法定听审请求权包含司法裁判请求权。该观点的代表人物 Baur 称，《德国基本法》构建了一套包括法院司法垄断和对个人权利保护的保障的严密网络，没有明确承认法院的行为实施权，也没有明确规定对法院侵害这些权利时的制裁。这一漏洞被《德国基本法》第 103 条第 1 项规定的法定听审请求权弥补。该条文没有排除如下含义：在语言上包含听审请求权，也包括"诉诸法院权尤其是开启诉讼程序的权利"，甚至该条款的目的也在于防止滥用司法保护，并提供宽泛的解释，从而把接近法院作为具体的基本权固定下来。

确所必备的原则。① 20 世纪前半叶《德国基本法》制定前，法定听审请求权有浓厚的客观程序法色彩，该法明文规定法定听审请求权之后，该请求权成为具有宪法位阶的最高的客观程序法原则。② 这一转变也体现在《德国民事诉讼法》教科书中。传统的《德国民事诉讼法》教科书并没有把法定听审纳入程序基本原则的讨论范围。直到"二战"结束，《德国基本法》制定后，法定听审原则才被纳入民事程序法教科书，③ 成为与处分权主义、辩论主义和集中法定听审原则等并列的程序基本原则，并且实务界此时也开始积极适用法定听审请求权。④

以法定听审请求权为核心的法定听审原则与民事诉讼其他原则相比，也具有相对独立性。

（1）法定听审原则与提供原则之关系。

法定听审原则与提供原则⑤都是《德国民事诉讼法》的基本原则，二者涉及不同的任务，彼此并不冲突。首先，提供原则是指，在诉讼中，只有当事人才有权决定提交法院裁判的争议事实，决定确认该争议事项的必要性并推动该确认程序，它所解决的问题是当事人决定法院裁判的范围和对象。法定听审原则则关乎确保当事人对法院裁判所依据的事实和证据有充分发表意见的机会。换言之，提供原则与法院知悉当事人陈述的义务没有直接关系。提供原则本身不禁止对一方当事人的陈述意见进行评价，而这些陈述意见并未保障其他人的法定听审请求权。其次，提供原则并不意味着提供法定听审原则保障，法定听审原则也并非产生于提供原则。

---

① Schwartz, Gewährung und Gewährleistung des rechtlichen Gehörs durch einzelne Vorschrifien der Zivilprozessordnung, Berlin 1977, S10 m. w. N.

② Kurth, Das rechtliche Gehör im Verfahren nach der Zivilprozeßordnung, Bonn 1964, S. 45.

③ 例如 Rosenberg 所编著的德国民事诉讼法教科书早期并没有把法定听审请求权纳入程序原则，但是，其后期版本中，法定听审原则被纳入其中。参见 Rosenberg/ Schwab/ （Gostwald, Zivilprozeßrecht, 15Aufl, München 1993, S. 455.

④ Rüping, Der Grundsatz des rechtlichen Gehörs und seine Bedeutung im Strafverfahren, Berlin 1976, S. 12ff.

⑤ 提供原则（Beibringungsgrundsatz）又称辩论原则（Verhandlungsmaxime）或者辩论主义（Verhandlungsgrundsatz），是德国民事诉讼和劳动诉讼中的一项基本原则。按照该原则，法院裁判的事实只能由诉讼当事人提出。法院裁判的依据只能是当事人已经陈述的事实。法院必须不经证据调查而接受当事人的自认。参见 Greifelds, Rechtswöeterbuch, 17. Auflage. , Müenchen 2002, S. 1475.

提供原则与法定听审原则存在相容性。首先，法定听审请求权相容于提供原则和职权探知原则。法定听审请求权不仅在实行提供原则的程序中当然得到保障，在实行职权探知原则的案件中，例如婚姻诉讼案件和亲子关系诉讼案件，法定听审请求权也应当得到保障。其次，提供原则与法定听审原则二者相互补充。提供原则只有联系法定听审原则才能实现其目的，只有双方当事人的法定听审请求权得到保障并因此发现了案件真实，判决才可能是正确。反之，提供原则则排除判决不依据当事人没有发表意见的事实和证明结果。再次，法定听审原则和提供原则都受到程序缺陷的侵害。例如，法院讯问了三个鉴定人，但认为其中二人存在偏见，在举证人的对方尚未对此进行主张时，法院只根据另一人的鉴定作出判决，那么，承认这种偏见就违反了提供原则，不为承认这种偏见提供陈述意见的机会就违反了法定听审。

（2）法定听审原则与武器平等原则之关系。

民事诉讼中的平等原则是指诉讼当事人武器平等。法定听审原则的雏形表述为 audiatur et altera pars，即"听取他方陈述"。这一含义本身就说明了法定听审请求权与诉讼中当事人武器平等之间的密切联系。一方面，武器平等要求当事人之间相互听取对方陈述的意见；另一方面，武器平等以法定听审请求权为条件，或者可以说，即使双方当事人自愿放弃法定听审请求权，也应当考虑到武器平等的形式要求。

法定听审请求权内含平等原则。平等原则不仅保障当事人相互之间的平等对待，而且保障处于平等诉讼地位的其他诉讼参与人受到平等对待，即保障"顺序平等"。德国法曾经并未把《德国基本法》第3条第1项规定的禁止肆意裁判当作法定听审请求权保障条款，后来才根据法治国家原则，把该条款规定的"人人享有"作为法定听审请求权保障的依据。因此，法定听审请求权保障来自平等原则的特别规定，而不是禁止肆意裁判的特别规定。

法定听审请求权与武器平等原则在适用中通常难以截然区分。例如，巴伐利亚宪法法院一直坚持《德国基本法》第103条第1项规定的法定听审请求权的适用优先于禁止肆意裁判的规定,① 而联邦宪法法院两个大法庭和两个大法庭的派出庭的判例中都存在着一些适用平等原则的典型判例,② 其中包括那些对的确侵害法定听审请求权的裁判所提出的宪法抗告。该宪法抗告确认了一条原则,即侵害法定听审请求权,就侵害了平等原则。③

(三) 德国民事法定听审请求权的流变

"法定听审请求权"一词的翻译存在多种表述方式,甚至各国和地区内部在该词的翻译上也极不统一。日本把它译为"法定审问权""法律的听闻权";④ 在我国台湾地区,多数民事诉讼法学者把它译为"听审请求权",⑤ 此外,还有人译为"听审权"或"合法听审权"⑥ "法的听审权"⑦ "审问请求权"⑧;刑事诉讼法学者译之为"听审原则"或"听审权"⑨;行政诉讼法学者则把它译成"法律上听审请求权"⑩ "依法听审"或"合法听审""法律听审(原则)"⑪。我国大陆学者对它的翻译有"听审权"⑫ "法定听审权"⑬ "依法审问权"和"获得听审的权利"⑭。

---

① BayVerfGHE, NJW 1984, 1874 (187).
② BayVerfGHE, 313: 61.70.
③ BVerfGE 71, 202.
④ [日] 山田日成:《ドイツ法律用語辞典》(改訂増補版),大学書林株式会社,平成6年第3版,第514页。
⑤ 这是我国台湾地区多数学者的译语,包括邱联恭、许士宦及沈冠伶等多位教授。参见姜世明:《民事程序法之发展与宪法原则》,台北:元照出版有限公司,2003年版,第56页和该处注8至11的引注。此外,台湾司法院大法官释字第482号解释的解释理由书也采用此种名称。
⑥ 姜世明:《民事程序法之发展与宪法原则》,台北:元照出版有限公司,2003年版,第51页以下。
⑦ 江伟、邵明、陈刚:《民事诉权研究》,北京:法律出版社,2002年版,第441页。
⑧ 陈荣宗、林庆苗:《民事诉讼法》(上),台北:三民书局股份有限公司,2005年修订版,第60页以下。
⑨ 林钰雄:《刑事诉讼法》(上册),北京:中国人民大学出版社,2003年版,第149、196、318、321、334、531页等。
⑩ 陈清秀:《行政诉讼法》,台北:台湾翰芦图书出版有限公司,2001年版,第159页。
⑪ 陈敏:《行政法总论》,台北:三民书局,2004年版,第1449页。
⑫ 柴发邦主编:《诉讼法大辞典》,成都:四川人民出版社,1989年版,第384页。
⑬ [德] 奥特马尧厄尼希:《民事诉讼法》(第27版),周翠译,北京:法律出版社,2003年版,第159页。
⑭ 陈瑞华:《看得见的正义》,北京:中国法制出版社,2000年版,第1226页。

上述译文尽管正确揭示了该权利所蕴含的核心内容"听审",即法院在当事人的参与下,通过听取双方的证据、主张、意见和辩论,对有关纠纷进行裁判的活动。① 但是,它们各自在不同程度上失去准确性:有的译文没有明确把"请求权"译出,没有表明这项权利所具有的请求权性质;有的则并未涉及这项请求权的来源,例如"听审权""审问请求权",没有指明该请求权被基本法明文规定的情形。此外,翻译理论知识的薄弱也为准确翻译、理解和掌握该项权利制造了障碍。

语言是比较法的一种限制因素。法律生存在语言中并以语言为生存手段,在它被移植到另一种语言中时,极有可能对于"一种文化的核心表达,根本不可能找到合适的对等表述。"② 因此,语言的相对性加重了比较法的困难,但并非必然使之不可能,它所带来的问题是能够被克服的。③ 法律术语的准确翻译与否的确直接影响外国法的译介和借鉴。法律是文化的组成部分。早在1871年,爱德华·泰勒(E. B. Tylor)首次把文化作为一个中心概念提出来的时候就明确指出:"文化或文明,……是一种复杂丛结的全体。这种复杂丛结的全体包括知识、信仰、艺术、法律、道德、风俗,以及任何其他的人所获得的才能和习惯。"④ 语言作为文化的载体,是法律的重要表达形式。在不同语言文化之间,"翻译就是语际之间的信息传递和语族之间的文化交流",⑤ 是两种语言符号的转码过程,即将一种语码所承载的文化信息,用另一种语码表达出来,也就是文化信息传递中的解码和重新编码活动,以达到跨文化的社会交际、传递、吸收的目的。"翻译的核心问题一直是该直译还是该意译。这场争论至少在公元前一世纪就已开始,一直延续至今。"⑥ 在众多的翻译理论中,被誉为"现代翻译之父"的美国著名翻译理论家尤金奈达

---

① 同上注,第13页。
② Inciarte, Referenztheorie unld Geschichtlichkeit, Theologie und Philosophie 58 (1983) 181.
③ Gipper, Gibt es ein sprachliches Relativitätsprinzip? Untersuchungen zur Sapir-Whorf-Hypothese, Frankfurt/M: Fischer, 1972. S. 248.
④ 殷海光:《中国文化的展望》,北京:中国和平出版社1988年版,第29页。
⑤ 萧立明:"论科学的翻译和翻译的科学",《中国科技翻译》,1996年第3期,第1页。
⑥ [英]彼得纽马克(Peter Newmark):《翻译教程》,上海:上海外语教育出版社,2001年版,第45页。

（Eugene A. Nida）提出的动态对等（dynamic equivalence）理论得到人们的广泛认可。[①] 他主张，翻译不应拘泥于原文的语言结构，而应掌握原文的意义和精神。只有这样，译者才能解决好翻译中的语言差异与文化差异问题，使译文收到良好效果；"翻译是在译入语中用最切近的、最自然的对等语再现原语的信息，首先指语义上的对等，其次是风格上的对等。"[②] "翻译意味着交流，它取决于听译文或看译文的人能了解到些什么。判断译文的优劣不能停留在有否对应的词义、语法结构和修辞手段，重要的是接触译文的人有何种程度的正确理解。所以，谈效果对等最根本的是必须比较接触原文的人怎样理解原文，接触译文的人怎样理解译文。"[③] 该理论实际上更倾向意译，反对死板的直译。在语言学中，词是能独立运用的、最小的、有语义的语言单位。因此翻译对等首先就要做到词对等。法律术语的翻译同样适用对等原则。

鉴于此，本书按照德文原文的字面和该词所表达的实质含义，即按照对等翻译原则，再结合该权利在德国法上的特点，把 Der Anspruch auf rechtliches Gehör 译为"法定听审请求权"，其理由如下：首先，这项权利是当事人在诉讼中享有的一项对法院提出的请求权，是其就纠纷的裁判所依据的事实和法律，请求法院倾听并给予表明意见的机会的权利。所以，应该把这项权利明确译为"请求权"。其次，从上述该请求权的内容和 Gehör 的含义来看，可以译为"听审"。该请求权包括了两个方面、三个层次的权利：一方面，当事人请求参与法院审理案件的程序；另一方面，法院应当保障当事人参与审理案件的程序，换言之，这是当事人享有的一项"请求法院听审并且必须得到法院听审的权利"。细言之，该请求权包含了三个层次的内容，

[①] "动态对等（dynamic equivalence）"翻译理论是尤金·奈达在其 1964 年出版的《翻译的科学探索》（Toward a science of Translating）一书中首次提出的。1969 年，他在与查尔斯泰伯合写的《翻译的理论与实践》一书中，将"动态对等"改称为"效果对等"（functional equivalence），该理论对我国翻译界影响尤为突出，在 20 世纪 80 年代达到巅峰状态，国内相关的论著纷纷问世。20 世纪 90 年代以来，"对等"被明确赋予了"文化"内涵，其理论主导地位在我国再次得到强化。

[②] Nida, E. A. &Taber, C. R, The theory and practice of translation, Leaden: E. J. Brill. 1969, P. 12.

[③] ［美］尤金奈达（Eugene A. Nida）：《语言、文化与翻译》（英文版）（LANGUAGE, CULTURE AND TRANSLATING），上海：上海外语教育出版社，1993 年版，第 116 页。

依次为知悉权、陈述权和请求法院履行审酌义务的权利。这些不同层次的权利都体现出法院与当事人之间的互动和对话。知悉权是当事人请求法院提供充分信息的权利，法院应当保障当事人依法实施阅览卷宗的权利；当事人在广泛获得信息的基础上，针对事实和法律上的重要事项有权进行陈述；法院裁判所依据的事实和证据必须经当事人表明见解，并附有裁判理由。可见，法定听审请求权涉及的是当事人面对法院的请求权和法院对此请求权所履行的保障义务。再从翻译的角度来看，德文 Gehör 是名词，是"倾听"的意思，[1] 其动词形式是 hören。在法律语境下，hören 具有"听取陈述"之意，[2] Gehör 有"审讯、听审"[3] 的含义。"听审"一词已被我国台湾地区学界接受并使用，在我国大陆地区学者的文献中也屡见不鲜。而"审讯"和日本学界使用的"审问"都具有刑事诉讼的色彩。由于该请求权普遍适用于各类诉讼法，本书不采用这种部门法色彩浓厚的名称。因此，笔者赞同使用"听审请求权"的译法。"rechtlich"的字面含义是"合法的、法律上的、法定的"。"听审"在远古时期的诉讼中就已存在，但不具有近代法治国家的人权保障理念。而听审请求权是法治国家原则和人权保障理念的体现，是宪法明确规定的一项公民基本权和集合性诉讼权利，是"法定的"请求权。综上，笔者认为，从内容（意译）与文字（字译）来看，Anspruch auf rechtliches Gehör 应当译为"法定听审请求权"。

正如"法定听审请求权"一词的译文具有多样性那样，以德国法定听审请求权的含义为标准，许多国家对此的理解和规定也各不相同。

德国把法定听审请求权保障等同为程序正义，即当事人的个人权利对国家权力的制约，法定听审请求权定位于个人（包括法人）相对于国家的权力，其基本公式是：作为当事人的个人不应当是纯粹的诉讼程序的客体，当事人应当从诉讼客体中解放出来，作为程序的主体受到尊重，其在判决的程序过程中的主体性得到保障。具体而言，作为程序上的主体，裁判的效力有可能损害到当事人的权益，在裁判作出之前，其有权请求获得就裁判事项所

---

[1] 《德汉词典》编写组编：《德汉词典》，上海：上海译文出版社，1987年版，第479页。
[2] 同上注，1987年版，第624页。
[3] 杜景林、卢谌编：《德汉法律经济贸易词典》，北京：法律出版社，1997年版，第369页。

涉及的事实和法律陈述见解和反驳对方主张的机会。如果法院侵害法定听审请求权，则危害到程序正义，当事人有权因此获得司法救济。因此，就程序正义的实现而言，一方面，德国把法定听审请求权保障作为一般性的诉讼原则时，法定听审请求权即是当事人寻求公正程序的诉讼权利；另一方面，从宪法与民事诉讼法的关系观之，法定听审请求权又是一项代表国家权力的法院应当保障的一般性的程序基本权。

《日本民事诉讼法》没有规定当事人的法定听审请求权和接受裁判的权利，只有《日本宪法》第32条对接受裁判的权利做出了相关规定："任何人均有接受法院裁判的权利。"这一宪法规定极为抽象，所以，必须由《日本民事诉讼法》将其具体化，并体现为"当事人权"。"当事人权"是指人作为诉讼主体（当事人）所应享有的诉讼上的诸权利，[①] 包括移送申请权、除斥申请权、回避权、辩论权、上诉权等。值得注意的是，日本对当事人权的保障是程序保障的核心。换言之，包括具有德国法定听审请求权内容的当事人权的保障方式是程序保障。

《日本宪法》和《日本民事诉讼法》没有移植《德国民事诉讼法》而规定法定听审请求权，这有两个方面的原因：其一，与日本的宪政有关。《德国基本法》第103条第1项中所规定的法定听审请求权是一项基本权，与其宪政密切相关。由于日本在宪政方面与德国存在差异，日本在移植和借鉴《德国民事诉讼法》时，没有实行德国的民主宪政，所以，没有将法定听审请求权纳入其宪法，也没有纳入其民事诉讼法。其二，法官和当事人之间的关系的认识上的差异。日本并没有把民事裁判程序理解为法官对诉讼当事人的公权力关系。在解决纠纷中，法官的作用甚至极端消极，并不考虑如何使裁判程序中诉讼当事人之间抗辩保持连续性，达到确立使当事人之间充分进行诉讼活动（辩护）的程序规律与辩护规范。而德国把法官与当事人之间的关系作为一种公权力上的关系，法官在诉讼中具有"诉讼指挥权"，应当依法对当事人进行提示，从而促进诉讼的进行，同时也应当对当事人的法定听审请求权给予充分的保障。

---

① ［日］山木广克己："诉讼当事人权：诉讼与非讼程序构造的差异考"，《民商法杂志》39卷456号，1959年。

英美国家采用广义的法定听审请求权,即把开启诉讼程序的裁判请求权和德国法上自诉讼系属到裁判作出期间的法定听审请求权通通纳入广义的法定听审请求权。这是对法定听审请求权最为宽泛的界定,并且体现为正当程序条款。换言之,英美把裁判请求权和法定听审请求权保障均纳入正当程序条款中。

二、法定听审请求权之历史

数千年来,民事诉讼演化出了许多基本的司法裁判原则。这些"基本的"原则实际上体现了一种信念,即人们坚信它们不仅代表了基本的、最低限度的权利,而且是文明司法裁判制度永恒的有机组成。自然法观把这些原则视为"自然的"正义法则。随着自然法观的衰落,它们逐步被"实定法化"纳入法规和法典中。为了确保其固定和被遵守,它们进而被纳入一种新的制定法体系,即宪法,[①] 其修改、被违反时的制裁和救济方式都予以特殊规定。由于这些原则曾经被肆意违反和滥用,"二战"后,基本原则的宪法化、基本保障与权利的国际化成为发展潮流。这尤其体现在从独裁与专制的恶梦中醒来的德国。

这些原则可以概括为诉讼当事人的"基本"的权利,法定听审请求权正是其中之一。现代法定听审请求权的历史植根于传统的法定听审这一基本司法裁判原则,该原则逐步被法律确认,最后上升为宪法层次的法律规范,体现了法定听审请求权所体现的诉讼内在性、自然法衰落而实定法兴起,以及人权保障的理念。法定听审请求权被宪法或国际文件确认,成为不同于其他权利的基本权和保障。[②] 法定听审原则首先针对刑事诉讼的被告而发展起来,逐步演变为一项普遍的诉讼原则。随着宪法运动的发展,法定听审原则在宪法上确立,并推导出作为程序基本权利的法定听审请求权。这一过程在德国经历了漫长的历史时期。

---

① [意]莫诺·卡佩莱蒂等:《当事人基本程序保障权与未来的民事诉讼》,徐昕译,北京:法律出版社,2000年版,第12、13页。
② 同上书,第11页。

（一）法定听审原则之起源

罗马法上的" audiatur et altera pars "（德语为 Auch die andere Seite soll gehört werden），即"另一方也应当接受审理"或"听取他方陈述"，是法定听审原则的最早表述。

罗马法律诉讼和程式诉讼时期，按照古希腊法律思想所倡导的双方接受审理的观点，[①] 被告必须参与诉讼。当事人参与诉讼是程序合法性的体现。当事人有权陈述于己有利的事项；未经言词辩论以及当事人因此而没有获得辩护机会的程序所作出的判决当然无效，不需要专门提出撤销申请。在刑事诉讼中，在法务官面前的非形式化的原始法律程序中，实行纠问式审理，被告完全无权辩护。直到罗马共和国末期，市民诉讼的控诉形式开始实行，双方当事人必须被公开传讯到场进行终局辩论。这种传讯制度后来演变成为旨在使当事人进行辩论的传唤制度。[②]

德国中世纪时期继受了罗马法，法定听审的传统司法原则藉此传承下来：法官在做出裁判之前，必须给予双方当事人平等的陈述机会，只有在双方当事人陈述意见后，裁判者才能作出裁判，否则，作出的裁判无效。这一传统不仅在德国中世纪的教会法以及普通法中体现出来，而且迄今仍然奔腾不息。例如《萨克森采邑法》和《萨克森州法》都规定了双方当事人在裁判前必须得到听审；在帝国法院程序中，对方因其提出的抗辩而得到听审，则"判决上的每一个要点都被提出质问"；[③] 人们至今还能在德国古老的议会大厦中看到罗马"听取他方陈述"的字样；在纽伦堡宏伟的议会大厅里写着："一方意见是一面之辞。我们应该倾听双方陈述"（Eines manns red ist einc halbe red, Man soll die teyl verhören bed）；在法兰克福的"罗马"前厅，人们也可以看见此种含义的文字。

法定听审原则是诉讼所具有的内在性，是诉讼本身所具备的内容。法定听

[①] Rüping, Der Grundsatz des rechtlichen Gehörs und seine Bedeutung im Strafverfahren, Berlin 1976, S 14.

[②] 同上注，S. 13 – 14。

[③] Franklin, Reichshofgericht im Mittelalter 2. Bd, Hildesheim 1967, S194.

审原则最早得到传唤制度的保障，并且体现在法兰克时代的普通程序中。法兰克地区诉讼法虽然没有明确规定保障法定听审原则，但是，该法规定，如果被告经由传唤而得到法定听审并获得一个应诉期限，那么，他就可以在此期间为辩护作准备，在首次期日到庭并立即阐明案件事实。如果他此时身处法院，就可以要求指定一个准备期限。该规定实际上就是典型的法定听审保障的要求。从诉讼的内在素质来看，传唤不仅是法兰克时代以起诉开启的、保障被告进行对抗式辩论的普通程序的开端，[1] 而且传唤本身就保障了法定听审原则。

法定听审原则的起源体现了斯多葛学派自然法思想。神赋予每个人相同的理性，人与人彼此平等，在发生纠纷时，有权进行自我防卫性辩护（defensio），诉讼当事人享有平等的诉讼地位。基于此，传唤制度以及传唤所告知的听审原则产生了。中世纪教会法规定：任何裁判在作出之前，都必须预先传讯当事人出庭；如果传唤错误，则裁判因不具有形式既判力而无效。[2] 听取双方陈述成为主导审判程序的基本原则。在法庭讨论时，法官应当给与双方当事人最大的自由，使其陈述他们认为能够支持其主张的一切事项，没有进行听审的判决无效。如果一方当事人没有得到听审，也没有在程序塑造中发挥影响作用，或者在辩论中没有发表意见，那么，在该程序中作出的判决亦无效。即便在缺席裁判程序中，只有一方当事人在场时，也要保障法定听审原则，只不过此时获得法定听审原则保障的仅仅是在场的一方当事人，并且在对方当事人未到场时，实行缺席裁判。

承载着自然法思想的传唤对于法定听审保障具有重要意义，至今依然是诉讼告知的重要内容。有效的诉讼告知对于正确裁判的意义自不待言。因此，诉讼告知请求权纷纷被各国宪法确认，也被联邦德国纳入《德国基本法》第103条第1项中的法定听审请求权。按照联邦宪法法院的解释：法院应当让诉讼所涉及的相关人员知悉诉讼已经系属。[3]

---

[1] Brunner, Deutsche Rechtsgeschichte 2. Bd. Leipzig 1892, S. 436.
[2] Matcher, 载《公法和国家法的奥地利杂志》，第31卷（1980年），1（2f）. 转引自［德］米夏埃尔·施蒂尔纳主编，赵秀举译：《德国民事诉讼法学文萃》，中国政法大学出版社，2005年版，第165页。
[3]《联邦宪法法院裁判的官方汇编》，第60卷，第7页、第14页以下。转引自［德］米夏埃尔·施蒂尔纳主编，赵秀举译：《德国民事诉讼法学文萃》，中国政法大学出版社，2005年版，第166页。

（二）法定听审原则作为程序基本原则之确立

法定听审原则作为程序基本原则首先出现在刑事诉讼程序中，是自然法受到纠问式诉讼理念冲击的结果。根据自然法的观点，人所具有的自我防卫权决定了他在诉讼中应当享有辩护权，被告人也应当得到法定听审原则的保障。纠问式诉讼取代了弹劾式诉讼后，纠问式诉讼不允许当事人在法庭上辩论，不承认对双方当事人进行听审，也否认二者之间的形式平等。尽管当时自然法思想在程序理论上占据了主导地位，但是，纠问式诉讼理念更强调程序结果，认为法定听审原则没有存在的余地。法定听审原则保障被削弱了。

法定听审原则从自然法上的原则到纳入诉讼法的规定，是自然法逐步衰落和实定法逐渐兴起的结果。从《萨克森明镜》和判决形式来看，中世纪德国继受罗马法的一项功绩就是无效听审的理论分类。无效听审分为绝对无效和可治愈的无效，前者导致裁判无效，后则则可以通过上诉而治愈。在当时德国刚经历了三十年战争，处于帝国分裂、邦国林立的历史背景下，法律统一加快了步伐，这一理论成为了德国立法确认法定听审原则的必要基础，促进了法定听审原则向着程序一般权利的方向发展。无效听审仅仅构成了后来区域立法上的裁判无效的事由，而可以治愈的无效听审则降格成为上诉的理由。法定听审原则通过实定法化而成为一项程序基本原则，不再是被动的、因受到侵害才成为裁判无效的事由。

法定听审原则保障被纳入了一些州的普通诉讼法和法院法。其中最为重要的是 1793 年的《普鲁士普通法院规则》（AGO）和 1850 年的《汉诺威诉讼法》。这两部程序法依然对现行《德国民事诉讼法》影响巨大。《普鲁士普通法院规则》第 25 条、第 26 条和第 53 条都包含了一些可以视为法定听审保障原则的基础性规定。《汉诺威诉讼法》第 100 条、第 385 条和第 431 条也包含了具有基本原则特点的法定听审保障的数条典型规定。

（三）法定听审请求权之产生

1. 法定听审原则宪法化

法定听审请求权的产生是法定听审原则宪法化的结果。19 世纪时，民事诉讼和刑事诉讼中传统的听审原则发展成为诉讼当事人的一种主观权利。宪法运动在赋予了公民实体上的主要基本权利之后，又赋予了公民在诉讼程序中的程序基本权利。与英国、美国和法国不同的是，德国在1945年之前没有把宪法性的程序规定成文法化，而仅仅停留在直接受到对各种具体程序塑造的影响上。这是英美传统和大陆法哲学之间相互的冲突所致。

法定听审原则的宪法化运动最早可以溯源到英国的1215年《自由大宪章》所规定的正当程序权。该法第39条规定："任何自由人，如未经其同级贵族之依法裁判，或未经国法判决，皆不得被逮捕、监禁、没收财产、剥夺法律保护的权利、流放，或加以其他任何侵害"。当然，《自由大宪章》不以保障英国臣民的权利为首要任务，而是反映了封建主义战胜了国王的权力，所以，它不是我们现在所理解的宪法，但是，它禁止肆意拘捕，用法律规制国王和臣民的权力，这对于此后法定听审在宪法上的发展产生了重要影响。此后，法定听审原则在1628年《英国权利请愿书》中以正当程序保障观得以确认，旨在防御国王权力对个人的侵犯。

美国把法定听审纳入美国殖民地宣言中的时候，这种宪法性文件不再具有用法律规制统治者和臣民权利的原始意义了，而是专门保护刑事诉讼中的正当程序权，其核心是依法告知和提供诉讼中陈述意见的机会。1791年《美国宪法第五修正案》规定："未经正当法律程序不得剥夺任何人的生命、自由和财产。"这一规定适用于联邦政府，保护的对象是刑事被告，并以此把联邦政府权力的行使与特定的公民权利联系起来。1868年通过的《美国宪法修正案》第14条规定："各州不得未经正当法律程序剥夺任何人的生命、自由和财产。"该规定适用于各州和地方政府，并扩大了第五修正案的保护对象的范围，保护所有的公民，并且在确认诉讼上的正当程序的同时，也确认了作为主观权利的正当程序权是法院作出实体裁判的法律标准。

此外，1793年和1795年的法国革命宪法都确认了法定听审请求权。宪法确认了天赋人权理论，启蒙运动借助宪法的形式，不仅赋予了当事人为了实施其实体基本权所必要的诉讼权利，而且推动这些权利的宪法化。这种诉讼权利的宪法实定法化至今尚未停止。

法定听审基本原则纳入宪法，统一了各类诉讼法的不同规定，是大陆自然法观念影响的结果。在大陆自然法的推动下，按照国家契约论形成的国家与公民之间的关系，以及国家根据该契约而对个人生活的干预，都应当遵守固定的规则。作为法定听审请求权的核心内容，表明自己见解的机会当然首先以保障生命、自由和财产这些传统的实体权利为目的。除了这些传统的权利外，如果大陆自然法还把辩护权作为这些传统权利派生出来的权利，那么，根据传统的基本权利理论，基本权利效力主要适用于国家权力的活动领域，旨在防御国家权力的侵害。因此，听审权也只是实体上的防卫权，而不是诉讼上的辩护权，尽管在诉讼法学家看来，防卫权和辩护权都基于自卫的本能。此后，在进一步限制实体权时，即便采用主观权利理论，辩护权也与人权无关。[1] 再者，诉讼中的辩护权最初不是作为基本的原则而纳入传统自由权体系，所以，它与宪法上其他"辅助权"一样，陷入了自然法理论的禁区，并表现为独立的人权。辩护权作为法定听审权而纳入了刑事诉讼中。美国在1776年《人权宣言》中规定："对所有刑事犯罪提出的控诉，人人有权得到听审。"

自然法给宪法运动带来的是规范化的核心思想，对德国产生了重大的积极作用。从中世纪开始，英国各式的"专制"普通法（common law）的基本原则被当成《德国基本法》和德国普通法（einfache rechts）的主导思想的成分，法定听审不仅成为法官活动的基本要素，而且对于诉讼中的当事人而言，它也是自然正义的要素之一。[2] 同样的观点也存在于美国司法实践中。

此外，19世纪大陆法哲学还反映在早期诉讼法学家的理论中。天生根源于自我防卫的听审被称为人权或者原始权利，这见于德国判例：1905年的帝国军事法院把辩护和对法院作出的谎言作为被告的"天赋人权"之一，[3] 而立法大多比较粗略，只以总则形式加以规定，并且处罚只能根据法律的规定进行，或者立法只涉及职权审查中的具体问题。同时，关于控诉程序、公开

---

[1] Rüping, Der Grundsatz des rechtlichen Gehörs und seine Bedeutung im Strafverfahren, Berlin 1976, S. 87.

[2] Deppeler, Due Process of Law Ein Kapitel amerikanischer Verfassungsgeschichte, Ben 1957, S. 11.

[3] Rüping, Hinrich, Der Grundsatz des rechtlichen Gehörs und seine Bedeutung im Strafverfahren, Berlin 1976. S. 89.

性、言词性的规定,大大促进了承认刑事诉讼中的法定听审的独立效力,这些都为德国1848年基本权利法、1849年帝国宪法和受其影响的州宪法的产生奠定了基础。

2. 德国法定听审原则之宪法化

(1) 德国法定听审原则宪法化之历史背景。

现代法定听审原则在1945年制定的《德国基本法》中才得以确立。法定听审原则被纳入宪法规定是法治国家思想的产物。此前虽然一些法律规定了法定听审原则,例如最早规定法定听审原则的刑事诉讼法,但是,由于法治国家进程的曲折坎坷,法定听审原则在立法和实践中备受挫折。

在魏玛时代,法定听审在立法上得到明确保障。1924年的《德国减负条例》把仲裁机构实施的仲裁程序中的侵害法定听审的事项纳入《德国民事诉讼法》第579条;刑事诉讼法也规定:缩减普通期限和自由指定法院则侵害了听审;在国家社会主义时期,纳粹政府的独裁专制对诉讼结果的强调达到极致,忽视诉讼程序的价值,法定听审传统表面上继续延续,但事实上已经被弱化。刑事诉讼法草案建议和1943年的《德国保护条例》中都确认了法定听审原则,后者还把侵害该原则作为无效的事由;在民事诉讼中,按照1939年《德国简化法》的规定,法定听审原则具有限制职务法院和劳动法院采用的自由裁量的作用。此外,实践和理论还对一些个案中侵害基本原则的行为的裁判开启了上诉的途经。尽管如此,法定听审原则遭到了漠视:诉讼中的期限被限制或者取消,并且从1933年的特别法庭开始,允许自由指定法院进行证据调查,强调所谓"为了维持社会秩序,发现判决应当富有弹性"。① 这些弱化听审的行为难免招致诟病。直到1942年,盖世太保式审判遭到猛烈抨击,听审对于法定程序的必要性得以再度强调。②

强调法定听审的必要性,反映了个人与国家利益一致的观点。受黑格尔

---

① 参见1933年3月23日的帝国议会讲话(Verh. D. Reichstag, 8. Waller..1933, Bd. 457 Berlin1934, S. 28 C)。在1942年全德帝国议会决议作出后(RGBl1942Tl. 1. S. 247),总统可以不经任何法定程序,免除任何德国公民的职务。

② Rüping, Der Grundsatz des rechtlichen Gehörs und seine Bedeutung im Strafverfahren, Berlin 1976, S. 93.

观点的影响，民族和国家一体化的国家观念可以否认个人对国家享有传统自由理论意义上的个人权利。① 据此，自由权受到限制，当事人真实义务被纳入了1933年《德国民事诉讼法》。同时，实行法定听审也是人性尊严的要求。个体的存在纵然以对团体的忠实为基础，但是，个人在为全民的利益作出贡献时，他亦获得了尊严。这种尊严以此而成为"比生命更有价值的最高财富"。② 在诉讼中，民众在判决作出之前享有民众的尊严，人的尊严成为他有权进行辩护的理由，进而禁止把他作为单纯的程序客体。尽管尊重人的尊严有可能给罪犯提供抢先夺取程序结果等机会，但是，这种尊重人的尊严的趋势没有使普通法院放弃听审。

（2）德国听审原则宪法化的进程。

1945年至《德国基本法》制定之前的时期是德国听审原则宪法化发展重要时期。随着德国民主原则与法治国家原则在法律上的确立，民主原则也在诉讼中体现出来。德国法律改革的基本民主原则包括了刑事诉讼中的被告人的"正当程序"保障，以及藉此而在具体法律和实践中实现的法定听审。

1946年的巴伐利亚州宪法首次规定了法定听审请求权，并把它作为国家司法的基本规范。法定听审请求权随着宪法的发展以及取消纠问诉讼这一突破之举而产生。在德国，19世纪普通法上的纠问诉讼改革以及与之相关的提高被告的诉讼主体地位的举措都没有形成一种普通法或者甚至宪法上的法定听审原则的表述，直到1945年监督委员会的公告第3期第2条第1项才规定了保障被告人的法定听审原则，巴伐利亚1946年的宪法、图林根1946年宪法、梅克伦堡1947年宪法才规定了针对任何人的法定听审原则。这种一般的法定听审原则后来才在《德国基本法》中体现出来。

法定听审原则宪法化的进程是法治国家对诉讼民主保障，是法治国家原则的体现。一方面，从1946年巴伐利亚州宪法第91条来看，法定听审（《德国基本法》第103条）的要求并未先于《德国基本法》而在宪法中确定下

---

① Vocke, Annemarie, Grundrechle und Nationalsozialismus, Diss. Heidelberg 1938, S. 83ff, 115.
② Rüping, Der Grundsatz des rechtlichen Gehörs und seine Bedeutung im Strafverfahren, Berlin 1976, S. 94.

来，但它在传统上得到诉讼程序的认可。联邦宪法法院把它作为法治国家原则必然带来的结果，但并不是其唯一结果，因为它还关涉《德国基本法》第103条第1项中保障的人的尊严。该条规定禁止把个人变为纯粹诉讼的客体。最初，法定听审的含义被理解为在诉讼法的一种最低限度的保障，后来法律解释赋予了这项权利极大的生命力，使它可能成为社会国家诉讼实践的依据，并大大超出为确保当事人主体地位而进行"公正诉讼"的要求，给予当事人从未拥有过的对诉讼和法院制裁的影响力，同时也要求他们责任共担。[1] 另一方面，宪法的立法者根据法治国家原则公认的效力，坚持认为，鉴于国家社会主义时期法西斯统治的经历，有必要把法定听审明确规定在宪法中。其他州也作了类似规定。当然，在同盟国法律中实现的"法律的正当程序"的传统也可能同时起了决定性作用。《德国基本法》第103条第1项关于听审的规定也许也是受到了以前的州宪法的影响，它的产生的历史背景在于：鉴于刚刚过去的经验，这种原则本身当然的效力应当找到一种特殊的表述。[2] 因此，"二战"后，鉴于国家社会主义时期的国家权力滥用所招致的批判，听审请求权纳入宪法并没有引起激烈的争论。尽管在1949年《德国基本法》生效之前，听审请求权在《德国民事诉讼法》没有成文规定，但是，它对于各类诉讼程序的根本意义从未受到质疑。

（四）《德国基本法》上的法定听审原则与民事诉讼

"二战"以后，涉及裁判权的宪法性规范的意义与日俱增。这种情形甚至被人们称为诉讼的"宪法化"，而法院诉讼程序被视为"被适用的宪法"。[3] 以法院诉讼程序和涉诉公民在法院面前的法律地位为内容的规范被很多国家赋予了特殊的重要地位。联邦德国也不例外。《德国基本法》第103条第1项

---

[1] Wassermann, Rudolf, Der soziale Zivilprozeß, Luchterhand 1978, S. 83, 84.

[2] Ruping, Hinrich, Der Grundsatz des rechtlichen Gehörs und seine Bedeutung im Strafverfahren 1976, S. 97.

[3] ［德］卡尔海因·茨施瓦布，埃郎根，彼得·戈特瓦尔特，雷根斯堡："宪法与民事诉讼"。米夏埃尔·施蒂尔纳主编：《德国民事诉讼法学文萃》，赵秀举译，北京：中国政法大学出版社，2005年版，第127页。

规定了法定听审请求权。作为一项程序基本权利，法定听审原则长期以来占据了核心地位。

保障民事诉讼所涉及的当事人享有的特定的程序权利，是大多数国家的做法，并且这种特定的程序权利成为判断涉讼当事人行为的合法性依据，同时，侵害该权利将受到特殊的惩罚，德国法把这种权利称为程序基本权利。相对于实体基本权利而言，程序基本权利并非适用于任何人，而是与人的诉讼地位紧密联系。① 保障涉讼当事人的程序基本权利的出发点在于：如果不在法律上规定一定的程序基本权利，那么，所有实体法上的权利保障都无法实现。② 因此，程序基本权利具有特殊的救济方式。法定听审请求权受到侵害时可以通过向宪法法院提出宪法抗告而得到救济。出于减轻宪法法院的工作负担以及全面保障公民的程序基本权利，侵害法定听审请求权的案件在一定条件下也可以由普通法院管辖。历经几次法律修订，法定听审请求权在德国民事诉讼中形成了完整的权利和保障体系，在世界各国中独树一帜。

---

① 程序基本权利和实体基本权利是德国法的划分。程序基本权利对程序的意义不容置疑，但是，实体基本权利，例如当事人平等原则、宪法上的证明禁止权、处分权、强制执行中的保护权对程序也发生相应的影响。同上页注③，第181页。

② Matcher，载《公法和国家法的奥地利杂志》，第31卷（1980年），1（2f）。同上注，第165页。

第二章
法定听审请求权之理论基础

法定听审请求权的理论基础来源于法治国理论和尊重人性尊严思想。[1]

一、法治国理论

(一) 法治国之基本理论

"法治国"(Rechtsstaat)是德国一个古老但常用的宪法和法律概念,[2] 无法精确地翻译成其他国家语言。它在资产阶级反对封建专制的斗争中产生,至今仍然是德国重要的国家政治理论,具有历史的一贯性。然而,它又被历史的长河侵染,呈现出明显的阶段性。

德国法治国的概念最早出现在18世纪末,是由德国早期自由主义思想家普拉西杜斯(J. W. Placidus,又 J. W. Petersen)提出的。当时使用的是Rechts-Staats一词。他在其1798年出版的著作《国家学说》中首次提出了"法治国"(Die Rechts-Staats-Lehre)。该理论受康德的影响,把国家与法律的联系定位为国家学说的目的和核心,试图通过法律界定国家与公民个人之间的关系,认为国家首要的、根本的目的在于保障公民的人权或最大限度的

---

[1] Rosenberg/Schwab/Gottwald, Zivilprozeßrecht, 16. Aufl., Müchen 2004, §82, Rnd. 1.
[2] 德国关于法治国的思想始于18世纪末。在此后的不同历史阶段,法治国思想具有不同的侧重点。从法治国思想的发源至今,大致上经历了自由法治国(18世纪末至19世纪30年代)、形式法治国(19世纪30年代至20世纪初)、混合法治国(1919年至1933年魏玛时期)、实质法治国(1933年至1945年国家社会主义时期)、公正法治国(1949年至1990年波恩时期)和德国统一后的法治国(1990年后至今)。

自由。此后,"法治国"一词在被用来解释司法部长的地位时,司法部长被解释为是 Rechtsstaat 的代表。此时的 Rechtsstaat 的准确含义是法律或司法事务,而不是指国家性质或形式,司法部长就是法律或司法事务的代表。对 Rechtsstaat 一词作出最接近于今人理解意义并完整使用该概念的是自由主义法学家卡尔特奥多尔魏克尔(Carl Theodor Welcker)(以下简称魏克尔)。他受康德理性法的影响,坚持国家形式理论,把法治国理解为国家形式。所谓国家形式的理论就是国家权力的载体或者谁承担政治统治的形式的问题。按照该理论,法治国或法治可以与不同的国家形式结合,成为专制式的法治国、贵族式的法治国或民主法治国。在魏克尔看来,法治国是理性国,是国家发展的最高层次,是最高的国家形式,其目的仅仅在于贯彻理性法。[①] Rechtsstaat 一词一直沿用至今,但是,其含义不再是魏克尔所理解的那样,现在更强调法治国的最基本含义,即国家应当受法律的规范和限制。

尽管如此,法治国思想的产生远远早于这一名词的出现,是德国对 18 世纪欧洲和德国社会、政治危机形势的回应。当时的德国四分五裂,无数公国仿效法国,实行严厉的专制主义体制,资本主义经济极不发达。市民阶级在经济与政治上屈从于封建君主,迫切要求进行社会改革,争取自由。但是,由于市民阶级尚未聚集起足够的力量进行法国式的旨在推翻封建君主专制的革命,他们只能实行改良主义。法治国就是这一举措的杰作,即把法律作为限制专制君主国家、实现公民个人自由与个性解放的手段。从理论上看,这一时期的法治国思想高扬自由个性、还人们以自由的自由主义旗帜。康德首先指出了法律在国家中的地位,他认为,法律是法治国的核心内容,国家是人们依据法权律则组成的一个联合体,国家的任务是通过法律给予公民一个自由空间并予以保障。[②] 康德的法治国思想至今依然流淌在德国国家理论之中。

[①] 郑永流:《法治四章——英德渊源、国际标准和中国问题》,北京:中国政法大学出版社,2002 年版,第 84、85 页。

[②] 法权律则不应理解为实证法(诸如宪法),而应当和"伦理律则"相对应。参见郑永流:《法治四章——英德渊源、国际标准和中国问题》,北京:中国政法大学出版社,2002 年版,第 88 页。

德国法治国思想的发展呈现出阶段性特征。18世纪的自由法治国强调国家、自由和法律三位一体，尤其强调对个人自由的保障；1848年德国资产阶级革命失败后实行新的法治国形式，放弃了自由法治国，强调法律形式，抑制自由主义，以实证主义为理论工具，主张法律与政治分离，从而衍生出司法与法官独立的主张。法治国成为法律国和司法国。[①] 在这种国家学说的影响下，在法律制度上，宪法对公民权甚至持否认态度，仅注重法律的形式有效性、行政合法性和司法以及法官的独立性；1919年开始的魏玛时代中，民主原则首次被纳入法治国的范畴，与社会原则一道，成为法治国的两个特点；1933年开始的国家社会主义时代实行实质法治国思想。该理论放弃了传统法治国的概念，认为法治国最重要的就是法律的统治，并用道德、良心和理性偷换了法治国的自由主义精神，实行国家社会主义或希特勒的思想，实际上反对法治国。此时的法治国已经失去了其原本的含义；"二战"后，从1949年到1990年德国统一期间的波恩时代，实行公正法治国思想。这是一种社会国与法治国相结合的理论。社会国作为一个体现国家社会目标的核心概念，是指一种根据特定的目标，通过干预方式，诸如社会保险等一系列政策，帮助社会低下阶层摆脱不利地位，从而建立稳定的社会秩序的国家形式。此时的国家理论是重构一种实质法治国思想，而一个实质法治国不能是一个非公正的国家，因此，法治国与社会国相联系来。1990年德国统一后，德国在整体上继承了原波恩政权的法律制度，《德国基本法》所确立的民主的、社会的法治国原则也继续被作为根本治国方略，法治国的内容迄今也没有发生实质变化。

（二）法治国之宪法化

法治国首次获得宪法确认的是《巴伐利亚自由国宪法》。1949年，《德国基本法》正式确认了新法治国方案，正式把法治国连同民主、社会、共和和联邦并列为《德国基本法》的五大原则，并将民主、社会原则与法治国原则

[①] Stammen, Der Rechtsstaat-Idee und Wirklichkeit in Deutschland, München, 1977. Aufl. S. 69–74. Karpen, Die geschichtliche Entwicklung des liberalen Rechtsstaates, Mainz 1985, S. 79.

结合在一起，创立了"民主的、社会的法治国"新模式。① 这种治国方案远行至今。

《德国基本法》第 20 条第 3 项规定的法治国家原则的含义难以概括，它除了包括规定立法受合宪性规范约束，行政权和裁判权受法律和法的约束之外，还包括法院受法的约束、法定法官、法官中立、程序的司法形式化、法的安定性以及审级权利保障。但是，权利分立、法院独立和法定听审请求权这三项被公认为法治国家原则的要素。

随着法治国家原则的确认，公民的基本权利被现行《德国基本法》置为核心地位。认为基本权利只是自由权的传统旧观念得到改变。现在，基本权被看作是个人自决与独立的权利，是针对国家的、旨在实现自由的参与权，是共同决定国家与社会事务的权利要求。不仅如此，基本权利还被赋予了直接有效性，并完全指向国家。首先，国家应当像遵守法律一样尊重公民的基本权利；其次，公民的基本权利受到国家侵害时，可以根据《德国基本法》中的这些规定直接提起诉讼；最后，在通常情形下，国家法律或其他规定不得限制或废除、架空基本权利，任何时候也不得危及基本权利的实质。

法治国家原则还通过法律原则、法律条文以及诉讼规定得到了具体体现。以前它更多地被理解成国家形象的外在形式要素以及国家体制的组成部分，而现在，它具有旨在保证国家目标得以实现的功能，即广泛注重实现一个实质公正的国家。

（三）法治国家原则作为法定听审请求权的理论基础

法定听审一般被称为是法治国家原则的要求。自由国家观念的法治国家思想是《德国基本法》第 103 条直接规定的系属程序中的听审的理论依据。自由国家观念认为，法院应当遵守特定的程序规则，并且以此赋予诉讼主体以权利。基于这种理念，宪法制定者吸收了新近的宪法运动思潮。

现代法治国家是宪法国家，其特点是：国家权力的行使必定受到基本的

---

① 《德国基本法》第 28 条第 1 款规定："各州宪法制度必须符合本基本法规定的共和的、民主的和社会的法治国基本原则"。

规则的调整；国家保护公民权利，保证公民和国家机构平等地遵守法律。因此，法院程序的塑造和司法对公共生活的重要意义在很大程度上决定了国家的形象。法院对公民权利的保障构成了国家制度的根基，反映了一国的国家和社会的发展状况，并且因此被几乎所有国家的宪法确认。尤其是《德国基本法》，它对诉讼法和法院组织法的影响深远，在法律领域占据统治地位，并涉及整个民事司法领域。它除了直接创设了对民事诉讼和普通法院裁判权适用的具有拘束力的宪法规范外，还授予了宪法法院审查民事裁判权和立法者的违宪行为。《德国基本法》和宪法法院的判例都没有脱离民事诉讼法。因此，可以说，德国法院组织法和程序法在一定范围内都属于被适用的"宪法"。[1]

法定听审请求权作为当事人的程序基本权，是一种从宪法中推导出来的主观权利，是宪法的具体化。如上所述，宪法对法院的权利保护客观上勾画出了法治国家的镜像，同时在当事人的关系上也保障了公平的、法治国家的程序。因此，宪法的保障不仅可以被理解为制度性的，而且也可以理解为司法保障的主观权利的一部分。听审原则被当作法治国家实质性概念的当然组成要素，而法治国家通过国家权力所产生的义务而保障个人自由，因此，推导出法定听审请求权的《德国基本法》第103条只不过把这一原则具体化了。[2]

法定听审请求权的核心内容是体现程序参与的意见陈述权，这是法治国家理念的重要内容。使用"法治国家"概念主要是由国家的导向决定的。为了防止国家对个人自由的非法干预，当事人有权参与诉讼实践。正如德国在宗教改革后，针对纠问诉讼，传达了一种对国家司法规范化观念认知，即当事人应当参与该纠纷事件，并且有权表明自己对该案件的观点。因为，正如瑞士法学家弗里德甲路德维希·科勒尔对参与整个程序的观点的重要性的认识那样，"自由公民的最美好的权利之一在于，在其经济事件发生争议时，他不必让自己像宫廷中的奴隶臣服于主人那样，把自己置于法官地位之下并乞求法官的宽恕和怜悯，相反，现在他可以在法官面前跟对方辩论这场争议，

---

[1] Bettermann, Hundert Jahre Zivilprozeßordnung-das schicksal einer liberalen KodIfikation, ZZP 91 (1978), S365, 367.
[2] BayVerfGHE 4, 21 ff. (26).

并可以为此争议延请鉴定人和律师"。①

由此可见，法治国家思想意在以其原始的理念，防止国家对自由空间的非法干预，其得出的理由倾向于收缩法院的被动功能。这种被动功能保障了表明意见的机会。从另一方面而言，法定听审请求权所具有的陈述意见权同时也是一种从承认主体地位而衍生出来的原始要求。

二、尊重人性尊严

尊重人性尊严作为法定听审请求权的理论基础，与法治国理论存在密切联系。如果人们不把国家司法实施标准化并保障受司法管辖者的主观权利，而把对人权的尊重和保护视为实体法治国家概念的固有之义，以及把法定听审视为形式上的法治国家的要素，那么，尊重人性尊严就是法定听审请求权的独立的理论基础。而这种"法治国家"就仅仅是没有独立意义的法律参照规范。

人性尊严，亦称人类尊严。《德国基本法》第1条第1项最早规定了人性尊严保障原则："人性尊严不可侵犯。尊重和保护人性尊严是国家权力的义务。"人性尊严的立足点在于，设定人具有精神道德的本质，可以基于天赋和自我意识，自由作出决定，影响外部环境。人性尊严强调人的自主性，并且人不得被贬损为操作之客体。人性尊严这一概念从一种文化和宗教理念到被纳入制定法体系，最终成为一个法律概念。在《德国基本法》中，"人性尊严"具有最高的法价值，是整个法律价值体系中的重中之重，统率整个实在法体系，其他的制度体系均基于"人性尊严"而构建。作为一个高度抽象的法律概念，人性尊严是国家整体法秩序中最基础、最根本的规范。同时，它也是一个不确定的法律概念，具有时代性和变迁的可能性。

(一)《德国基本法》之人性尊严含义及其哲学观

1. 去客体公式作为《德国基本法》之人性尊严含义

对于人性尊严的含义的诠释，必然受到对"人"的理解的影响。德国联

---

① Kaufmann, Beiträge über das prinzip des rechtlichen Gehör nach zürischerischem Zivilprozeßrecht, Diss. Zürich1935, S. 4.

邦宪法法院作出的一段著名的宣示说明了其对"人"的含义的理解:"《德国基本法》中人的形象,并非是一个孤立、自主的个人形象;而毋宁说是:《德国基本法》将个人与国家之间的紧张关系,以不侵犯个人之固有价值的方式,在个人的'共同体关连性'(Gemeinschaftsbezogenheit)与'共同体连结性'(Gemeinschaftsgebundenheit)的意义下,加以决定。"[1] 由此可知,德国经历了国家社会主义政权统治后,在制定《德国基本法》时,已经放弃了其一直坚持的价值中立的立场,并排斥了团体主义与个人主义。《德国基本法》第2条第1项还规定:人格自由发展的权利只有在不伤害他人权利、不违反宪法秩序及道德法律的前提下,才能得到保障。因此,未经思虑的活动自由与在法的意义上的自由所必要的交互关系是不相吻合的。从另一个角度来看,国家负有保护人性尊严的义务,个人作为负有保护义务的团体的成员,也同样负有保护义务,否则,国家的保护无从实现。

据此,《德国基本法》第1条第1项所规定的"人性尊严"在制宪当时的历史及文化背景之下,作为一个法律概念,其含义并不是在个人主义下的恣意的、不受社会连带拘束的尊严,而是在尊重人本身固有价值的同时,也着重其对社会的责任。这种规定一方面是为了避免重蹈资本主义与个人自由主义发展到极端时的覆辙,即在形式上尊重、信赖个人自主决定能力的制度设计下,个人尊严实际上被磨灭;另一方面则是基于国家社会主义的历史经验,避免团体主义过度发展而导致抹灭个人存在的价值。但是,这种放弃极端性解决的思考方式,在面对作为一个孤立的个人与作为社会分子的个人之间所产生的冲突,却难以找到一个完美的、一般有效的解决方法。因此,《德国基本法》对"人"这个概念的掌握也存在着相当的模糊性。

人性尊严的定义也同样显示出不确定性。从《德国基本法》制定时的历史、文化背景,到法院及学者对《德国基本法》文义及体系上的解释,冉到因时代变迁,新的科技与知识所带来的人类福祉的增进与客体化的危险,对人性尊严概念的影响,已可大致描述出人性尊严这个概念在发展上的方向。但在人性尊严法律上的意义的界定还是较为抽象。

---

[1] BVerfGE 4. 7.

"二战"后,《德国基本法》第 1 条第 1 项:"人性尊严不可侵犯",其最主要的出发点是对纳粹统治经历的反省。这种禁止人类"物化(不把人当人对待)"的要求,支配着德国宪法学的走向,被认定为西德整体法秩序中最基础、最根本的规范。然而,"人性尊严"作为宪法基础规范的地位虽然崇高,但内涵却相当空泛且不明确。它被描述为"最高价值""最高法价值""最高的宪法原则",但是,它所保护的内容究竟是什么,却几乎无法确切地界定。

对此,德国联邦宪法法院通过判决形成了所谓的"客体公式",即当个人被纯粹当作实现国家目的的客体时,人性尊严就受到了侵害。① 这一简洁的"客体公式"虽然依旧模糊,但它是迄今为止最为人接受的,也是通说的一贯立场。

人性尊严的"客体公式"曾经为了对抗国家社会主义而提出,而值今日,这个观点又具有新的重要性。科技的发展增加了人们的福祉,同时也带来了过度依赖科技的危险,国家为了履行对人民的照顾义务,必须对人民生活进行规划,但规划同时限缩了个人为自我生活作决定的可能范围;当科技使得国家行政将人民变成客体成为可能,将照顾人民的任务托付给国家,更加深了这种危险性,因此,"客体公式"的定义方式相当符合社会脉动。②

人性尊严的"客体公式"赋予了法定听审请求权重要意义。受康德的自治论的影响,人性尊严被赋予了重要内容,即国家的存在是为了人,不应当把个人贬低为实现国家目的的纯粹手段。如果个人因为没有得到法定听审权而被剥夺了诉讼中实现自我的机会,那么,人所具有的自决的天赋就被否定了。因此,诉讼中的法定听审被人性尊严赋予独立价值。根据这一标准,国家社会主义时代的巫师审判使当事人成为国家权力的玩物,③ 侵害了人性尊严。

---

① BverfGE 27, 1.
② 蔡维音:"德国基本法第一条人性尊严规定之探讨",《宪政时代》,1992 第 18 卷第 1 期,第 36~48 页。
③ Rüping, Hinrich, Der Grundsatz des rechtlichen Gehörs und seine Bedeutung im Strafverfahren, Berlin 1976, S. 126.

2. 《德国基本法》之人性尊严的哲学基础

人性尊严概念的产生，是长久以来支配西欧社会的基督教思想的宗教因素、康德道德哲学所产生的思想因素以及对于纳粹统治的排拒心理影响的结果。

3. 基督教思想之浸润

基督教认为，人是神的创造物。一个人的灵魂是作为神的替身而被创造出来的，人自身的价值是通过他作为神的替身来实现的。因此，他信奉人类尊严不可侵犯，有权要求人性尊严受到保护。这种思想随着宗教的影响力在社会上流行，并在制宪时也引起了争论。有人提出动议，建议在"不可伤害、不可排除的自由及人权"之前加上"由神所赋予"的字句。这一动议引起了"世俗性的宪法不应与神学有所关连""非天主教徒的基本权主张"等质疑。虽然提议人一再声明其主张只是强调这些自由权不是国家赋予的，而是先于国家存在的特点，但是，该动议仍然被否决了。①

由此可见，虽然把神学思想纳入实定法的尝试并不能够被普遍接受，但是，由于德国在"二战"期间经受了国家社会主义统治的刺激，体验了"非法之法"的戕害，"二战"后，德国在恢复自然法的潮流中，这种主张"先于国家而存在的权利"的宗教思想对国民共识带来了深远的影响。

4. 康德关于道德自治的哲学思想之影响

人性尊严被康德的道德自治论赋予了重要内容。人性尊严就表现为道德自治。这一思想活跃在德国文化中，也是康德伦理学的核心。康德认为，"人，一般说来，每个有理性的东西，都自在地作为目的而存在着，他不单纯是这个或那个意志所随意使用的工具。在他的一切行为中，不论对于自己还是对于其他有理性的东西，任何时候都必须被当作目的。"② 因此，"每个有理性的东西都必须服从这样的规律，不论是谁在任何时候都不应该把自己

---

① 蔡维音：《德国基本法第一条人性尊严规定之探讨》，《宪政时代》，1992 第 18 卷第 1 期，第 36~48 页。

② ［德］康德：《道德形而上学原理》，苗力田译，上海：上海人民出版社，2002 年版，第 46 页。

和他人仅仅当作工具，而应该永远看作自身就是目的。"① 这种认为"人是目的，而不仅仅是手段"的思想，体现出所有道德的原则在于依据自我的决定正确地行动；当一个人基于自我良心所作的决定不受到尊重时，他的尊严即受到伤害。据此，每一个人性尊严体现为：他不容许完全被当作工具来对待，而应将其本身当作目标来考量。

康德哲学思想中这种尊重个人自我决定及自我负责的能力的思考方式，较诸前述神学思想，更提升了个人存在的价值，人性尊严也由此获得了更具体的内涵。康德哲学思想对人性尊严这个概念的影响体现在德国联邦宪法法院的判决中。联邦宪法法院对于"人"的考量也趋向于"自我决定"与"自我发展"的方向去解释。②

5. 自然法之回归对国家社会主义的反动

人性尊严被纳入《德国基本法》受到对国家社会主义的反动的因素的决定性影响。第三帝国的恣意而恐怖的统治促成了德国回归自然法的风潮；同时，由于国家社会主义对人性尊严的轻侮，制宪者在制定《德国基本法》的时候，在继受的基本权系谱之前，加上了保障人性尊严的条款。鉴于"第三帝国"统治期间，除权化、人格减等、剥夺法律保护、放逐等蔑视人性尊严的手段严重侵害了个人基本权利，给德国人民留下了惨痛深刻的历史教训。这种把人性尊严的保护订立为《德国基本法》第1条第1项的推动力比任何主张道德人格的理论的影响都来得强烈。

（二）基本权利之保障作为人性尊严之宪法理念

人性尊严（Menschenwürde）在学理上常常被视为基本人权的上位概念，这是近代宪法思想深受人文主义精神影响的结果。因此，人性尊严的内容与基本人权密切相关。

1. 人性尊严保障与发现基本人权

基本人权是指人的生存和发展权。在宪法学理上，基本人权被区分为自

---

① 同上书，第52页。
② BVerfGE 45, 187.

由权、公民权和社会权。自由权指的是个人的权利或自由不受国家的侵犯；公民权是指宪法授予公民所享有的、对国家的影响权或对国家意志形成的参与权；社会权是个人请求国家承担一定负担或给付的权利，即要求国家机关对人民承担一定的作为义务。

人性尊严保障基本人权，这体现在：①在法治国原则下的个人享有自由与安全；②在社会（福利）国原则下的社会具有福祉与正义；③在民主制度下个人获得参与国家事务的机会。同时，人性尊严具有两种功能，一是不适用利益衡量原则。基本权利之间发生冲突时，通常采用利益衡量来解决，但是，如果涉及对人性尊严的侵害，利益衡量原则将失去效用。这是人性尊严的具体功能之一。人性尊严还具有另外一个功能，即在基本人权中另行发现基本人权，亦即，宪法没有把特定权利列入基本人权时，容许宪法法院根据社会变迁和社会价值，通过解释把它纳入基本人权之内。[①]

2. 人性尊严保障一般自由权

一般自由权属于基本权利。一般自由权是《德国基本法》第 2 条对自由权作出的一般性的保护规定，其核心概念是"人格之自由发挥"，即个人可以按照自己的观念或想法寻求自我实现。换言之，只要不违背宪政秩序及善良风俗，也不侵害他人权利，个人可以有一定的作为或不作为。这种广义的自由概念包括了人身自由不受侵犯、契约自由、公正审判程序和选任律师的自由等。一般自由权只受法律的限制，即遵循法律保留原则。

关于一般自由权属于防卫权还是收益权的问题，德国实务摒弃了单纯的防卫权的主张，倾向于主张一般自由权具有双重属性，即把一般自由权这种基本人权称为"主观防卫权"，认为客观权利的内容可以衍生国家负有保护和促进一般自由法益的义务，其理由有二：①基本权利的保护（受益）是防卫权实现的先决条件；②把防卫权转化为收益权（给付权/给付义务），不仅没有偏离基本权利规范的内容，而是确保基本权利之效力的建构。

法定听审请求权体现了人性尊严对于保障一般自由权所具有的重要意义。首先，法定听审请求权具有防御功能，防止法院未经听取当事人的陈述而作

[①] 高金桂："从安全感需求论少年与儿童之基本人权"，《台湾法学会报》，1999 年 11 月 3 日。

出影响当事人权利的裁判。如果当事人没有获得法定听审，则法定听审请求权的防御功能没有发挥，法定听审请求权因此而受到侵害；其次，法定听审请求权人享有言论自由是其享有诉讼主体地位的前提条件。没有言论自由，那么陈述的权利或者通过对谎言进行处罚而追求真实陈述就缺乏审理所要求的相关人的主体地位。在诉讼中，陈述自由是自由辩护的前提，但是，作为影响程序的重要机会，当事人还有权要求法院履行相应的义务，例如，法院应当根据当事人自由决定的陈述内容，对该内容所涉及的裁判重要性进行审查；最后，法定听审请求权也是对人性尊严的尊重。如果把人们听取和衡量事件的交流能力视为人所固有的能力，那么，法定听审与请愿权利（Petitionsrecht）联系起来，成为一种法律上的、听取他人陈述、了解他人意见的要求。

（三）人性尊严尊重作为法定听审请求权之理论基础

1. 人性尊严作为法定听审请求权之宪法上最低保障

人性尊严作为一项宪法原则，既没有排除程序法制度的效力，也没有排除利益衡量原则的适用。《德国基本法》第103条虽然规定了法定听审请求权，但实际上并没有给这项程序基本权利提供额外诉讼保障，只是进一步把它与各种程序法中的现有制度结合并加以整合。因此，法定听审原则的具体化和范围原本不是由宪法决定的，而是由优先的程序法决定的。[①] 此外，诉讼原则并非突兀地并列起来，而是相互渗透，并且在具体的诉讼状况下允许保留分歧。例如，临时措施中体现的紧急需要和司法形式性之间的冲突中，立法者优先考虑的是快速解决。《德国基本法》第1条没有孤立防卫权，而是把它放在法律规范的整体之中并与之结合。[②] 但是，如果诉讼变成纠问诉讼和国家社会主义的司法，那么，人性尊严则受到威胁。为了防止出现这种情况，《德国基本法》第103条提供了在各种诉讼程序中陈述意见机会的最低保障。紧急措施如果不符合宪法规定，则不合法。

---

① BayVerfGH 17, 44f., 23, 143ff.
② Rüping, Hinrich, Der Grundsatz des rechtlichen Gehörs und seine Bedeutung im Strafverfahren, Berlin 1976, S. 129.

法定听审请求权不仅被纳入人权的内容，还被作为一般程序原则。法定听审请求权原则只有在被赋予了自身价值的时候，才能在诉讼中得以主张。就功能主义而言，澄清事实是确认法定听审请求权的基础之一。法定听审请求权通过提供实施和法律上的陈述意见的保障，可以促进法院作出公正而正确的裁判。但这只是法定听审请求权具有合目的性的方面。就价值层面而言，人性尊严是确定法定听审请求权的另一基础。法定听审请求权原则的自主性来自裁判所涉及的当事人的利益，这是自然法的重要成就。据此，法定听审请求权也被纳入了以人性尊严为依据的现代人权目录。立法者也恰当地保障了刑事诉讼中被告享有的防卫国家行为的权利。作为辩护权的资格涉及相关人的利益，应当重视作为个体的人，这正是法定听审请求权的观点。此时法定听审请求权不仅仅具有防御性，而且是作为一般程序原则，扩展到民事诉讼和行政诉讼中，包括了民事诉讼或者行政诉讼中的原告所享有的影响法院裁判的机会。

人性尊严体现在包括程序法在内的法律规定对人的尊重的最低保障。法定听审请求权应当从诉诸法院的人的处境来考虑。只要人们作为原告诉诸法院，那么，他就实施了他所主张的利益。他参与程序必然可以得出的结论是，法律规定给他指引了这条道路，并且决定了其所主张的权利不能擅自实施。因此，对于作为被告的人而言，诉诸法院的人应当已经卷入了程序，因为对事实和法律状态所要求的公正判决首先要求听取双方的意见和观点。当事人的参与程序并不仅仅对法院的审判工作具有工具性的功能，在关于合目的性考量方面还具有充分的内在价值：国家原则上赋予了当事人能够自己判断合法和不合法的能力时，国家裁判权作为国家权力行使时，只能要求法院履行法律规定的义务，而不能强制法院进行专制统治。所以，尊重自己就构成了各种法律规定的最低条件。

2. 人性尊严作为法定听审请求权之去客体化目标设置

法定听审请求权的目标涉及的是法定听审请求权解决诉讼中的何种问题。按照法定听审请求权所依据的《德国基本法》第103条第1项"人人享有请求法院审理的权利"的规定，该条的目标设置在于防止个人受国家权力的摆布，这决定了人性尊严被表述为"人不应当成为客体"。人应当享有主体地位，并且对国家享有请求权。"个人不应当仅仅成为程序的客体，而应当在法院作出涉及其权利的裁判之前，能够发表意见，从而对程序施加影响。"① 但是，从人性尊严被侵害来看，人性尊严的消极意义在于其内容没有得到充分利用。这决定了人享有主体资格，并可以得出人对法院享有实现诉讼中的主体地位的请求权。个人在诉讼程序中的主体地位体现为，一方面，个人不受意外和裁判突袭；另一方面，他必须能够参与塑造程序。不仅如此，人的主体资格的规定并未直接涉及法定听审请求权的侵害，而是促进积极提出尊重和实现个人地位的申请。因此，法定听审请求权体现了人性尊严和保障诉讼中的一般自由权。

3. 人性尊严作为法定听审请求权主体之对话与程序参与之基础

法定听审请求权的核心内容是陈述意见权。人与人之间的交流和在交流中实现的人的精神构成了人道，如果这种对话受到侵害，就侵害了人性尊严。这就要求人与人之间相互理解，为对话和交流作准备，并且把对方作为伙伴加以尊重。因此，对话的条件在于倾听、思考，并把被倾听人的意见纳入答复中，而且在进一步的交流中予以公开。这些条件实际上禁止强制和狡诈言词，同时指出了诉讼中陈述意见的机会所隐含的重要条件。

对话通常依据对一般人的判断，但在民主社会原则保障下，按照哈贝马斯观点，对话关涉个人参与对国家权力的实施的影响。他认为，公开性的要求是国家调整权力行使的措施，它隐含了不受阻碍的交流和意见与意志形成的持续过程，对积极保障个人参与这一过程具有重大意义。② 此后，哈贝马斯运用语言理论上的理想语境论，充分阐述了平等的个人之间非主流对话的观点：非主流的讨论应当对称分配发言机会，③ 理解对方的语言，并藉由当事人的主体地位而对自己的行为作出陈述。据此，诉讼程序具有民主的、公开合作的辩论风格。这种风格实现了在理论探讨中所要求的人的一致性，

---

① BVerfGE 89, 28, 35.

② Habermas, Strukturwandel der Öeffentlichkeit, 5. Aufl., Neuwied Berlin 1971, S. 247f., 264, 268.

③ Habermas, Vorbereitende bemerkungen zu einer Theorie der kommunikativen Kompetenz, in: Theorie der Gesellschaft oder Sozialtechnologie. Frankfurt am Main 1971, S. 101 ff. (137f.).

甚至引向了关于权利的真实的讨论,即所有参与人之间的一种"法律对话"。

在诉讼法领域,人性尊严体现为"自我主张"(Selbstbehauptung),而在诉讼程序中,这种"自我主张"则体现为个人参与程序的权利。当事人从维护自己的利益出发时,围绕在程序中主张的观点,既可以作出攻击型陈述,也可以作出防御性行为。"自我主张"最终也可以以沉默表达,只是这种沉默行为不再受到法定听审保障,而是受到严格的言论自由保障。

在诉讼中,法定听审应当得到及时的保障。法定听审在实践上关涉具体的裁判,而不是在上诉审中或者发生既判力的结果发生之前才进行。所谓"事后听审",即认为法定听审在各类程序中都应当完美地实现,但是,如果在各类诉讼中的后续程序阶段,例如上诉审,或者借助法律援助而进行事后听审的办法,也保障了法定听审,只是听审的时间被推迟了。[①] 这种观点是自相矛盾的,因为事后听审本身就说明法定听审请求权没有及时得到保障。

---

① Pawlowski, Die Aufgabe des Zivilprozesses, ZZP 80 (1967), S. 361.

第二部分

德国民事法定听审请求权之构成

- 第三章　法定听审请求权主体
- 第四章　法定听审请求权之基本内容
- 第五章　法定听审请求权之限制——失权
- 第六章　法定听审请求权之民事救济程序

第三章
法定听审请求权主体

法定听审请求权作为一项基本权，原则上任何人都可以享有。德国宪法也规定"人人"享有法定听审权。但是，这决不意味着任何人在与其无关的双方当事人的诉讼中都有权陈述意见。德国宪法上这种表述仅仅说明，没有人被事先排除在可能作为法定听审请求权主体之外，但是，特定程序中的法定听审请求权人的范围应当有所限定。

一、《德国基本法》上的法定听审请求权人

德国联邦宪法法院曾宣示："人类的生命存在何处，人性尊严就在何处；而该主体自己是否意识到自己的尊严并知道要去保护它，并非是决定性的因素。"[1] 为了保护人性尊严，《德国基本法》第103条第1项规定，"任何人在法院面前均享有法定听审请求权。"从该条款的字面上看，任何人都是法定听审请求权的权利人。但是，由于法定听审请求权适用于法院程序，法定听审请求权人仅仅是特定诉讼中的人。一般而言，法定听审请求权人包括所有在法院程序中具有当事人地位或类似于当事人地位的参与人，以及其他因程序而直接受到法律上的影响的人。除自然人外，还包括外国法人和公法人。因此，法定听审请求权的主体范围不同于其他基本权利享有人，后者不受特定程序的限制。以此观之，《德国基本法》所确定的法定听审请求权主体虽然表述为"任何人"，实际上不包括与诉讼中双方当事人完全无关的人，而

---

[1] BVerfGE 39, 1, 41.

这种字面表述具有概括性，仅仅说明：没有人被事先排除在可能作为法定听审请求权主体之外。

德国宪法层面的法定听审请求权人包括自然人、法人和团体。自然人包括德国人、外国人和无国籍人。自然人平等地享有法定听审请求权。法定听审请求权是宪法规定的一项基本权利，不仅为德国人享有，外国人和无国籍人也享有同等的法定听审请求权。这是因为，一方面，法定听审请求权的保障没有限制；另一方面，它与诉讼当事人的地位直接相关。

法人和团体也享有法定听审请求权。法人与自然人的诉讼地位相同，享有同等的权利。外国法人也享有法定听审请求权。同时，按照各国共识，作为国有财产的所有人参与诉讼的国家也享有法定听审请求权，其地位与其他法人没有分别，同样适用听审原则。这是因为，法定听审请求权完全与诉讼参与联系在一起。只要国家与公民一样，不得不向法院寻求权利保护，并且不能而且不应当对独立的法官施加任何影响，那么，国家也同等地享有其他诉讼参与人所享有的保障。团体，包括无权利能力的团体、[①] 财团或其他团体，只要能够以自己的名义起诉或应诉，或者在法律事务中能够独立承担权利和履行义务，也享有法定听审请求权。

二、诉讼中的法定听审请求权人

法定听审请求权人必须是其权利因某种程序裁判而受到影响的人。法定听审请求权人必须符合两个条件，一是基本条件。如上所述，这是《德国基本法》第103条第1项的规定所要求的。法定听审请求权人是任何人，即不以种族、国籍、宗教和性别相区分，也不因自然人或法人而不同；二是特定条件。法定听审请求权人必须与特定的（诉讼）程序相关。因此，法定听审请求权人具有特定性。

法定听审请求权人也可以区分为形式参与人和实质参与人。形式参与人是指法律明确规定的、具有当事人权利或者被赋予类似当事人地位的人。实

---

① BVerfGE 18, 399, 403.

质参与人是指形式上没有当事人地位，但是，其权利以其他方式受到法院裁判影响的人，即第三人。按照《德国基本法》关于法定听审请求权的规定，法定听审请求权人可以包括诉讼当事人、从参加人、附带民事诉讼的原告等。此外，因判决受到法律直接影响的人，也是法定听审请求权人。

下面分别论述形式参与人与实质参与人的内含与界定。

（一）形式参与人

诉讼法上具有当事人地位的所有人都享有法定听审请求权。其中包括当事人、法律规定为参与人或者通过法院传唤的第三人。该第三人是指刑事附带民事诉讼、民事诉讼中的辅助参加。证人和鉴定人以及律师和辅佐人（Beistaende）的法定听审请求权较为特殊，他们原则上不享有独立的法定听审请求权，但是，他们自己接受裁判时，例如法院对其拒绝作证处以罚款或其他处罚措施时，可以要求在诉讼中就拒证权的合法性或者确定罚款或其他处罚措施享有法定听审请求权。

（1）当事人。

当事人将受到法院裁判的直接影响，因此，他在诉讼过程中应当享有影响该裁判形成的权利。无论其国籍或性别，包括自然人和法人，以及国家和其他公法人，都平等地享有法定听审请求权。

（2）无诉讼能力人。

无诉讼能力人享有法定听审保障权是当事人享有法定听审请求权的特殊情形。当事人是否享有法定听审请求权，与其是否具备诉讼能力无关，无行为能力人或限制行为能力人都有权获得法定听审保障。因为任何人原则上都享有法定听审请求权，无行为能力人或者限制行为能力人也不例外。[①] 换言之，享有法定听审请求权的人不一定具备完全行为能力。

无诉讼能力人享有法定听审请求权是法定听审请求权的享有与行使相分离的表现。法定听审请求权的享有虽然不受诉讼能力的限制，原则上为人人所享有，但是，法定听审请求权是一种诉讼上的权利，这种权利只能由实施

---

① 《德国民事诉讼法》第51条。

诉讼的人行使或者借助他人行使。因此，法定听审请求权只能由有诉讼能力人实施。此时，诉讼能力则体现为以一种亲自实施法定听审请求权的能力。

无诉讼能力人依据宪法享有法定听审请求权，除非法律另有规定，该权利只能由其法定代理人或指定代理人行使并得到保障，因为其代理人能够代替无诉讼能力的当事人客观地表明见解，否则，对无诉讼能力人作出的判决将会侵害其法定听审请求权。但是，无行为能力人在诉讼中作出符合其精神状况的行为时，为了保障其享有的法定听审请求权，也视为具有诉讼能力。例如，在抚养权争议中，必须确定代表未成年人利益的抚养人，未成年人的法定听审请求权也应当得到保障。此外，在诉讼中，无诉讼能力未获得法定听审请求权保障而被否定时，可以成为提起无效之诉的理由①。

德国联邦宪法法院原则上把宪法规定的法定听审视为对权利人的直接的法定听审，不以律师为中介。但是，法院从公平程序权中推导出了被告人享有获得律师代理的权利，并且由于法律规定纷繁浩瀚，诉讼材料比较复杂，宪法所规定的、以陈述意见为核心的法定听审请求权通常只能在延请律师时才能有效实施，法定听审请求权的代理实施也得到了主流学术观点的承认。②换言之，法定听审请求权人必须通过其全权代理人来弥补其实施法定听审的不足。同时，律师强制代理制度并没有违反宪法所规定的法定听审请原则。诉讼参与人本身并没有因该制度而被剥夺对裁判的影响和判断的机会。③

（3）证人、鉴定人和律师。

证人、鉴定人、律师原则上不享有《德国基本法》规定的法定听审请求权。证人的陈述义务和鉴定人实施鉴定，其旨在于维护当事人的利益而不是他们自己的利益。同理，律师原则上也只是通知当事人听审。但是，证人、鉴定人和律师也可以在特定情形下享有法定听审请求权，例如，法院对证人举证权作出中间判决时，证人因受到该判决的影响而享有法定听审请求权。

---

① 《德国民事诉讼法》第579条第1款第4项。
② BVerfGE 66，313，318f.
③ BVerfGE 81，123，126.

（二）实质参与人

实质参与人（或称第三人）是其权利受到法院裁判直接影响的人，他与该裁判存在法律上的利害关系，并且无论与该裁判是否存在事实上的影响，他都没有其他可以使用的、足以使自己免受侵害的正当途径，所以，他享有法定听审请求权。

1. 关于第三人享有法定听审权的正当性

法院裁判不仅给当事人带来影响，而且也影响第三人。对此，法定听审请求权保障需要考虑的问题是：这些相关第三人是否在其他两方当事人所进行的诉讼中享有陈述意见的请求权。

根据《德国民事诉讼法》的规定，原则上无疑只有作为当事人或者具有与当事人相似地位参与诉讼的人，尤其包括作为辅助参加的人，才享有法定听审请求权。同时，辅助参加人享有法定听审请求权也受到限制。如果辅助参加人通过辅助参加而与他所支持的主当事人主张相抵触时，他不能享有法定听审请求权。在诉讼中，民事诉讼法院通常注意不干预非诉讼参与人的第三人的权利。原告起诉被告时，判决涉及第三人，那么，只要被告不是出于特殊情况而具有诉讼实施权，则原告的诉讼可以被驳回，不需要第三人参与诉讼。但是，如果判决只对第三人发生形式效力，则出现第三人享有法定听审请求权的问题。

就相关第三人而言，他面临的问题不是在特定案件中能不能向法院提出控诉并要求法院作出诉讼，而是能不能参加已经系属的诉讼。而这涉及的正是法定听审请求权问题。判决所涉及的第三人也享有法定听审权。但是，并非任何形式的判决所涉及的每个人都享有法定听审权，否则，判决的效力就不会扩张到第三人，也不会有既判力扩张，不会有对所有人的形成效力。这不是法定听审宪法保障的本意。

2. 实质参与人的界定

实质参与人的概念界定是必要的。一方面，它可以有效保障对形式参与人进行法定听审；另一方面，它使实质参与人的与效权正当化。但是，由于宪法法院从来没有拘泥于个案裁判的界定，而且正面规定实质参与人的范围似乎也不大可能。因此，实质参与人概念的界定可以从以下几个方面入手：

（1）必须具有法律上的利害关系。

实质参与人必须在法律上与当事人所进行的诉讼结果有关。如果与当事人的诉讼结果无关的人且其权利不受该诉讼结果的影响，那么他不享有法定听审请求权。例如，根据《德国民事诉讼法》第909条的规定，法院作出拘留债务人的命令并执行，这对享有家事权利的债务人的家属和债权人就产生了实际影响。但是，这类诉讼并不涉及这些人自身的权利。相应地，这些家属和债权人也不享有法定听审权。

实质参与人与当事人进行的诉讼结果存在法律上的相关性，即该诉讼结果影响了第三人的权利，则第三人享有法定听审请求权。例如，在诉讼中，当事人声称其名誉损害涉及第三人，法院事先没有听审第三人就认为，当事人的陈述是真实的，并且采纳为判决理由，就侵害了第三人的法定听审请求权。法院在确认侵权主张成立并以此作出判决理由之前，第三人必须得到法定听审。又如，在婚生关系撤销之诉中，德国联邦宪法法院根据旧民法第595条第1款的规定，检察官提起该诉时，该子女的父亲应当享有法定听审请求权。[①] 新的亲子关系法同时也承认了生父对子女或者子女对生父提出诉讼时，母亲应当受到传唤，得到法定听审。

（2）不可能采用其他防止权利侵害的手段。

在排除实际存在的相关性的情形之后，只需要界定实质参与人的范围。笔者赞同：如果实质参与人有其他可能防止即将作出的判决对其法律地位的不利影响，或者本来有可能以其他方式对抗这种不利影响，那么相关第三人的法定听审请求权就不能得到承认。相反，如果他不能防止并且也无法避免其权利受到侵害，则他必须享有法定听审请求权。[②] 但是，只要存在其他防止权利侵害的可能，那么宪法所规定的法定听审原则就不会禁止把既判力扩张到第三人，也不禁止扩大到参与程序的人。当然，这条规则并不可以反推：

[①] BVerfGE 21, 132, 137.

[②] 类似于 Wolf, Rechtliches Gehör und die Beteiligung Dritter am Rechtsstreit, JZ 1971, 405 (406f.)；他的结论是，这种情形"主要仅仅存在于身份案件中"。但是，这一结论有些狭隘。

因此，不是每个享有法定听审权的人都受到既判力的控制。既判力最终具有补充性的、不同于法定听审的目的。

在此以公司法上的解散之诉为例。对公司解散提出的诉讼中，也存在实质参与人。但是，对于人合公司而言，① 所有参与人都得到法定听审，这是他们作为原告或者被告必须参加诉讼的保障；而对于股份公司而言，股东大会必须作出决定，从而使所有利益者的意见得到保障。② 根据德国有限公司法，一个股东可以对公司提出解散诉讼；没有起诉但是也没有参与公司经营的股东参与诉讼则没有得到保障。尽管如此，他们的法律地位也直接受到解散判决的侵害，无法对抗这种危险。所以，根据《德国有限公司法》第61条第2款的规定，没有必要参与诉讼的人也必须得到法定听审保障。

（3）根据对本案诉讼的意义而界定的实质参与人。

实质参与人在以下两种案件中也应当视为直接关系人：

案件一：在婚姻不成立之诉中，债权人的债权因一方配偶的行为而落空。因为尽管《德国民法典》第1357条第2款规定，配偶因承担旨在满足生活需要的事务时，共同享有权利和承担义务。但是，在婚姻不成立时，此种情形则不成立了。

案件二：丧失继承权的人为遗产债权人提供了无限责任担保时，遗产债权人与涉及确认剥夺继承权的事由的判决存在直接关联性，遗产债权人因而免除承担无限责任时，应当享有法定听审请求权。

这两种案件中的债权人都参与了诉讼。如果债权人没有得到法定听审，则其法定听审请求权受到侵害。但是，这种结论显得并不充分。因为这两种案件均涉及严格界定的利益承担人，他们通常对本案诉讼甚至不能起到客观作用，更不用说达到他们驳回起诉的目的了。这只涉及的是各种财产法上的、作出的裁判尚未剥夺的请求权。在第一种情形下，债权人仅仅失去其两方债务人之一，并且保留对整个数目的请求权；而第二种情形中，债权人只失去作为其他责任财产的丧失继承权人的私人财产。此处，在对本案当事人具有

---

① 《德国商法典》第133条。
② 《德国股份法》第262条。

重要意义的事件中，本案当事人应当享有法定听审权，但其不应当通过法定听审权侵害第三人极其有限的利益。

3. 实质参与人参与诉讼的形式

（1）通过辅助参加而参与。

实质参与人自己得知诉讼进行，而该诉讼结果可能侵害其权利，尤其是因一方当事人告知而知晓时，那么，辅助参加首先作为赋予该实质参与人法定听审的手段。但是，这种法律制度并不适合促成全面的法定听审。对于简单的辅助参加而言，辅助参加人不应当与他所支持的该方主参加当事人相对立。即便如此，共同诉讼的辅助参加人也必须在他知悉诉讼已经进行的情形下参加诉讼。例如，证据调查已经进行，由于共同诉讼的辅助参加人在证据提供时尚未参加诉讼，因此，他不能请求重新进行证据调查。所以，共同诉讼的辅助参加人也不能有完整的法定听审。

（2）传唤与告知参加。

传唤与告知参加是指法院以诉讼告知的方式保障实质参与人的法定听审请求权，即法院应当把进行审理程序的状况通知给该实质参与人，并赋予其选择是否成为共同诉讼参加人的权利。例如，在确认婚姻关系不存在之诉中，法院应当把诉讼系属的情况通知双方当事人的子女。而得到法院通知的该子女是否愿意参加诉讼，则由其自己决定，其法定听审请求权由此而得到保障。

实质参与人不知道诉讼已经系属，则其权利有侵害之虞，那么，对他而言，这种作为辅助参加人参加诉讼的机会毫无价值。此时，如果法院知道这种机会并知道实质参与人的存在，或者可以通过当事人调查而得知，那么法院必须传唤该实质参与人。例如，《德国民事诉讼法》第640条第5项传唤规定中包含的一个实质参与人参加的范例，它尤其保障了否认婚生之诉中对母亲的听审。

具体而言，在诉讼开始时，传唤一次就足矣；如果实质参与人没有参加，那么没有必要再次传唤，因为在实质参与人不愿意参加诉讼时，说明他已经决定不去了解与诉讼程序有关的事项。这种一次性传唤已经足以提供陈述意见的机会了，其法定听审请求权已经藉此得到保障。

4. 实质参与人未参加诉讼的后果

实质参与人没有得到法定听审产生怎样的后果，法律迄今尚未明确规定。当然，这种案件非常罕见。在这些案件中，有的是实质参与人请求提供听审保障却被拒绝；有的是实质参与人不知道该诉讼的情形。所以，该实质参与人也没有机会寻求听审。

一般认为，实质参与人没有得到法定听审的后果通常有两种，一是生效裁判不能对没有得到听审的人生效，并且对这些人不具有形成效力或者确认效力；这尤其适用于当事人。[①] 例如，根据《德国民事诉讼法》第666条第3款的规定，判决对于没有被传唤的人不发生效力，并且按照该法第856条第5项的规定，没有传唤其他债权人的，第三债务人不能对其他债权人引用有利于己的判决而提出控诉。二是没有得到听审的人可以对该生效裁判提出上诉或者宪法抗告。例如，所有人认为诉讼当事人已婚，但是，该当事人却由于过错而没有得到听审。此时，该当事人可以对这种根据其已婚的认定所作出的判决提出上诉或宪法抗告，该判决则有可能被完全撤销或者维持原判。值得注意的是，只有在判决在当事人之间变得毫无意义，并且当事人也不再需要辅佐人时，通过上诉或者宪法抗告取消这种裁判才是一种合适的方法。对有限责任公司或者一人公司提出的解散之诉也如此。此时，如果股东没有得到听审，只要提起了诉讼，那么该公司已经解散了，与以前的股东不再存在关系。

[①] Zeuner, Der Anspruch anf rechtliches Gehör, Festschrift für Hans Carl Nipperdey, Bd. I, München/Berlin1965, S. 1013（1038）．

第四章
法定听审请求权之基本内容

一、知悉权

知悉权亦称程序通知请求权,是指当事人有权获得通知,知悉诉讼程序的开始、进行、对方当事人的陈述和法院的诉讼材料,从而在诉讼中进行充分陈述。知悉权是从当事人的角度确定的实现法定听审请求权的前提条件,包括诉讼系属告知请求权、陈述知悉权和阅卷权。

在民事诉讼中,知悉权通过送达制度而展开。当事人有接受法院就程序进行事项给予通知的权利,法院有义务将诉讼相关事项有效地通知当事人。送达关涉当事人切身利益,起诉状、上诉状、裁判文书等是否送达、送达是否合法、何时送达,这些对于当事人实际享有知悉权至关重要。送达的最终目的在于使当事人知悉案件系属的相关情况,而这些信息正是法定听审请求权的重要内容。如果送达无效或者不当送达而影响了当事人对案件的知悉权,那么,当事人在整个案件中的法定听审请求权的其他部分必定受到严重侵害,整个民事诉讼的进程无疑也受到影响。可以说,送达制度既体现法定听审请求权的内容,也是法定听审请求权的保障。程序通知的缺失是侵害当事人法定听审请求权的情形之一。因此,合法、有效、实际的送达对于当事人法定听审请求权的保障具有重要意义。正如贝勒斯在其《法律的原则——一个规范的分析》一书中所指出的那样:"通知的权益和发表意见的机会是如此之根本,以至于只有存在最重大的理由,并且尽一切可能保护被告的利益时,才可剥夺"。[1]

---

[1] [美]迈克尔·D·贝勒斯:《法律的原则——一个规范的分析》,张文显等译,中国大百科全书出版社,1996年版,第51页。

(一) 知悉权之诉讼法理论——诉讼行为论

依诉讼行为理论,当事人的诉讼行为可以按照不同的标准进行分类。以德国为代表的大陆法系把当事人的诉讼行为主要分为"取效性诉讼行为"(Erwirkungshandlungen)和"与效性诉讼行为"(Bewirkungshandlungen)[①]。这种分类是德国民诉法学者哥尔德斯密特在继承比洛等学者诉讼行为观的基础上提出的。他把诉讼状态划分为两个方面,一方面,当事人基于对胜诉判决的愿景而实施诉讼行为,从而享有获得胜诉判决可能性的权利;另一方面,当事人实施诉讼行为的目的在于避免不利判决的责任或负担。因此,他认为,只有诉讼行为才能引起诉讼状态发生、变更或消灭,进而把当事人的诉讼行为分为取效性诉讼行为和与效性诉讼行为。"取效性的诉讼行为"是指当事人所要求的诉讼效果必须借助于法院相应的行为才能获取,他无法通过自己的诉讼行为直接获取;"与效性诉讼行为"则是指当事人无须法院介入,即可直接发生法律效果的诉讼行为。

按照诉讼行为理论,民事送达不仅仅以法院为中心而进行,而且处于各种诉讼行为相互联系之中。诉讼行为的告知理论可以区分为两种情形:一是无须由法院完成或参与的诉讼行为(即与效性行为),例如请求对方当事人或其他诉讼参与人提供诉讼资料、要求对方当事人做出自认、告知对方当事人己方放弃诉讼请求等诉讼行为;二是必须由法院完成的诉讼行为(即取效性行为),如判决的送达、开庭的告知等。与效性行为适用较为宽松随意的送达方式,由当事人或其律师送达,此时,为区别于正规的送达,可以称之为"通知"或"诉讼告知",以表明此类诉讼行为在诉讼中的"亚重要"地位;取效性行为则称为送达,体现其正规性和重要性,由法院采用法定的、严格的送达方式进行诉讼上的告知。

法定听审请求权的保障是送达制度完善的根本标准。按照《德国民事诉讼法》的法定听审请求权理论,通常情形下,如果法院或当事人在送达时不

[①] 刘荣军:"德国民事诉讼行为论",《诉讼法论丛》(第一卷),北京:法律出版社,1998版,第390页。

遵守诉讼程序，并不当然地违反民事诉讼法，也非当然地构成再审理由。受不当送达行为影响而遭受不利益的当事人如果不及时提出主张或抗辩，该当事人则丧失这些程序利益，因送达产生的程序瑕疵不再被追究，原违反规定的送达行为即成为合法状态，这被认为"放弃责问权"。该理论实际上承认了当事人对送达方式和送达程序的支配权，如果当事人自己怠于行使诉讼权利，对不当送达行为不立即提出责问，那么，此后就不能再次以该违法行为作为要求改变程序的理由。当然，如果涉及重大违法行为或违反了涉及公益的程序规定，即使当事者放弃责问权，法官也必须介入。①

（二）知悉权的种类

1. 诉讼系属告知请求权

诉讼系属告知请求权是指当事人有权接收法院关于诉讼系属的通知。它是通过诉讼法关于传唤与送达的规定来构造和保障的。违反这些规定，被送达人陈述意见的机会就因此而被剥夺，其法定听审请求权即受到侵害。因此，当事人收到法院送达给他的法律文书，是其法定听审请求权得以保障的基本前提条件。诉讼系属告知由法院依照《德国民事诉讼法》关于送达的相关规定进行。不当适用送达方式则侵害法定听审请求权。

（1）送达的方式。

①直接送达。

直接送达是把诉讼文书直接交给被送达人。直接送达包括以下情形：书状可以在遇见地送达给自然人。② 被送达人是无诉讼能力人的，可以送达给其法定代理人，送达给该无诉讼能力人的，送达无效；被送达人为法人的，应当送达给其负责人，有多个法定代表人或负责人的，送达给其中者之一。③ 被送达人亲自接收了应当送达的诉讼文书，④ 意味着他确实已经知悉诉讼系

---

① ［日］谷口安平：《程序的正义与诉讼》，王亚新、刘荣军译，北京：中国政法大学出版社，1996年版，第103页。
② 《德国民事诉讼法》第177条。
③ 《德国民事诉讼法》第170条。
④ 旧《德国民事诉讼法》第180条。

属的信息，则其诉讼系属告知请求权无疑得到了保障。

②留置送达。

留置送达是在直接送达不能的前提下所采用的送达方式，是对直接送达方式的补充，所以又称补充送达。现行《德国民事诉讼法》规定，在进行直接送达时，如果被送达人不在其住所、办公室和从业机构而未能直接送达时，则该文书可以送达给该住所中与被送达人同住的成年家属、家庭雇员或者成年的长期同住的人；在该办公室工作的人；从业机构负责人或者其授权的代理人。[①] 如果上述前两种情形下都不能实施送达，则可以把书状留置在属于该住所或者办公室的信箱内或者类似的场所，只要该处具有被送达人的邮寄地址，并且一般而言适宜进行可靠的保存，书状放入其中则视为送达。[②] 这些新规定与德国旧民事诉讼法相比，更加强调留置送达应当实现实际送达。而此前的旧《德国民事诉讼法》法律允许留置送达到被送达人住所和房屋，或者通常通过留置在邮局的方式送达，[③] 这种情形非常普遍，70%以上的送达都采用留置送达。[④]

留置送达如果没有实际送达，则侵害法定听审请求权。但是，有两种例外：其一，如果被送达人实际上没有得到诉讼通知是因不可归责于他的事由所致。例如，因留置送达的家庭成员或受雇人的故意或疏忽而隐匿诉讼文书，或留置送达情形是因为被送达人休假，或者送达的文书遗失，只有在他可以依法采取回复原状和再审的救济途径时，才能认为其法定听审原则未受侵害。[⑤] 其二，如果当事人知悉留置送达，但是没有在适当的时间内获取留置的书状，[⑥] 在这种情形下法院拒绝回复原状时，没有侵害其法定听审请求权。

---

① 《德国民事诉讼法》第178条。
② 《德国民事诉讼法》第180条。
③ 旧《德国民事诉讼法》第181条，182条。
④ Hohmann, Die Übermittlung von schriftstücken im der Zivilverwaltungs-und Finanzgerichtsbarkeit, Köln 1977, S. 89.
⑤ Waldner, Der Anspruch auf rechtliches Gehör, Köln-Berlin-Bonn-München 1989, Rdnr. 39. 该文认为，如果因受送达人自己故意或过失而导致误取得留置通知书时，其回复原状申请被驳回，则不认为侵害法定听审请求权。参见 BVerwG NJW 1987, 2529.
⑥ BVerwG NJW 1993, 847.

③公告送达。

当事人居所不明,并且不能送达给他或他的送达代理人时,可以进行公告送达。公告送达与留置送达不同,留置送达通常把诉讼系属通知实际送达被送达人,而公告送达则可能仅仅在理论上保障当事人接收信息通知的机会,因此,公告送达是种拟制送达,也是拟制的法定听审保障。

公告送达是在送达不能时采用的送达方式,其适用必须具备严格的条件,从而尽可能地保障法定听审请求权。首先,公告送达必须在被送达人自愿离开其熟悉的居所时才能适用。如果公民故意逃避国家权力的强制措施,并藉此被公告送达,那么,传唤仅仅在表面上给予诉讼缺席者参与诉讼的机会,但他实际上并没有享有诉讼系属通知权,因而其法定听审请求权实际上被剥夺了。其次,如果事实上存在采用其他送达方式的可能性,法院不得径行公告送达,否则,法院侵害了法定听审请求权。[①] 反之,如果公告送达的条件存在在先,而在诉讼继续进行中却知晓了被送达人的新地址,那么,法院必须在公告送达后给予被送达人充分的陈述意见的机会。

公告送达的条件具有正当性。一方面,公告送达是保障法定听审请求权的民事诉讼送达制度的必要组成部分。法定听审请求权广泛适用于各类型的诉讼法,具有宪法层面的保障意义,因此,法定听审落空是不正当的,民事诉讼法必须设置保障法定听审请求权的各种制度。只有在民事诉讼法制度设计符合法定听审请求权的要求时,法定听审请求权才能在民事诉讼中得以实现。诉讼文书的实际送达意味着法定听审请求权的保障,所以,在实际送达不能时,公告送达这种拟制送达方式的设计有利于为诉讼文书的送达提供全面保障,并完善送达制度,从而保障法定听审请求权。另一方面,公告送达所带来的权利上的不利具有正当性基础,因为公告送达是在法院没有被送达人的地址情形下,不能直接送达和补充送达时所采用的送达方式,而没有获得被送达的机会的人往往是那些自愿脱离以前生活圈子的人,所以,其也不得不承担这种送达不能的后果,但不符合条件的公告送达则侵害了法定听审请求权。

---

① BVerfGE 1.332,347.

（2）未送达时的救济程序。

在补充送达和公告送达时，程序参与人对送达不知晓或者没有及时知悉，应当在诉讼中享有陈述意见的机会。

①回复原状申请（Wiedereinsetzung in den vorigen Stand）。

回复原状是《德国民事诉讼法》为延误期间而设置的救济程序。在民事诉讼中，当事人无过错地错过了提出上诉理由的期限或期日时，错过的效力可以通过回复原状予以消除。未受到诉讼系属告知的参与人通常会错过诉讼上的期限，无法行使异议权，法院可以对他作出缺席判决。在这种情形下，参与人可以提起回复原状之诉，维护诉讼系属告知权。其理由是，即使法院作出了有效的补充送达，但是，被送达人实际上可能并不了解诉讼的情况，那么，回复原状的保障可以使他得到法定听审。

允许当事人提出回复原状申请，从而保障其法定听审请求权，这是法院审查延误期间的过错时必须考虑的问题。德国联邦宪法法院认为，在审查过错问题时，应当审酌法定听审请求权的含义和范围，而不应该对保障法定听审请求权的送达制度提出过分要求。例如，因度假而离开经常住所的人不必采取特殊措施，以便能够立即知悉他意料不到的送达，因为度假本身就为书状留置在邮局而未被取走提供了充分的理由。除非诉讼已经系属，或者该公民身处其住所。在因度假而没有取走寄放在邮局的书状的情形下，该假期是否属于一般度假时期并不重要，就这一典型的阻碍事由，参与人简单地说明案件如何发展后即可释明。如果法院不允许参与人作出此种说明，则是对愿意行使法定听审请求权的人的过高要求。

②再审之诉（Wiederaufnahmeverfahren）。

再审可以通过提出无效之诉和回复原状之诉进行，但是，必须符合《德国民事诉讼法》关于再审事由的规定。然而，该法没有规定明确因送达侵害当事人的法定听审请求权的再审事由。而按照该法规定，回复原状申请必须在两周之内提起。在公告送达时，或者在故意隐匿书状的同一住宅进行留置送达中，当被送达人知悉送达的内容时，其提出回复原状申请的期限已经届满，不能回复原状，但是，此时如果公告送达符合法律规定，则法院没有侵害其法定听审权，即使公告送达有瑕疵，那么这种公告送达也是有效送达，否则，被送达人就得不到法定听审请求权保障。

这虽然不属于民事诉讼法规定的再审事由，但是，按照目前主流观点，法定听审基本原则的含义相应地适用《德国民事诉讼法》第579条第1款第4项关于当事人未经合法代理而提起无效之诉的规定。据此，提起无效之诉的当事人必须是应当有代理人而没有合法代理的人，而且他不符合公告送达的条件而被公告送达，因此，可以提出无效之诉。当事人无过错而不知悉已依法送达时，同样可以提出无效之诉。① 这是因为，这里所体现的是法的安全和正义之间存在冲突时，宪法上的其他基本原则必须让位于法定听审原则。如果再审申请被拒绝，未经法定听审的当事人自然可以提出宪法抗告。

2. 陈述知悉权

陈述知悉权是指双方当事人享有的知悉对方的陈述的权利。法院原则上只能把当事人陈述意见后的事实和证明结果作为裁判依据。《德国基本法》所确立的法定听审原则也意在防止法院基于其了解的，但是未被当事人引入诉讼的事实作出不利于当事人的判断，② 因此，陈述知悉权是法院裁判、对方当事人作出的相关诉讼行为以及证据调查结论的前提。据此，所有主张事实、证据手段和书状本身都必须告知，法院所知悉的主张事实和显著事实也只有在事先引入诉讼后，才能对之作出裁判。

法院负有告知当事人陈述的义务，这是知悉权的组成部分。一方面，知悉对方当事人的陈述内容是当事人行使陈述权的条件。唯有如此，当事人才能全面展开攻击防御，保障自己的权益，同时，对方当事人的陈述权也才能一并得到保障；另一方面，告知当事人关于诉讼材料的信息是法院的职责，法院承担依法告知对方当事人的陈述的义务，原则上不能要求当事人承担调查对方当事人是否陈述或者有无另外提出书状的义务。联邦宪法法院甚至要求法院在作出裁判之前，必须确信程序参与人的法定听审请求权已经获得保障。③

---

① OLG Hamm, MDR 1979, 766.
② BVerfGE 109, 279, 370.
③ BVerfGE 36, 85, 88.

关于法院告知的特殊形式，《德国民事诉讼法》第 270 条第 2 款第 2 项没有明确规定。对此存在两种观点：联邦宪法法院只要求，法院在作出裁判之前，必须确信当事人的法定听审请求权已获保障，而这种保障方式必须是送达，送达不成则通过其他确保书状不会在邮寄时丢失的方式。但是，这一观点的缺陷在于，按照该条款的规定，告知不具有固定的形式，但是，它却让当事人质疑其是否管用。此外，邮寄遗失的书状是极少数，比起固定的形式更能确保通知到当事人。实际上，联邦宪法法院在其裁判中隐含了一种设想，即，如果被送达人实际上已经知悉即将送达的书状，那么法院可以确信法定听审实际上得到了保障。因为书状一旦实际送达，法院就知道书状没有丢失。但是，这意味着在留置送达时，没有必要实际了解被送达人。通常书状可能已经丢失，导致书状不会从邮局取走，此外，被送达人的同一住宅的邻居可能错过转交的时机。当然，其他方式也不完全保险：挂号邮寄和普通邮寄一样可能在邮局丢失；带回执的挂号信甚至亲笔签名的带回执的挂号信被递交给其他收件人的情形也不少见。而多数意见则认为，形式寄送更优于形式送达，因为这种方法节省了当事人的费用，并且在削减当事人法定听审方面的危险程度也不超过形式送达。

3. 阅卷权

阅卷权是查阅卷宗的权利，原则上包括查阅、鉴定所有对于判决具有重要性的诉讼卷宗和一切相关文件的权利，属于知悉权。就当事人而言，这些事项有助于他们对裁判实施最佳、最有效的影响。因此，阅卷权必须得到保障，否则当事人会被剥夺就作为裁判依据的主张事实和证明结果表明意见的机会。侵害阅卷权则侵害了知悉诉讼材料的权利，就等于侵害当事人的法定听审请求权。例如，法院拒绝提供诉讼参与人申请参阅的文卷副本，使参与人无法为法庭辩论作准备，进而无法陈述意见，此时，法院侵害了参与人的法定听审权。

阅卷权一般不受限制。例如，法院不应当因为其所制作的文卷对于发现裁判没有重要意义而禁止参与人参阅，因为只有在当事人对于法院所制作的文卷的证明价值发表意见后，法院才能确定该文卷对于裁判的意义。不允许当事人参阅的文卷不能作为裁判的基础。再如，在涉及秘密保护时，阅卷权也不应当受到限制，即便为了保护一方当事人的权利而限制对方当事人参阅保密文卷，并且只允许法院或者合议庭的审判长知悉，这实际上也说明法院没有对所有的裁判依据进行法定听审，从而侵害了当事人的法定听审请求权。限制法定听审的条件应当比公开保密信息的条件更加严格。如果当事人享有阅卷权就不利于实施有效的权利保护的话，那么，当事人应当就此被告知。然而，由于文卷对当事人保密，有效的权利保护即使予以实施也缺乏监督，权利保护同样也难以实现。

阅卷权在一定条件下可以被排除。法院内部不必公开的文件，例如判决书草稿或合议庭庭员的摘记等，不准当事人阅览。排除阅卷权的正当性在于，这些文卷不涉及可以作为裁判基础的诉讼材料。因此，如果法院不当拒绝当事人阅视，则该部分诉讼资料即不应在裁判时被使用。

二、陈述权

陈述权是当事人在诉讼中所享有的、就法院裁判所依据的事实和法律表明意见的请求权。它是宪法赋予当事人的法定听审请求权最重要的部分，是法定听审基本原则最显著的特征，是当事人程序主体地位的体现。一方面，法律不是必须简单地、机械地运用于生活事实的固定物，否则，就不会存在纠纷，而权利是在一种具有对论据的争论、对话和反驳特征的诉讼程序中形成，法律见解的陈述和事实陈述都是服务于实现程序中当事人的主体地位。另一方面，陈述权对应法院最重要的审理义务，未经听审的裁判无效，并且它直接导向法院就陈述的内容履行审酌义务并作出裁判，因此，陈述权在当事人程序主体地位的保障和展现中举足轻重。

（一）陈述权之类型

陈述权可以分为攻击性陈述权和防御性陈述权。攻击性陈述权是指当事人在法院面前享有主张、申请、说明、表示意见的权利；防御性陈述权是指当事人有权对法院裁判所依据的事实和证据表明见解，否则该事实和证据不能作为裁判的依据。按照《德国基本法》关于法定听审请求权的规定，法院的裁判只能依据当事人表明意见的事实和证据。如果法院利用未经当事人主张的事实作为裁判依据，则侵害了法定听审请求权。这些侵害法定听审请求权的"裁判依据"是指，因法院疏忽而没有告知，并且未经当事人陈述意见而成为法院裁判的根据的事实和证据。从程序阶段来看，在言词辩论结束后，如果当事人对形成的书状没有陈述意见，则该书状不应当成为裁判的依据。这原则概无例外。即便书状只涉及对已经提出的事实的不重要的概括，或者其中包含了新的内容，而对方当事人对此没有得到听审时，该书状也不应采纳。

陈述权或者陈述意见的机会是法定听审原则最原始的内容，它要求法院就该陈述的内容履行审酌义务。

1. 提供证据权

陈述权的攻击性表明，当事人不仅可以按照自己的理解，主动提出陈述，而且也可以被动地对对方陈述进行抗辩反击。因此，陈述权不仅包括提出事实主张的权利，也包括对该主张提供证据的权利。没有证据支持的事实主张并不会给当事人带来利益。但是，如果没有提出证据申请权，则陈述权毫无意义而且无的放矢。

证据申请权是根据听审性质所推导出来的一种权利。诉讼参与人有权对自己提出的事实主张提供证据，从而接受裁判。如果法院没有考虑到涉及案件事实的重要的证据手段，并且在宪法法院的判例中没有形成统一意见的情况下，则面临法定听审权是否被侵害的问题。

诉讼上存在拒绝提出证据申请的规定并不违反法定听审。这些规定同时也界定了不应当拒绝提供证据的范围。法定听审请求权并不意味着人们可以通过特定的证据手段请求提出证据，但是，也禁止以诉讼法没有规定为理由而拒绝提供证据的申请。在存在决定事由时，例如申请提供证据所证明的事实具有可证实性、系显著事实、系现行的法律推定以及涉及外国法时属于法官认知，上述事实无需证明，法院可以拒绝请求提供证据的申请，无需参与人对此表明意见，此时，法院拒绝提供证据的申请并不侵害参与人的法定听审权。

拒绝提供人证的申请可能侵害参与人的法定听审请求权。例如，举证人对其主张提出了诸多证人，法院在缺乏法律依据时无法从中作出判断。那么，在听审证人后，如果有证据的事实仍然不能被视为已证明，法院则必须询问其他证人。同样，法院也很少拒绝进行补充说明的证据申请。这种补充说明的证据申请主要说明以下内容：有证据的事实系"非真实的"，举证人的说明是"不可信"的，法官已经被对方说服，鉴定证据存在明显错误的原因在于"鉴定人自身的专业知识"。对于提出申请的人证，控诉法院不能根据已经进行的陈述，采用书证的方式来评价该证人。如果控诉法院对证人或者鉴定人个人的可信度作出与初审法院不同的评判，则必须重新询问该证人或者鉴定人。主流的判例在此规定必须允许提供相应的证据申请，以此而提供了法定听审。

提供证据申请在两个方面与法定听审之间没有关联。首先，当事人提出证据申请的必要形式与法定听审无关。控诉理由必须具体而明确地重复在一审中被错误地忽略了的证据申请，并且在法院指出其引用不当时，泛泛地引用一审陈述是不够的。相反，被控诉人只能对一审判决进行辩解，并概括地引用其在一审中的陈述。只有在控诉法院指出其做出不同评价的裁判事实时，被控诉人才能重新提出他在一审中被视为不重要而被忽视的证据。其次，证据的直接性原则与法定听审无关。这是因为二者涉及不同的问题。所谓证据的直接性原则是指，判决之前的证据本身是否应当采纳。当事人意见陈述权针对的是作为裁判基础的事实，而听审请求权涉及的却是裁判何种基础的问题。同理，对证明责任的误识也没有违反法定听审。

2. 防御性陈述权

陈述权是指参与人对所有裁判的依据享有表明意见的权利。该权利具体包含的防御性因素为事实、证明结论和法律解释。

（1）事实。

裁判所依据的所有事实，无论是有证据调查的必要的事实或无证据调查必要的事实，都必须保障程序参与人的陈述权。例如，法院认为是公众周知的事实，则应让程序参与人就此有表示意见的机会。

防御性陈述权涉及的"事实"包括以下几种：一是对方主张的事实。对方主张的事实属于裁判的基础，当事人有权对该事实表明意见。二是无需证据的、作为显著事实对待的事实。尽管事实并非显著或者该事实与法院所考虑接受的不同,但是法院有义务给当事人提供就该事实表明意见的机会。三是法院知悉的事实,即法院因其职务行为而获得的事实。这种事实原则不涉及众所周知的事实,当事人对此应当有权陈述意见。其中存在的一种例外是日常生活事件的日期。它通常被视为一种作为普通公民都知晓的事实而无需作为审理的对象,当事人对此无需表明意见。但是,这种事实的存在却给诉讼预先设置了更大的难度。这是因为,如果每个判决都以这种狭义上的普遍周知的事实为依据,法官对当事人陈述意见的权利并不特别重视。

由于当事人对所有作为裁判基础的事实享有陈述意见权,上诉法院也必须预先听审当事人,而不能不经预先听审当事人而依据其他的事实作出确认下级法院判决的裁判。[1]

(2) 证明结果。

当事人对证明结果也享有陈述权,这点具有特别重大的意义。当事人通过其陈述,影响法院对证明结果评价所形成的心证。因此,程序法一般赋予当事人在调查证据时享有在场权,当事人有权对文书或鉴定结论的真实性、证据力或证人的可信性提出异议。即使在法院依职权调查证据的情形下,当事人的陈述权亦必须得到如此保障。

证明结果主要涉及两个方面的内容,一是当事人提供的证据的证明结果;二是法院依职权引入的证明结果。首先,当事人对于自己提供的证据的证明结果享有陈述意见的权利。民事诉讼法实行辩论主义,重视当事人知晓的、应当作为裁判基础的事实。不仅如此,更为重要的是,当事人也能够对证明结果表明意见。只有如此,当事人才能对法院对该事实的评价施加影响。在证据调查中实行当事人在场权的目的即在于此。严格的证据听审权可以使当事人对证人的可信任度、文书和鉴定结论的真实性和证明力提出异议。其次,当事人对法院依职权提供的证据的证明结果享有陈述意见权。民事诉讼中,如果证明结果由法院依职权引入程序,当事人也必

---

[1] BVerfGE 26, 37 (40).

须获得对该证明结果表明意见的机会。鉴定人的鉴定意见尤其如此，[①]例如医师鉴定等。

当事人对证据享有陈述意见的权利也受到一定的限制。在涉及鉴定证据时，当事人在一定情形下对此不享有陈述意见权。例如，对于参与人的精神状态的鉴定，当事人不享有意见陈述权。

在如下两种情形中，当事人的法定听审请求权受到侵害：其一，法院在当事人已经提出证人为证据方法时，如果仅仅因为住址错误，而不给予该当事人重新陈报该证人的正确地址的机会，则侵害了当事人的法定听审请求权；其二，法院仅仅以当事人所提出的重要证据方法费用过高而不经济为由，驳回当事人证据方法的申请时，也亦侵害了法定听审请求权。

总之，最为重要的是保障当事人对作为裁判依据的事实享有陈述意见的权利。如果法院认为证据结果不是新的，只有参与人在前一程序阶段已经表明见解的那些事实才应当作为裁判的依据，那么，法院无须为此提供陈述意见的机会。

（3）法律见解。

法律见解是指当事人对事实主张和证据提供的法律依据的认识。当事人有权表明自己的法律见解，这是由承认当事人对提出的事实和证据结果享有的陈述权所决定的。这种对事实进行法律评价的权利只有在陈述权人知道其他诉讼参加人在法律上的释明并可以相互进行讨论时才能实现。其他参加人享有法律见解陈述权并未得到普遍承认，[②]其原因也在于只有当事人本人才能享有表明法律见解的权利。

值得注意的是，当事人的法律见解与法官的法律观点并非总是协调一致。因为当事人通常不谙法律，即使他有律师代理，其所持法律见解也可能与法官的法律观点存在差异。因此，在当事人的法律见解与法官的法律观点不同并符合提示义务的要求时，当事人有权就该法律观点发表自己的法律见解。

[①] 《德国民事诉讼法》第 144 条第 1 款。
[②] Zeuner, Der Anspruch auf rechtliches Gehör Festschrift für Hans Carl Nipperdey, Bd. I, München/ Berlin 1965, S. 1013（103Of）.

(二) 陈述权之对象

就陈述权的对象的射程范围而言，从诉讼状态来看，所有在客观上被认为对于裁判具有潜在的重要性的陈述事项，即能够促进裁判时机成熟的，均属于法定听审请求权保障的对象。在诉讼中，当事人陈述的所有内容必须与诉讼标的有关，而只有这些陈述才应当是对当事人有重要意义的。这种重要性不仅应当从实体法来观察，而且还应根据程序法的规定予以考虑。

具体而言，当事人就事实陈述和法律意见的陈述应当得到法定听审。在法院根据法律规范进行事实推定和纯粹进行法律规范的解释时，当事人对此除了主张事实之外，也可以提出法律见解并陈述其法律意见。因为尽管法律适用是法院的权限，但是，当事人在审判中不能被视为程序的客体，而应当享有主体地位，有机会对程序施加积极的影响，参与诉讼中法的发现和法的形成。

(三) 陈述权行使之特点、时机、时间及保障

1. 陈述权行使之特点

(1) 选择性。

法定听审请求权保障实质上是赋予当事人一种表明意见的机会，其中的陈述权保障同样如此。陈述权保障并不意味着当事人必须进行陈述，而仅指法院应当给予当事人陈述的机会，当事人可以自由决定是否作出陈述。如果当事人故意或过失没有陈述，则丧失陈述的机会。例如，当事人因违反法庭秩序等违法行为而被驱出法庭，则由该当事人自己承担失去陈述意见机会的责任。同时，民事诉讼法上还有一些并未侵害法定听审请求权的规定，例如当事人应当到场，从而使当事人能够藉此在一定程度上行使其法定听审请求权。当事人如果不依法到场，则法院可以对其处以罚款，这种做法也并未侵害法定听审请求权。当事人因其故意或过失以致丧失陈述机会时，如果符合失权要件，则陈述权消失。这导致法定听审请求权的另一要素，即法院审酌义务也随之不复存在。

（2）不可预先抛弃。

陈述权不能预先抛弃。当事人必须对陈述的机会所处的具体程序状态有概括性了解。只有这样，他才能在完全客观的认识基础上作出行使或放弃陈述的决定。所以，只有在没有充分利用陈述的机会或者获得法定听审时，陈述的机会才能视为放弃。这往往是一种有意不利用陈述的机会的行为。因此，如果在诉讼中，当事人就某争点的陈述机会已经明显出现，而他在明知却舍弃陈述的机会时，法院也不能强制他进行陈述。当然，当事人必须能够认识到自己曾经得到陈述意见的机会，并且这种机会的利用与否完全由他自己决定。

（3）可能性和方便性。

陈述权的行使应当具有可能性，这是有效保护法定听审请求权的需要。首先，法官为陈述权的行使提供可能性。当事人没有掌握适当的陈述机会时，法院应当根据情况，让当事人能够适当地行使陈述权。例如，在当事人本人参与诉讼时，法院应当给不懂法律的当事人指出其拥有哪些行使法定听审请求权的机会，并必须纠正当事人明显的误识，避免他在行使陈述权时对法律状况认识不清；其次，当事人提出法定听审请求。只有在一方当事人可以对其案件要求听审时，他才能在言词辩论中得到听审。在期日中被传唤到庭的当事人实际上已经处于对其案件的言词辩论中，即处于接受法定听审的状态，所以，法官发现当事人在法庭外等待，并在其到庭时记入合议名单，因此，对案件的要求听审也必须在合议庭前完成。对没有以这种方式而被要求听审的当事人的缺席判决则侵害了当事人的法定听审。

陈述权的行使应当具有方便性。这一方面出于对当事人程序主体地位的尊重；另一方面也出于对当事人合法权利的尊重。例如，在诉讼程序方面，实务中，法院在开始审理案件之前，应当等待当事人至少 15 分钟，这不仅仅是一种礼仪上的义务，而且也是对法定听审请求权的有效保障。又如，在涉及宗教因素时，法定听审也可以延期进行：一名犹太籍债权人在犹太人的重要节日被传唤，按诉讼法规定，他应当作出陈述。但是其宗教法禁止其在同一天做出这类行为。此时，为了使该当事人得到有效的法定听审，法院应当延期听审。

2. 陈述权行使之时机

（1）一审。

陈述权行使的时机无法量化。陈述权不仅是当事人享有的陈述自己主张的权利，而且还包括就对方所有陈述进行抗辩的权利。因此，一旦当事人一方有新的争点陈述时，则他方对此就应当立即享有陈述的权利。

当事人的陈述权可以通过重开言词辩论的方式再度行使。现行《德国民事诉讼法》第156条第2款第1项明确规定，"法院违反提示和释明义务或者侵害法定听审请求权时，应当重开言词辩论"。据此，在言词辩论终结后，如果法院发现其违背法官释明义务，侵害了当事人法定听审请求权时，应当重开言词辩论，保障当事人的陈述权。重开言词辩论应当确定新的审理期日。

（2）上诉审。

上诉审并不增加陈述权行使的时机。当事人就各争点至少行使了一次陈述权，则意味着其法定听审请求权已经得到保障。当事人不能就其已经受到法定听审请求权保障的争点，要求再开审级，从而再次行使陈述权。这符合《德国基本法》第19条第4项所蕴含的"权利保护无漏洞"原则。所以，即使当事人因法院程序瑕疵而丧失上诉审级利益，只要当事人在原审级已经获得了充分陈述的机会，其法定听审请求权就没有遭受侵害。可见，审级制度与法定听审请求权保障并不存在必然的联系。

然而，没有审级保障也可能侵害当事人对曾经保障过的争点的法定听审请求权。这虽然不需要进入上诉审，但是，一旦进入上诉审级，那么，保障法定听审的难度就不应当超过法定范围。因为，当事人有权行使各审级中的陈述权。

在上诉审中也存在陈述权保障的情形，例如控诉审。上诉人在上诉状中并未明确表明反对或赞同哪一方当事人，如果控诉法院因此而驳回控诉，则侵害了上诉人的法定听审请求权。此外，因错过抗告期限或者提出控诉理由的期限而没有回复原状、控诉审中的陈述被误认为延迟陈述而不允许提出，也同样侵害了法定听审请求权。

3. 陈述权行使之时间

陈述权包含了当事人陈述其意见所需要的充分期限。当事人不仅应当享有陈述其意见的机会,而且还应当享有充分陈述的机会,即充分陈述原则。

充分陈述原则体现在民事诉讼法规定的法定期间和传唤期间中。由于司法制度资源具有有限性,诉讼制度的设计不得不考虑社会整体利益,促进诉讼也成为诉讼法理论上的重要课题。因此,陈述权并不意味当事人可以就某争点毫无时间限制地提出陈述意见,而必须在法律规定的期限内行使。法定期间通常被认为是陈述权行使的适当期限。例如,《德国民事诉讼法》第274条第3款规定了书面程序中通知提交答辩状的两周期限。

陈述权行使的期限也可以由法院决定。由于当事人对各争点所需要的准备时间难以一概而论,所以,法院可以依职权确定当事人提出书状的时间或期间。对于确定当事人迟延提出的陈述是否有正当理由的期间,法院应当根据具体个案情形而定。例如,就陈述期间而言,在书面裁定送达时和言词辩论终结之时仅有一日之隔,当事人肯定不能进行充分陈述。又如,在诉讼进行过程中,简单案件只需要一周的陈述期限就足够。这种由法院裁量期间的依据在于,法定听审请求权保障和加快诉讼的要求之间应当达到必要的平衡。

当事人的陈述期限难以作出抽象的统一规定。在个案中,法院应当给当事人多长时间进行陈述,无法抽象而定。况且,法院在裁定时,也未必能够预见和确定若干具体情况。如果法院在事后发现其所定期间过短时,为了保障当事人的听审请求权,应适度延长;如果法院所确定的期间明显无法满足当事人适当陈述意见的需要时,当事人不仅可以以其法定听审被缩短为由而提出异议,而且还可以在适当的期间内进行陈述。此外,法律没有明确规定当事人陈述期间时,法院必须予以确定,从而保障当事人的法定听审请求权。例如,在寄送对方的书状时,尤其是抗告书状,法律没有规定参与人陈述的确定期限,也没有要求答辩。尽管如此,法院此时也必须确定期限或者等待适当的时机,满足参与人行使陈述权。

并非所有的期限都可以由法官根据个案的具体情况来确定。尤其是法律救济期限不能由法官决定而延长。① 法律救济期限只有在不以任何方式导致

---

① 《德国民事诉讼法》第224条第2款规定的期间的缩短和延长。

法律救济难以实施时，才无需考虑陈述权的保障。例如，提出异议的两周期限和提出上诉的一个月至五周期限都充分地保障了当事人的陈述权。

4. 陈述权行使之保障

陈述权的保障方式在《德国基本法》第 103 条第 1 项中并未规定，因此，它在立法上存在自由裁量空间。一般而言，当事人的陈述权保障存在以下几种情形：

（1）言词辩论。

言词辩论是保障陈述权的最佳方式，但不是唯一的、必须的方式。陈述权不是必须以言词辩论的方式进行，书状陈述也是当事人陈述权的保障方式之一。言词辩论是保障当事人陈述权的较佳方式。首先，言词辩论符合直接审理原则，与法定听审请求权的保障要求一致。其次，言词辩论有利于法院释明义务的履行，对案件的释明和关于裁判的重要法律问题的讨论，能够较为全面地保护当事人的法定听审请求权，降低侵害听审的危险。再次，言词辩论还最大限度地尊重了人性尊严，使判决具有信服力。[1] 所以，言词辩论是保障法定听审的最直接和最佳形式。也正因如此，尽管民事诉讼法在判决程序方面没有规定法定听审保障的内容，言词辩论的对抗形式也保障了当事人能够充分地陈述意见。

法律明文规定了进行言词审理，而法院实行书状程序，这是否就侵害了法定听审请求权呢？德国联邦宪法法院认为，并非所有情况都侵害了法定听审请求权。[2] 但可以肯定的是，如果实行言词审理程序，则当事人有参与该程序的权利。例如，在证人询问时，如果法院没有通知一方当事人，则显然已经侵害其法定听审请求权；而如果在诉讼标的非常复杂的程序中，当事人用书状陈述不清楚时，应该享有言词陈述请求权。

在极少情形下，陈述权只有在言词辩论中才能得到有效保障。例如，诉讼材料复杂时，当事人只能通过言词却不能采用书状的方式充分地陈述意见。此时，驳回言词辩论请求就侵害了法定听审请求权。

---

[1] BFHE74, 151 (153).

[2] ROhl. Das rechtliche Gehör, NJW1964, 275.

(2) 翻译请求权。

当事人的陈述权还包括当事人享有请求法院解决其在审理中语言不通的困难的权利。当事人如果不懂法院在审理时所运用的语言,在言词辩论中难以对事实、证据结果和法律问题陈述意见,法院也无法理解他的语言,该当事人则无法有效地参与程序,无力对程序施加影响,其陈述权就受到了侵害,这不符合法定听审请求权保障的要求。因此,不懂审理所用的语言的当事人有延聘翻译的权利,这是法定听审请求权的要求。①

延聘翻译以对于法定听审请求权的行使有实际必要为限。例如,如果法院仅以未附德文(本国文字)翻译为理由而驳回某外国文字写成的文书,那么就侵害了当事人的法定听审请求权。但是,如果对于法定听审请求权无实际需要,则不延聘翻译。例如,如果当事人所聘律师已经能精通法院语言,在参与辩论时,法院就没有必要确定翻译人员。因为延请翻译,不仅产生不必要的费用,而且当事人也会把法院指定翻译理解为法院对其代理人或者辅助人的不信任。

(3) 律师强制代理。

从陈述权的内容来看,律师强制代理制度与法定听审请求权存在密切关系。法定听审请求权的保障不是讨论当事人应采用何种方式陈述的问题,所以,律师代理当事人陈述的制度原本不是法定听审请求权所必须讨论的对象。但是,由于德国在若干程序中要求当事人必须由律师代理,即实行律师强制代理制度,那么,该制度是否侵害法定听审请求权则难免遭受质疑。其原因在于,当事人应当享有亲自听审的权利,而律师强制代理制度要求当事人必须由律师代为实施诉讼,这似乎有剥夺《德国基本法》第 103 条第 1 项赋予当事人的亲自听审权利之嫌。然而,联邦宪法法院及通说认为,律师强制代理制度并未违宪。律师在诉讼中有权参与言词辩论,向法院作出说明、提出申请和动议,享有当事人的参与诉讼和陈述的机会,他是在特定情形下代当事人行使法定听审请求权,而不是行使律师自己根据《德国基本法》第 103

---

① BVerfGE 40, 95, 98f.

条第 1 项规定所享有的法定听审请求权,① 他并未限制当事人的陈述权,只是当事人以特殊方式行使自己的权利而已。再者,按照该条规定,也并不必然推出必须由当事人亲自听审的结论。尤其在诉讼程序高度专业化的现实状况下,当事人未经律师代理而亲自听审,未必能获得最佳的程序保障,甚至还可能造成程序浪费、法院负担与当事人权利不得伸张的不利益。② 因此,如果当事人有委托代理人,则应当保障该诉讼代理人参与程序的机会。

当事人的陈述权在律师代理时并不能完全被取消。这是因为禁止把当事人当成纯粹的程序客体。在律师强制代理的诉讼中,当事人也可以提出申请、陈述意见。违反这一规定则同时侵害了当事人的陈述权。

三、审酌请求权

审酌请求权是指当事人享有的请求法院知悉和审酌其陈述的权利,而德国联邦宪法法院承认了法院有义务知悉和审酌当事人的陈述,因此,法院履行审酌义务实际上满足了当事人的审酌请求权。③ 心证,"狭义言之,系指法官在事实认定时所得确信之程度状况。广义言之,系指法官就系争事件所得或所形成之印象、认识、判断或评价。此种意义的心证,依民事审判所具相关特征观之,系可能包含法官的法律上见解在内,而非仅指将其法律上认识判断或评价予以完全除外者。"④ 心证公开"系指法官将其在诉讼审理中(自研阅起诉状之时起)所形成上述意义之心证,于法庭上或程序进行中,向当事人或利害关系人开示披沥,使其有所知悉、认识或理解一事,而可能包括法律上见解之表明。"⑤ 按照这一定义,"心证公开"实质上是从程序的角度出发,公开心证的形成过程。在庭审时和庭审后的裁判中,法官就其对所有

---

① Arndt, Das rechtliches Gehör, NJW 1959, 6 (8).
② 姜世明:《民事程序法之发展与宪法原则》,台北:元照出版有限公司 2003 年版,第 77、78 页。
③ BVerfGE 11, 218, 220; BVerfGE 70, 93, 100.
④ 邱联恭:"心证公开之理论与实践(一)",载《月旦法学杂志》,第 19 期,1996 年 12 月,第 82 页。
⑤ 同上注,第 83 页。

证据所形成的内心确信,包括对案件事实的认识和法律上的见解,向当事人或利害关系人阐明,使其有所知悉、认识和理解。①

心证公开是现代自由心证制度的内容之一。自由心证是指"证据的取舍及其证明力,由法官根据自己的理性和良心自由判断,形成确信并依此认定案情的一种证据制度。"② 心证公开要求法官与当事人对案件事实和法律适用进行讨论,从而避免法官在心证过程中的偏颇和主观随意性,保护当事人免遭"突袭性裁判",彻底消除古典自由心证主义所导致的裁判的神秘性、不可预测性和肆意性。③

按照法定听审请求权的要求,利益或权利可能会受到民事制裁或诉讼结局直接影响的人,都应当参与民事诉讼过程,享有充分陈述意见的机会,并对裁判结果的形成发挥其有效的影响或作用。④ 民事诉讼程序的设置及运行,必须确立与强化当事人享有的程序主体权,充分尊重当事人的诉讼权利和主体地位,"应从实质上保障其参与该程序以影响裁判形成之程序上基本权;而且,在裁判作成之前,应保障该人能得适时、适式提出资料、陈述意见或辩论的机会;在未被赋予此项机会之情况下所收集之事实及证据,应不得迳成为法院作成判决之基础。"⑤ 而心证公开则通过法官和当事人之间必要的信息交流,确保各方当事人具有影响诉讼过程和裁判结果的充分的参与机会,实际上正是保障法定听审请求权对法官的要求。

心证公开实际上是法定听审请求权的保障。法官的审酌义务包含了法官对案件事实、证据的认识和法律见解的表明,以及在此基础上对这种义务进行凝固化,即以裁判书的形式表现出来。换言之,法官的审酌义务最终体现为心证公开,而心证公开最终的凝固物亦必然是裁判书。法定听审请求权保

---

① 何家弘:《证据学论坛》第六卷,北京:中国检察出版社,第329页。
② 同上注,第329页。
③ 古典自由心证主义强调绝对保证法官心证的自由。法官除了审判结果,有权不公开其关于案情的任何看法,具有浓厚的隐秘性和神秘感。这是一种法官任意裁判制度。在这种制度下,法官凭自己主观意志,强行认定事实以决定裁决的后果。我国古代家族主义家长制的裁判制度与此相似。
④ 陈瑞华:《刑事审判原理论》,北京:北京大学出版社,1997年版,第61页。
⑤ 邱联恭:"程序选择权之法理——着重于阐述其理论基础,并准以展望新世纪之民事程序法学",《法学丛书》,1993年第151期。

障作为裁判文书说明裁判理由的依据，这是运用当事人所具有的宪法上的程序基本权对法官审判权的合理制约，有助于提高司法裁判的说服力，进而树立司法权威。裁判文书说明裁判理由是裁判具有说服力的保证。它应当能够客观全面地展现判决的形成过程，使当事人从中了解法官作出判决的思维过程和理由，并且准确反映出人们对公正、自由、效益等诸多价值的整体追求。说理充分的裁判文书容易得到当事人的接受，从而有效地促使其定分止争，服判息诉，并且有利于树立司法权威甚至塑造公民对法律的信仰。说服力是法院裁判文书的生命，一个没有说服力的裁判文书纵然具有法律效力，却没有可执行并且平复纠纷的生命力。因此，德国"司图加特模式"（Stuttgater modele）对法官的心证做出了全面要求：法官在审判过程中所形成的心证，即他对证据的评价和事实的认定，应向当事人和利害关系人公开，并告知当事人裁判的理由和依据。

（一）法院审酌义务之对象与限制

法院审酌义务具有重大的实践意义。目前，因侵害法定听审请求权而提出的绝大多数宪法抗告都是针对法院违反审酌义务，而不是针对法院侵害当事人的陈述权。法院违反审酌义务体现在其不审酌当事人的陈述，例如，在判决程序中，法官不审酌当事人在期日届满前作出的陈述，裁定程序中不审酌裁定作出前当事人作出的陈述；错误适用失权规定、忽略事实陈述和证据申请。此外，影响裁判的程序违法只要限制陈述权，通常也就违反了审酌义务，侵害了法定听审请求权。[1] 而这些错误大多是因为法官的疏忽或者工作业务上的混乱造成的。在未对书状予以审酌的案件尤其如此。当然，故意不审酌的情形仍然存在。例如，错误计算了期限，以及忽略了节假日排除在期间计算之内的法律规定。[2]

法院审酌义务的对象包括上述陈述权所涉及的所有内容。从对书面陈述的审酌义务来看，书面陈述的审酌范围由程序种类决定。在判决程序中，当

---

[1] BVerfGE 50, 32 (35).
[2] 《德国民事诉讼法》第 222 条。

事人在法定或法院指定的陈述期间内提出书状的,法院必须立即进行审酌,并且不得缩短该期间。如果法院在期间届满之前作出判决,或者没有对这一未逾期提出的书状进行审酌,则侵害了法定听审请求权;① 法院在期间届满前,认为判决时机已经成熟,也侵害了法定听审请求权;② 在裁定程序中,法院应当审酌的当事人陈述包括所有在裁定作出并修改前提交到法院的陈述,即在法院作出的裁判送达之前提交到法院的陈述,都是法院审酌的对象。③

法院审酌义务的履行由两个部分组成,一是知悉当事人陈述的内容;二是对当事人的陈述进行评价审酌。而知悉当事人陈述的内容是法院履行审酌义务的前提。法院知悉当事人陈述的过程一般适用法院内部程序,因此,法院外的人对此并不能确切了解和证明。但是,法院是否知悉当事人的陈述也可以从诉讼中法官的行为进行解读。例如,在独任法官审理时,法院知悉义务可以通过法官阅卷或听审程序履行。但是,合议庭如何履行知悉义务,从而保障法定听审请求权,对此,法律并没有规定。一般认为,法官没有阅卷,而是通过受命法官得知诉讼资料,也并不违背法定听审原则。但是,在言词辩论庭上,法官当庭阅览其他不相干案件的卷宗、昏昏欲睡、视而不见、听而不闻,以致无法知悉当事人陈述内容时,则应认为侵害法定听审请求权。法定听审请求权所要求的法院听审,并非指法院仅仅倾听声音,而是指其应当专心注意、心无旁骛地聆听,并加以理解。因此,法官如果在最后言词辩论终结前即写出判决,则有侵害法定听审原则之虞。

履行审酌义务应当依照民事诉讼法的规定,这对审酌义务的范围也产生影响。联邦宪法法院认为,按照实体法和程序法的规定,对当事人的事实陈述法院完全或部分不加审酌而作出的裁判,并不侵害《德国基本法》第103条第1项所保障的法定听审请求权。④ 例如,《德国民事诉讼法》第561条第2款规定:"控诉法院已确认某种事实上的主张为真实或不真实后,这种确认对上告法院有拘束力,但对此项确认提出合法且有理由的上告攻击方法时,

---

① BVerfGE 70, 215, 218; BVerfGE 72, 119, 121.
② BVerfGE 12, 10, 113.
③ BVerfGE 63, 80, 86; 62, 347, 353.
④ Rosenberg/Schwab/ Gottwald, Zivilprozeßrecht, 15. Aufl., Müchen 1993, §85 Ⅲ 1.

不在此限"。据此，上告审中的事实陈述原则上不予以审酌，这并未违反法定听审。此外，法定听审请求权虽然赋予了当事人的程序参与权，但并不保障程序参与的有效性。[①] 审酌义务不是一种能够进行客观公正的评价的义务。尽管法官享有自由心证权，可以决定某项事实对于裁判是否具有重大影响，但是，如果法官违反审酌义务，则其审酌行为也可能产生错误的结果。例如，对起诉的理由所进行的审查并不侵害法定听审请求权。所以，法官的审酌义务不能用实体法公正的标准来衡量，换言之，实体上的不公正不能成为因法定听审请求权受到侵害而提出责问的理由。例如，法官认为影响裁判的事实存在争议时，基于《德国民事诉讼法》第286条规定的自由心证，把该事实视为真实，并未侵害法定听审请求权。

审酌义务的履行还受到失权规定的限制。例如，法官误用失权规定而未履行审酌义务。在实务中，当事人与法院发生的关于法院审酌义务的争议，通常涉及法院因误用失权规定而未对当事人所提出的资料进行审酌，以及法院忽略当事人所提出的事实陈述即证据申请等。这些情形，包括法院误用失权规定而驳回延迟提出的主张、忽略法院根据其法律观点认为重要的事实主张与证据申请、法院因存在证据评价上的偏见而没有进行重要的证据调查或者再开辩论，从而导致当事人所提出资料未得到审酌等，都被认为违反了法院的审酌义务。

（二）法院审酌义务之固化

说明裁判理由在一定程度上是对"法定听审的回应"。[②] 法定听审请求权的内容虽然包括法院负有知悉与审酌当事人陈述的义务，但是，如果法院在判决中并没有说明其审酌当事人陈述内容的过程，不仅当事人对法院是否知悉与审酌其陈述心怀疑虑，而且该判决是否侵害法定听审请求权也难以得到审查。因此，欧盟人权法院不仅强调判决理由中应具备公平程序的要素，而且尤其应当具备《欧盟人权法案》第6条规定的法定听审请求权保障。由此

---

① BayVerfGH，NJW-RR 1998，1774.
② Kopp，Verfassungsrecht und Verwaltungsverfahrensrecht，München 1971，S. 47.

可见，法官在判决中附具理由，是法治国司法权行使的基本要求。法院应当在判决中就以下陈述说明裁判理由：

第一，整体性考察。法院不必就当事人的所有陈述在判决中逐一交代明白，换言之，法定听审请求权的保障并不要求法院必须逐一罗列当事人所有的重要与不重要的陈述，而应当从判决的整体来观察。只有确定法院完全没有获悉当事人陈述，或者存在明显没有加以审酌之处，才能认定法院侵害了法定听审请求权。[1]

第二，对重要的事实陈述附具理由。在判决理由中，法院必须就当事人为攻击防御所进行的重要的事实陈述给予论述，这有利于消除当事人对其法定听审请求权受到侵害的疑虑，防范法官恣意裁判的危险。

第三，对当事人的重要法律意见进行论述。法院是否应当就当事人的重要法律陈述进行一一罗列，这点存在争议。法律适用是法院的职权。正确适用法律似乎不属于法定听审请求权保障的范围。但是，当事人就法律见解也享有陈述意见的权利，也是国家（法院）在法的形成过程中，把公民视为程序主体并尊重人性尊严的体现。为了防止法律性突袭裁判，法院有必要对判决当事人的重要法律见解附具判决理由。

此外，法院在判决时是否遗漏附具理由应当进行审查。一般而言，如果从判决理由可以明显看出，法院根据当事人已经提出的某一重要事实已经作出判决，却认为当事人未提出该事实，那么，由此可以认定，法院遗漏了论述该事实理由。例如，一方当事人针对对方当事人而提出反对证人，但是，在判决中，法院仅仅就对方当事人证词作出了评价，而对该当事人所提出的反对证人的证词未予置评；再如，法院在判决中说明，当事人对对方当事人的陈述无争执，但事实上该当事人的书状中已经表示了其异议。

四、突袭性裁判禁止请求权

"突袭性裁判"并非严格意义上的法律术语。在德国文献中，该概念有

---

[1] BVerfGE 70, 288, 293.

多种定义。一种定义是，突袭性裁判是指法院作出的、引起突袭效果的判决、裁定和处分。这类裁判以其结果突袭当事人。当事人根据裁判作出前的法律状态和作为裁判基础的个案发展状态，一般可以期待法院作出其他裁判，而法院没有满足这种期待。所称的"一般可期待的裁判"是指依据通说而作出的裁判。例如，在个案中，背离判例而作出的判决就可能造成突袭效果。这一定义强调了突袭性裁判对法律安定性的破坏性影响。[1] 另一种定义是，突袭性裁判是指根据此前的诉讼过程进行客观考察，无论法院是否存在突袭的主观意图，终局裁判（endgültige Endscheidung）的内容都不在当事人所能预期的范围内。[2] 一般而言，突袭性裁判通常不是法院故意造成的，而常常是因程序瑕疵所致。这一定义强调突袭性裁判必须是终局裁判，即，突袭性裁判不指临时裁判，因为这种临时裁判没有听审一方当事人，该当事人对这种裁判会产生警惕；突袭性裁判也不是一部分裁判，因为一部分裁判的案件还不需要当事人预测终局裁判的内容。这些临时裁判案件和一部分裁判案件既未涉及生效裁判，又未涉及内容上的突袭，因此，它们都不属于突袭裁判的范围。还有一种定义是，突袭性裁判是法院违反《德国民事诉讼法》第139条释明义务所作出的裁判。[3] 本书采用最后一种定义。鉴于这种术语难以统一，德国联邦宪法法院新判例则把它表述为："突袭性裁判"是"当事人依据程序进行的过程，不能预测法院裁判的内容或裁判过程"。[4] 迄今为止，这种表述实际上和现有的突袭性裁判的概念都没有本质区别。

突袭性裁判被德国学界视为程序瑕疵的结果，被宪法和程序法严格禁止。因此，突袭性裁判理论很少单独作为一个纯粹的理论问题进行研究，必须放在宪法与程序法相关规定与原则的脉络中考察，通常结合宪法上的法定听审请求权保障、民事诉讼法上的法官释明义务、诉讼促进、诉讼经济、诉讼效率、集中审理和法律讨论等问题进行探讨。

---

[1] Kettembeil, Juristische Überraschungsentscheidungen als Problem von Logik und Strukturen im Recht, 1978, S. 11, 16, 20f.
[2] Waldner, Der Anspruch auf rechtliches Gehör, 2 Aufl., Köln 2000, Rndr. 216.
[3] Leonardy, Überraschungsentscheidungen im Zivilprozeß, NJW 1965, 1315ff.
[4] BVerfGE 86, 133 (144f).

突袭性裁判的出现是由法官知法（iura novit curia）原则决定的，与程序采用辩论主义或者职权主义审理原则无关。辩论主义的主要内容是，作为法院裁判所依据的基础事实应当由当事人提供，法院只能根据当事人提供的事实和证据作出裁判，因此，当事人知悉裁判的基础事实和证据。而在实行职权探知主义的程序中，法官知法原则具有决定性影响。根据该原则，法官在根据当事人提出的事实基础作出法律结论时，有可能采用当事人没有提出的事实，从而造成突袭性裁判。但是，只要法官履行释明义务，即可避免突袭性裁判。因此，那种认为在民事诉讼中适用辩论主义之处，法官则无权依职权进行释明的观点是一种误识。[①] 法官履行释明义务可以防止突袭性裁判。

（一）释明义务

根据新修订的《德国民事诉讼法》第139条的规定，释明义务主要包括以下几个方面的内容：①讨论义务。法官在必要时，应当与当事人就实体和争讼关系进行事实和法律上的讨论并提出问题。②提示义务。首先是事实和证据提供的提示。法院应当使当事人及时且完整地陈述所有重要事实，尤其是补充对主张事实的不充分的陈述、声明证据和提出适当申请。其次是法律观点的提示。当事人明显忽略或认为不重要的观点，以及法院所持不同于双方当事人的观点，法院只能在对它作出释明并且赋予当事人陈述机会后，才能把它们作为裁判基础。此外，法官应当给当事人提示其对依职权进行审酌的事项的质疑。③释明的形式。法官应当依法尽早作出提示，并制作笔录。法院所履行的释明义务只能以笔录的内容加以证明。对笔录的内容也只能以证明其为伪造时才能被推翻。④释明义务对当事人陈述权的保障。如果一方当事人对法院的提示不能立即进行陈述时，法院应当根据该当事人的申请，确定其补充提交陈述的期日。这条新规定包含了旧法第278条第3款规定的法律讨论义务，实际上强调了法官的讨论义务和突袭性裁判禁止，尤其体现在增加了对事实观点的讨论和对双方当事人不同法律观点的提示的规定。

[①] Prütting, Die Grundlagen des Zivilprozesses im Wandel der Gesetzgebung, NJW 1980, 361 (363).

《德国民事诉讼法》所规定的释明义务是法定听审请求权的保障。法官承担释明义务,应当与当事人对诉讼材料就事实和法律方面进行讨论,与当事人共同对发现真实和作出公正的裁判施加影响。法官释明义务的履行促使诉讼材料尽量在一审中充实和完备,不仅有利于预防上诉,使审理集中化和加快诉讼进程,而且尤其具有防止突袭性裁判的功效。① 一方面,法官释明义务要求法官作出提示,使当事人充分了解作为裁判基础的事实和证据并对此陈述意见,从而有效实现其法定听审请求权;另一方面,法官违反释明义务同时也说明当事人的法定听审请求权没有得到保障。当事人有权要求法院对其主张和提供的证据作出相应的提示。② 法院认为有必要对当事人进行释明而没有履行,则应当对未予释明的行为作出不利评价。因此,法官负有的这种释明义务就是赋予当事人有效的法定听审。也可以说,《德国民事诉讼法》第139条关于法官释明义务的规定就是法定听审的表述。③

释明义务的履行与法定听审请求权保障具有一定程度的一致性,二者都实行法官中立原则与当事人同等对待原则。法院必须基于当事人陈述和提出的证据而在自由心证范围内所认定的事实作出提示,这既是释明的内容,也是法定听审请求权的要求。而法定听审请求权不仅要求当事人能够对裁判所依据的基础事实和证据表明见解,而且也包含了当事人之间享有同等对待权利。法官履行释明义务不能超出一定范围而与法官独立性产生冲突,而确定这一界限的是当事人确定诉讼标的的范围。法官的释明义务应当以法官中立为限,不应当给当事人造成法官有偏见的印象。同时,法官应当同等地对待当事人。这种同等对待和法官的中立义务防止了法院成为当事人的代言人或顾问。法官的提示范围应当在当事人的陈述范围之内,释明义务的行使界限应当是促使当事人澄清其陈述并使其陈述完整、充分,这样才能与辩论主义相协调。但是,法官为了使当事人作出完整的事实陈述和主张而作出提示时,如果根据当事人目前所提出的主张而不能推知其与法官具有相同的诉讼目标,那么,该提示足以使人产生法官与当事人同一化的表象,此时,应当认为法官已经超越了

---

① Thomas/Putzo, Zivilprozeßordnung, 22. Auf., München 1999, §278 Rdnr. 4.
② Rosenberg/Schwab/Gottwald, Zivilprozeßrecht, 15. Aufl., Müchen 1993, §78 Ⅲ 1 c.
③ Schilken, Gerichtsverfassungsrecht, 2. Aufl., Köln 1994, Rdnr. 130.

其中立性。尽管这种界限应当根据个案来确定,但是,法官中立性和当事人同等对待原则是对法官释明义务条款解释时所需要考虑的重要因素之一。

释明义务的内容并非完全涉及法定听审请求权。根据《德国民事诉讼法》第 139 条规定的释明义务来看,释明的范围大于它与法定听审请求权的重合范围。这体现在两个方面,其一,该条规定要求法官对当事人提出适当申请作出提示,即要求法官提示一方当事人应当提出而没有提出的证据。尽管法官的释明义务也要求法官给予当事人提供一定的建议,但是,这种要求只是第 139 条的内容之一,不是法定听审请求权的要求,因此,不履行该义务也没有侵害法定听审请求权。其二,从法官释明的范围来看,法院也无需指出哪些案件事实被视为已经认定、对方的哪些论据在判决中将得到支持,以及哪些法律意见最终将受到优先考虑。法院只需事先对裁判的多种可能性作出提示或者法院对此根据此前的诉讼过程进行说明就足以。如果法院履行了这一义务,就未侵害法定听审请求权,当事人不能以其法定听审请求权受到侵害为由提出抗告或者宪法诉愿。

释明义务与法定听审请求权保障的要求密切相关。首先,法官的提示并非仅仅有利于当事人,它也有助于程序塑造,即塑造一种给当事人提供就法官的提示进行反应和补充其事实陈述的机会的程序。如果法院虽然作出了提示,但是此后就直接结束了言词辩论并且拒绝重开言词辩论,那么,这种禁止突袭裁判就失去了意义,这种程序也侵害了法定听审请求权。其次,释明义务对法定听审请求权的保障可以通过一定的方式予以证明。新修正的《德国民事诉讼法》第 139 条第 4 款要求法官对其履行释明义务制作笔录。言词辩论中作出的提示和对此的陈述机会的保障应当纳入笔录中。法院所履行的释明义务只能通过笔录的内容加以证明,并且笔录的内容也只能以证明其为伪造时才能被推翻。

(二) 法律讨论

为了防止突袭性裁判,法定听审请求权对法律讨论提出了要求。法律讨论的概念来自法定听审请求权理论。[①] 法律讨论是指,法官应当就其即将作

---

① Arndt 从对法律的听审得出了法律讨论的概念。Amdt, Das rechtliches Gehör, NJw1959, 6 (7).

为裁判基础的法律观点告知当事人并与当事人进行讨论。法院不仅有义务被动地给予当事人陈述法律见解的机会，而且应当通过与当事人就事实和法律观点进行讨论，使当事人理解并与法院共同思考：法院作出哪些法律上的审酌对于裁判具有重大意义，从而使当事人在整体上对法官在真实和法律心证的形成时发挥积极影响。法律讨论概念的提出，突破了把法定听审请求权仅仅作为一种意见陈述请求权的做法，即把法定听审仅仅限制在对事实陈述方面，转而强调，判决应当由法官与当事人共同协力作出，而不是法院专制行为的结果。法官和当事人应当结成"工作共同体"，[1] 法院是当事人的协作者，法院的判决产生于法官与当事人的共同努力。这使得当事人对法官的审酌给予信任，免受裁判突袭。

法律讨论也是法定听审请求权的要求。[2] 法定听审请求权体现了人性尊严的最高价值。它使"人"得以具体化，不允许法院在没有充分地听取当事人陈述意见而对其权利和义务作出裁判，防止把人作为体现国家权力的司法裁判权的纯粹客体。因此，法定听审请求权除了要求法院容忍当事人陈述意见之外，还要求它必须保障法定听审请求权。法定听审请求权首先在法律上通过规定法院的义务而成为一种行为，这种行为有助于当事人能够在裁判作出之前，了解和影响法院在法律上的考量或审酌。由此看来，法定听审请求权不仅允许当事人表明意见不足得以实现，它还要求法官给当事人提供表明自己法律见解的机会。[3]

法律讨论在立法上有逐渐强化的趋势。法律讨论作为法官的一项强制性义务曾经为联邦宪法法院[4]和主流观点[5]所否定，因此，在 2002 年《德国民事诉讼法》改革法生效前，通说认为，从旧《德国民事诉讼法》第 278 条第 3 款规定的讨论义务，即"某一法律观点，如当事人一方明知而忽略之，认为是无关紧要的，法院只能在该观点不是关系到附带请求时，而且法院已给

---

[1] Rosenberg, Lehrbuch des deutschen Zivilprozeβrechts, 5. Auf., München 1951, S.271, § 63 I.
[2] Winterfeld, Das Verfassungsprinzip des rechtliches Gehörs, NJW 1961, 849（851）.
[3] Arndt, Das rechtliches Gehör. NJW 1959, 1/2, S. 7.
[4] BVerfGE 86, 133（145）.
[5] Rosenberg/Schwab/Gottwald, Zivilprozeßrecht, 15. Aufl., München 1993, § 85 III 3.

予发表意见的机会后，才支持当事人的判断"，并不能推导出法院必须进行"法律讨论"，法院只需要对当事人表明其相关的法律观点可能对裁判具有重要性，从而保障当事人陈述意见的机会即可。法院无须对当事人表明其法律观点争议的细节，也无须对当事人表明其个人所持的法律观点。其理由是，法律对话要求法院与当事人就每个法律上考虑到的可能性进行讨论，并且在程序终局裁判作出之前，法院虽然不必公开其法律观点，但是必须"提醒"其法律观点。这似乎不符合民事诉讼的辩论主义构造，存在把提供裁判基础的责任推给了法官的疑虑。并且由于法院通过事先开示其法律观点，在裁判前已经受其信任保护的法律观点拘束，[1] 进而使判决前的讨论失去了对判决的价值。尽管如此，缺乏法律讨论义务的强制规定并不意味着禁止法官进行法律讨论，或者，如果他履行法律讨论义务，就会因偏见责问而回避。这是因为，法院公开说明其法律观点与中立义务并不矛盾。这尤其体现在法官对争议的和解的释明义务范围中。法官可以通过法律讨论，向当事人说明其对双方诉讼机会的观点，并且在法官已经形成了这种看法时，应当与当事人进行讨论。

新修订的《德国民事诉讼法》第139条强调了法官的讨论义务。该条第1款第1项规定："法官在必要时，应当与当事人就实体和争讼关系进行事实和法律上的讨论并提出问题"。按照该规定，法院与当事人进行讨论的目的不再仅限于旧法规定的那样，而仅仅为了使当事人全面地陈述事实并提出有利的申请。它还强调法院在必要时，主要是在证据调查之后，应当就全部诉讼材料与当事人进行全面而公开的讨论。讨论的内容既包括事实依据，也包括各自提出的法律问题。这将当事人纳入对话的做法可以使当事人对接受诉讼结果有所准备，从而有利于实现民事诉讼法改革的亲民目标。[2]

就法定听审请求权保障而言，法官如何履行法律讨论义务可以采用一个原则，即充分保障当事人有效地对其争议进行攻击防御。否则，法院就违反了突袭性裁判禁止，侵害了当事人的法定听审请求权。

---

[1] Rüping, Der Grundsatz des rechtlichen Gehörs und seine Bedeutung im Strafverfahren, Berlin 1976, S. 157.

[2] BT-Drs. 144722. S. 58.

法定听审请求权隐含了当事人免受任何形式的突袭性裁判的要求。但是，就民事诉讼而言，哪些突袭性裁判侵害了这项宪法权利是一个重要问题。现行《德国民事诉讼法》第 139 条第 2 款第 1 项（旧《德国民事诉讼法》第 278 条第 3 款）所规定的法律讨论义务是法定听审请求权所蕴含的禁止突袭性裁判的体现，二者具有一致性。首先，当事人如果以一种原则性的错误法律见解为根据时，由于他不能正确地认定，哪些陈述可能对裁判具有重要性，从而不能有效地行使意见陈述权，法院此时无疑必须给当事人作出提示。其次，在民事诉讼中，当事人明显忽视或者认为不重要的，并且没有得到对之表明意见机会的法律观点（旧《德国民事诉讼法》第 278 条第 3 款，相当于现行《德国民事诉讼法》第 139 条第 2 款第 1 项），不能作为法院裁判的依据。这点与法定听审请求权的要求一致。法定听审请求权也要求法院在裁判作出之前，给当事人就没有进行讨论的，而对判决具有重要性的法条和事实要件的适用性作出提示。[①] 这种提示应当是便于理解的。法院如果知悉当事人错误理解了该提示，则必须给当事人进行详细说明。再次，法律讨论义务集中体现在现行《德国民事诉讼法》第 139 条第 2 款第 1 项，该条是法院的释明义务的一部分。而法定听审请求权是一项重要的宪法规定，它甚至是释明义务范围的另一种表述，而这种范围同时也是法定听审请求权的要求。因此，如果违反该条款的规定，那么也侵害了法定听审请求权。此外，值得注意的是，现行《德国民事诉讼法》第 139 条第 2 款第 1 项与法定听审请求权的一致性还体现在：如果一方当事人根本没有考虑到某个法律问题且不存在严格意义上的"突袭"，那么当事人只可以通过相应的释明义务而获得有效法定听审。

现行《德国民事诉讼法》第 139 条第 2 款第 1 项与法定听审请求权一致性的观点不仅是《德国民事诉讼法》的主流观点，[②] 而且也在联邦宪法法院得到一定程度认可。例如，联邦宪法法院虽然避免援引该条款，但是，它要

[①] Zeuner, Der Anspruch auf rechtliches Gehör, Festschrift für Hans Carl Nipperdey, Bd. I, München/Berlin1965, S. 1013（1023）.

[②] Rosenberg/Schwab/ Gottwald, Zivilprozeßrecht, 15. Aufl., Müchen 1993, § 85 III 4. Thomas/Putzo, Zivilprozeβordnung, 22. Aufl., München 1999, § 278 Rdnr. 3.

求法院在适用其考量的内容时,当事人必须能够了解法院得出裁判的依据,并且以此得出相同的结果。

从判例法上看,侵害法定听审请求权情形如下:①法院裁判的依据是未经当事人陈述的法律观点。例如,双方当事人都认为适用德国法,而法院却意外地适用了外国法。②法院对辩护陈述的评价不利于被告。③法院因自己有专家而没有提出已作出的专家鉴定证据,并且事先未向当事人提示这一理由。④法院没有事先提示,无理由而驳回起诉,即使在律师代理诉讼中也如此。这也适用于诉讼对方已经提出了合法性责问,而法院没有提示即驳回该责问的情形。因为这种责问按常理通常能够成功提出而被法院没有提示即驳回的话,当事人就无法看出该责问是否得到认真对待。⑤法院没有提示它将从哪些讨论过的法律问题中得出结论。⑥起诉或者上诉因非律师代理人缺乏诉讼代理人的代理权而被拒绝或者驳回,而法院没有提示缺乏代理权并且没有要求其补充。⑦法院适用法律推定在判例和文献上没有依据,或者只由一方当事人提出。⑧控诉法院的意见与一审法院不同,其裁判理由支持了与案卷相反的事实。

第五章
法定听审请求权之限制——失权

德国法一般认为，当事人的诉讼促进义务可以分为两类，一是一般促进诉讼义务，它是指当事人有适时提出攻击防御方法，从而促进诉讼的义务；二是特别促进诉讼义务，是指当事人在法定或法院指定的一定期限内提出攻击防御方法的义务。《德国民事诉讼法》规定的失权制度就是以促进诉讼为目的，难免与当事人追求的实体正义发生冲突，也与《德国基本法》第103条第1项规定的法定听审请求权密切相关。就法定听审请求权的主要内容而言，当事人享有的知悉对方当事人的陈述并对之表明意见权、请求法院审酌事实和证据权，都与失权制度有关。法定听审请求权这一宪法权利的目的在于保障当事人享有权利通过适当的主张影响法院裁判的形成。[1] 民事诉讼法规定的失权制度原则上也不违反当事人享有要求法院应当知悉当事人迟延提出主张的权利。实际上，如果法院并未知悉，就无法判断失权要件是否构成。当事人没有在法律规定的期间内提出攻击防御方法的，则法官不予审酌。德国联邦宪法法院对此认为，法定听审请求权应当受到这种立法确认的程序促进利益的限制。[2] 就此而言，失权规定是对法定听审请求权的一种限制。失权规定应当如何适用，才能保障当事人所享有的法定听审请求权这一宪法性权利，这涉及失权规定的合宪性审查，应当从失权的立法和解释适用两个层次考察。

---

[1] Weth, Die Zurickweisung verspäteten Vorbringens im Zivilprozeβ, Köln 1988, S. 13.
[2] BVertfGE 69, 145, 149.

一、失权规定对法定听审请求权之合宪性限制

失权规定与法定听审请求权并无冲突，并暗含了对后者中的审酌权的尊重，因此失权规定不违反宪法的规定。根据《德国基本法》规定的法定听审请求权，当事人在诉讼中就法院裁判所涉及的重要事实和法律见解享有完全充分的陈述权，这些权利原则上不受失权规定的限制。只有当事人完全知悉诉讼资料的权利得到保障，当事人才能对该诉讼资料陈述意见。因此，法院有义务保障当事人的阅卷权，尤其是法院用于裁判的资料。为此，法院必须通知当事人关于诉讼系属的事实以及对方当事人的陈述。而民事诉讼法关于失权的规定涉及当事人要求其陈述的主张获得审酌的权利，与当事人陈述意见的权利无关，最多涉及法院在作出失权决定之前，是否有必要提示当事人注意法院这种判令失权的制度意图存在问题，进而使当事人的法定听审请求权得到保障。

失权规定通常并未限制法定听审请求权。就当事人有权要求法院就其陈述主张知悉及审酌而言，民事诉讼法有关失权的规定并不违反当事人要求法院知悉其迟延提出主张的权利，因为法院如果对此不知悉，就不能判断失权要件是否已经构成。此时，失权规定并无限制法定听审请求权的问题。只有在失权规定涉及法院就当事人的迟延提出攻击防御方法不予考虑时，才关涉限制当事人法定听审请求权的问题。德国联邦宪法法院认为，立法者为了促进诉讼的利益而作出的限制法定听审请求权的失权规定应当许可，[①] 法院根据符合宪法规定的程序法或实体法，在不审酌部分或全部事实的基础上对当事人作出的裁判并不侵害当事人的法定听审请求权。[②]

《德国民事诉讼法》从1924年以来，就规定了驳回当事人迟延提出的攻击防御方法。简化法更加扩大了这一范围。[③] 只要涉及一方当事人在法定期限内应当提出的攻击防御方法而因其自身的原因未提出时，适用失权规定并

[①] BVerfGE 69, 145, 149.
[②] BVerfGE 69, 141, 144.
[③] 1977年《德国民事诉讼法》第296条，第528条。

不侵害其法定听审请求权①。但是，该法②的失权规定的解释必须具有合宪性，即保障当事人的法定听审请求权。当事人此时对其无过错不承担完全的证明责任，而法院必须在出现较高的或然性且为了裁判而提出事实时，允许当事人提出攻击防御，即充分疏明（Glaubhaftmachung）即可。③

二、误用失权规定对法定听审请求权之侵害

《德国民事诉讼法》关于失权的规定并未违宪，这一点虽然在实务中已经确认，但是，实务上为了缓和促进诉讼与实体正义之间的紧张关系，仍然尽量在失权规定的适用时进行合宪性解释，而不对当事人进行不合理的过度要求。尤其是法院错误适用失权的规定，它不仅使该判决具有瑕疵，而且也可能侵害当事人的法定听审请求权。④

（一）误用失权规定之情形

在何种情形下误用失权规定是否都侵害法定听审请求权，这是目前在实践中根据《德国基本法》第103条第1项规定的法定听审请求权而提出宪法抗告的最重要问题。一般认为，错误地不允许或者驳回新的攻击防御方法侵害法定听审请求权。⑤ 但是，这种观点的危险性在于，假如每次误用失权规定都侵害了法定听审请求权，那么，由于德国联邦宪法法院具有违宪审查的

---

① Rosenberg/Schwab/Gottwald, Zivilprozeßrecht, 15. Aufl., München 1993, §85 Ⅲ 1.
② 1977年《德国民事诉讼法》第296条第1款，第528条第1款、第2款。
③ Leipold认为这是证明标准被降低的情形。Leipold, Prozeβförderungspflicht der parteien und richterliche Verantwortung, ZZP 93, 237 (244). Weth也持类似观点，认为当事人只有主张责任和主观证明责任，而不承担客观证明责任。Weth, Die Zurückweisung verspäteten Vorbringens im Zivilprozeß, köln 1988, S. 29f; Rosenberg、Schwab和Gottwald则认为，当事人承担完全的证明责任。假如根据这种解释，该失权规定无疑具有违宪性。Rosenberg/Schwab/Gottwald, Zivilprozeßrecht, 15. Aufl., München 1993, §69 Ⅱ 1. b.
④ Schumann, Die Wahrung des Grundsatzes des rechtlichen Gehörs-Dauerauftrag für das Bundesverfassungsgericht, NJW 1985, 1138f. 虽然在德国实务界认为，在合宪性解释下，失权规定可被评价为听审权的合法构成，但其具有强烈的例外性则毋庸置疑应置于较强烈的合宪性控制之下运作。参见Sachs/Degenhart, Grundgesetz, 2 Aufl., 103, Rdnr. 39ff. m. w. N.
⑤ Leipold, Prozeßförderungspflicht der Parteien und richterliche Verantwortung, ZZP 93, 237 (243).

功能，公民的宪法权利受到侵害时，都可以根据一定条件向该法院提出诉讼。因此，在这种情形下，德国联邦宪法法院就可能在所有民事诉讼失权案件中成为第三审或第四审法院。当然，在回复原状的案件中，德国联邦宪法法院有权就极少数问题作出解释，并确定是否通过新的审级为法定听审请求权提供最低保障。然而，失权通常只涉及对特定争议点进行法定听审，因此，如果都由联邦宪法法院解决，联邦宪法法院必定被迫超负荷工作，这显然不合理。因此，一方面，并非每一种误用失权规定的情形都侵害法定听审请求权；另一方面，德国联邦宪法法院的判决不仅限于纠正恣意判决。①

1. 包摄错误

包摄是指将对法律规则的解释适用于个案的事实认定，进而作出判断。法院以错误的方式在失权规范中的法律概念下作出具体的事实认定，则属于在适用失权规范中的包摄错误。例如：事实上的认定没有包含"攻击或防御方法是'延迟提出的陈述'"这种陈述的，或者不正确地认为"延迟的法律争议"。这种错误削弱了当事人根据该失权规定而本应考虑到的某种陈述的审酌，但是，该当事人因此没有得到听审，尽管没有相关法律规定法院对此有不予审酌权利。所以，包摄错误同时也侵害了法定听审请求权。又如，一方当事人反复多次作出的陈述，尽管该陈述可以从文卷中查阅到，并且已经在尽早的时间里陈述并在后来重复，但最终被作为延迟而被驳回。再如，法院把因期日准备上的瑕疵而导致的延迟陈述最终认定为因"重大的疏忽"被认定为延迟陈述。此外，还存在一种情形，陈述被作为延迟而驳回，尽管文件上记录着：诉讼不被许可而延滞。这种情况是，证人对一个简单问题出庭，如果可能进行最后的询问，他就必须得到询问。但这并不意味着证人的证词也可以得到评价，即如果证言是为了对方继续说明或者提供证据，那么，因为该证言利用似乎可能延迟，所以，可以不予评价。

2. 解释错误

法院在适用失权规定时的解释错误是指，法院错误解释该失权规定所包

---

① BVerfG, NJW 1989, 706.

含的法律概念,例如"延迟"①"充分地裁判"和"重大过失"等概念的解释,此时,首先应当采用一种正确的观点,从而可以完全确定什么是规范的"错误解释"。在此,只要根据德国联邦最高法院的正确意见,就不会认为每一个不同的、有利于失权的解释都将侵害法定听审请求权。反之,所有可能作出失权规定的解释只要尊重了当事人对整个事实的陈述权,②就不违反审酌义务,也并不侵害法定听审请求权。

区分这种解释错误和推定错误的正当性在于,实施诉讼的当事人自己可以了解失权规定所确定的审酌义务的范围,而且他必须能够预测到有失权的可能。如果当事人决定这样做,则必须利用第一次陈述机会。如果他错过了这一机会,一旦可能适用失权规定的解释,则承担不予审酌的后果。法定听审并不保障故意采用有利可图的诉讼技巧而保留陈述。但是,在推定错误时,当事人通常已经失去了首次陈述的机会,其法定听审请求权因此受到侵害。

3. 失权规范之类推适用

德国联邦宪法法院原则上排除失权规定的类推适用。德国联邦宪法法院认为,失权规定的类推适用侵害法定听审请求权。一般认为,民事诉讼法关于失权的规定并不违反宪法规定。但是,失权规定本身存在实质正义等宪法价值与促进诉讼价值相冲突的紧张关系,因此,在解释论上,有必要考虑宪法原则的至高性特点,从而使失权规定的合宪性更趋周全。在宪法解释论上,如果存在多种解释的可能性时,宪法规范的解释效力最强。在关于失权规定的解释时,由于该规定限制了当事人的基本权,因此,在解释论上,应当以

---

① Deubner, Karl G. Das Ende der Zurückweisung im frühren ersten Termin, NJW 1985, 1142 和 Waldner, Kognitionsgrenzen des Bundesverfassungsgerichts bei der verfassungsbeschwerde gegen Zivilurteil, ZZP 98, 451 (455). 从 BVerfGe, 69, 126. 中得出,绝对的延迟概念在联邦宪法法院是不可能存在的。联邦宪法法院的判例 BVerfGE 75, 302, 317 采用了 Leipold, Prozeßförderungspflicht der Parteien und richterliche Verantwortung, ZZP 93 237 (244) 的观点认为,如果同样的陈述明显应当及时提出而未提出的,那么,绝对的迟延概念仅在宪法上予以考虑,因为失权就是滥用权利。然而,这种审查标准并不是法定听审原则,而应当是比例性原则。因此,Deubner(Willkürschutz statt Grundrechtsschutz Zum Bedeutungsverlust der Grundrechte im Verfahren derVerfassungsbeschwerde, NJW 1987, 2736)的观点是正确的。

② BayVerfGH, NJW 1990, 502 (503).

宪法规范为依据，选择对法定听审请求权限制最小的解释方式。[1] 尤其有关失权规定在个案中的具体适用时，如何避免成为宪法所不允许的、把当事人当作程序客体对待的情形，是法官在适用法律时应当高度关注的问题。此外，德国联邦最高法院也认为，由于失权规定具有例外性和严重效果，因此，对失权规定应当进行严格解释并且不应当类推适用。

（二）误用失权规定之判断标准

法官是否依法行使其职权是实务中评价失权规定是否被误用的标准。评价失权规定的适用是否违反法定听审请求权时，应当明确区分立法者意图和法官职权。法官应当审酌当事人依法应当或者必须提出的所有攻击防御方法（符合失权规定的攻击防御方法除外），而立法者则可以自由地把失权规定的适用界限扩大到陈述权所应当保障的一切陈述范围之外。此时，必须重视这种适用界限：如果延迟提出攻击防御方法的原因在于缺乏程序指引，或者法官违反提示义务，或者陈述期间过短，那么就不能被驳回。假如这种延迟提出的攻击防御方法因此被判失权，则当事人的陈述机会实际上没有得到事先保障，其法定听审请求权受到侵害。反之，按照《德国民事诉讼法》的规定，[2] 如果当事人在指定期日时已被明确告知，他在该期日届满后不能再提出延迟的攻击防御方法，那么，只能认为该当事人没有利用陈述机会。尽管法官对错过期间的后果没有充分告知当事人，但此时驳回该延迟陈述也并未侵害其法定听审请求权。[3] 因此，指定期间或者期间的届满不明确时，法院不能适用失权规定，[4] 否则就侵害了当事人的法定听审请求权。

---

[1] Leipold, Auf der Suche nach dem richtigen Maß bei der Zurückweisung verspäteten Vorbringens, ZZP 97, 397.

[2] 旧《德国民事诉讼法》第296条第1款。

[3] BGHZ 86, 218.

[4] BayVerfGH, NJW 1989, 215 (216).

第六章
法定听审请求权之民事救济程序

由于法定听审请求权的范围广泛，因此容易出现大量侵害法定听审请求权的案件。在德国，法定听审请求权的救济具有两个特点：

一是救济途径多样化。侵害法定听审请求权导致不同后果，相应地涉及不同的救济途经。第一种是民事诉讼法院的救济。这种救济针对的是侵害法定听审并不导致裁判无效的案件。传统的民事法院救济方式又细分为两种程序：上诉程序和新的救济方式，即听审责问程序。这两种由民事法院实施的救济程序分别适用于不同的侵害法定听审请求权的情形。听审责问程序适用于在本审级内部进行补救的侵害法定听审请求权的案件。这种程序不具有移审效力，不改变原案件的审级，是一种对裁判程序瑕疵进行治愈的方式，因此，它不属于上诉程序，是民事法院自我纠错式的救济，是德国联邦宪法法院把原本可以进行宪法抗告的案件的管辖权下放给民事法院救济的方式。严格按照民事诉讼法的规定，通常只有那些本来可以对侵害法定听审请求权提出宪法抗告的案件，才能够通过民事法院对诉讼法规范进行扩大解释而纠正错误。上诉程序则适用于对侵害法定听审请求权提出上诉的案件，是对侵害法定听审请求权的审级上的救济。这两种救济程序都是民事诉讼程序，是法定听审请求权受到侵害时获得的民事诉讼上的救济。第二种是宪法法院的救济，即宪法抗告。法院对侵害当事人的法定听审请求权的案件作出了不得申明不服的裁判时，当事人必须首先穷尽民事诉讼所有救济途经之后，才可以向宪法法院提出宪法抗告，请求撤销该裁判的效力。换言之，宪法抗告是最后一道司法救济途径，只有在不可能得到民事诉讼途经的救济时，才可以向宪法法院提出宪法抗告。

二是法定听审请求权救济具有扩大化的趋势。法定听审请求权是一项重要的程序基本权，其救济也因此体现出特殊性。尤其是德国，法定听审请求权历来被视为具有崇高的宪法性地位，如何完善法定听审请求权保障一直是立法和司法所关注的重心。2001年《德国民事诉讼法》改革以前规定，只要符合一定的条件，法定听审请求权受到侵害，都可以提起宪法抗告。此后，法定听审请求权保障的扩大化趋势在立法上反映得更加突出，并且这种趋势具有全面性和及时性两个特点。2001年《德国民事诉讼法改革法》第321条a专门规定了一审普通法院在本审级中及时为法定听审请求权提供救济的听审责问程序。此后，2004年12月14日公布了关于侵害法定听审请求权的法律救济法，即《德国听审责问法》。该法扩大了2001年《德国民事诉讼法改革法》第321条a规定的听审责问的适用范围，并与之规定的听审责问程序相协调。由此可见，法定听审请求权保障不仅由民事诉讼程序提供，包括本审级程序和上诉程序，而且还可以得到宪法法院的救济，具有全面性。同时，本审级对侵害法定听审请求权的救济，即听审责问程序又为法定听审的及时救济提供了可能。

鉴于宪法抗告涉及德国联邦宪法法院诉讼，[①] 本书在此并不予论述，仅在论及民事法院救济程序时有所关涉。

一、侵害法定听审请求权裁判之可治愈性

当事人在诉讼中没有得到法定听审或者其法定听审请求权没有得到充分保障时，法院作出的裁判就侵害了其法定听审请求权。该裁判存在程序瑕疵，但是，这种程序上的瑕疵这并不导致裁判无效，当事人可以采用普通法院上

[①] 德国宪法法院体系不同于普通法院和其他专业系统，在德国司法管辖权中具有特殊地位。德国联邦宪法法院和各州的宪法法院各自根据联邦基本法和各州宪法的规定而设立。二者之间没有上下级的隶属关系。德国联邦宪法法院既是立法机构，又是司法审判机构，具有独立自主的地位，其裁判具有独立性和权威性，其职能在于审查国家各类机关的行为的合宪性，它有权独立对其他国家机关的行为进行审查、确认或撤销。因此，其裁判的效力超越了具体案件和当事人的范围，从而维护其他法院保护私权利益的目的。参见刘兆兴：《德国联邦宪法法院总论》，北京：法律出版社，1998年版，第27~29页。

诉方式予以撤销或治愈。上诉一般可以治愈前程序的瑕疵，尤其在上诉到第二审时，如果法院在控诉审中已经充分保障当事人的法定听审请求权，则当事人在第一审中的法定听审请求权遭侵害所形成的程序瑕疵籍此而治愈。

瑕疵裁判可治愈性的特点虽然可能使一审易于忽略法定听审请求权的保障，并且给当事人造成缺少一审级保障的理论难题，但是，法定听审请求权并不意味着当事人必须得到多重审级保障，所以，认为前程序形成的裁判瑕疵具有可治愈性的观点并无不妥。

对这种裁判的无效性提出控诉时，被申明不服的裁判也并不因此丧失既判力。就侵害法定听审请求权提出抗告的案件与其他上诉案件一样，也需要具备一定的条件。在以下情形下，当事人不能提出抗告：被告在期日内没有得到传唤；原告因其起诉没有理由而被不真实的缺席判决驳回起诉；原告在拒绝撤诉之前，被告没有得到听审。

二、法定听审请求权侵害之救济

（一）本审级

1. 本审级中的治愈

法定听审请求权受到侵害而在本审级中得到治愈的情形是，当事人在没有被告知对裁判所依据的事实陈述意见时，法院作出的裁判侵害了当事人的法定听审请求权，此时，法院及时给予当事人陈述意见的机会，从而治愈侵害法定听审请求权的程序缺陷。这是因为，对于违反程序，尤其是违反诉讼法规定的行为方式，当事人放弃责问，或者在基于这种程序而举行的最近一次言词辩论中，或者与这种程序有关的最近一次言词辩论中，曾经在场并知悉违法情形而不提出责问，则此后无权再提出责问。① 在此，重要的是，当事人是否被告知，他可以对侵害其法定听审请求权的行为提出责问。否则，无论当事人明确放弃或者默示放弃责问，其法定听审请求权都可能受到侵害。

---

① 《德国民事诉讼法》第 295 条。

如果当事人能够自由决定不利用这种受法律保障的陈述意见的机会，那么，即使他没有就其法定听审请求权未得到保障而提出责问，他也必须能够获得及时陈述意见的机会。

这种情形在实践中比较少见。没有陈述意见的人通常不会运用其得到的陈述意见的机会，因此，也无所谓侵害其法定听审请求权，而他也不必放弃该权利。但是，有种例外情形是：如果法院因疏忽没有将对方的书状告知当事人，而该当事人通过阅卷偶然了解了这一情况，那么，该当事人的法定听审请求权受到侵害，但是，如果他原本有机会陈述意见但没有陈述，则该程序缺陷被治愈。

2. 听审责问程序

（1）听审责问程序之目标。

听审责问（Anhorungsruge）是一项普通法院在本审级内部提供的救济制度，它是对在该审级程序中侵害法定听审请求权、严重影响裁判的行为造成的程序瑕疵予以治愈的程序。听审责问赋予了作出被声明不服的、不能提出上诉或通过其他救济途径救济的裁判的法院，根据当事人提出的责问，在责问合法和有理由时，纠正其非故意侵害当事人法定听审请求权的权限，从而减轻德国联邦宪法法院的负担。听审责问的概念来自于德国刑事诉讼法，它是德国"学术界和实践界所表达的在审级内部对不可声明不服的判决进行监督的愿望"。[①] 在民事诉讼中，它仅仅意味着"因侵害法定听审请求权而进行的责问"，称为听审责问。

听审责问在立法上是由2001年制定的《德国民事诉讼法改革法》第321条a所设置，并通过2005年生效的《德国听审责问法》补充。设置听审责问程序旨在扩大对法定听审请求权的法律保护并减轻德国联邦宪法法院的负担。在此之前，法学和法律政策上的相关讨论已经持续了二十多年，但是，德国联邦司法部对此至今都没有制定出正式的立法草案。德国联邦宪法法院认为其原因在于，各州反对引入听审责问，尤其认为"听审责问将大大加重民事法院的工作负担，这种负担对于已经超负荷的民事法院和公共财政的发展无

---

① BT Drucks 14/4722 S. 85.

异于雪上加霜。不仅如此，这种新的法律救济方式因其可能大开通向宪法抗告的大门，所以它还会加重宪法法院的负担。"① 有学者则对法定听审程序基本权利的保护长期委托给德国联邦宪法法院发出了质疑，提出了在立法上规定听审责问的构想，并认为听审责问可以减轻德国联邦宪法法院的负担；②也有学者在德国法学家大会上提出了民事诉讼法吸纳听审责问规定的建议。③直到 2001 年《德国民事诉讼法改革法》第 321 条 a 才首次规定了听审责问。

《德国听审责问法》填补了对侵害法定听审的法律保护的漏洞，全面规定了各种程序对侵害法定听审请求权的救济。该法是为了进一步减轻德国联邦宪法法院的负担，并且针对德国现行民事诉讼法所规定的听审责问救济方式的局限性所制定的。德国联邦最高法院在其 2002 年 3 月 7 日的判决中，规定了听审责问是普通法院审理"侵害程序基本权利的案件，尤其是侵害法定听审基本权独立的救济方式"。④ 该法还表明，保障法定听审基本权利涉及普通司法保障请求权，各种程序法应当为侵害法定听审请求权的救济提供充分的法律保护手段。

《德国听审责问法》对现行《德国民事诉讼法改革法》关于听审责问程序的规定进行了改革。该法扩大了现行《德国民事诉讼法改革法》第 321 条 a 规定的听审责问的适用范围，强化了审级内部的法定听审请求权保护。它取消了后者关于听审责问仅限于一审作出的不可声明不服的判决的规定。只要对相关的裁判没有或者不再提出上诉或法律救济，并且当事人的法定听审权受到严重侵害时，各程序法将实行一种广泛的、对各审级法院的裁判进行的听审责问。该法是对民事诉讼法所规定的听审责问程序的扩展性改革。

（2）听审责问程序之构成。

①听审责问的对象。

对于侵害法定听审请求权不可上诉的一审判决，法定听审请求权人可以提出听审责问。听审责问的判决是不能提出控诉的判决，具体包括两种情形：

---

① BT Drucks10/2951. S. 148.
② Schumann, NJW 1985, 1134, 1139.
③ Gottwald:《1996 年卡尔斯鲁厄第 61 届德国法学家大会鉴定 A》，第 A28 页以下。[德] 马克斯福尔考默："在民事诉讼中引入听审责问"，转引自 [德] 米夏埃尔·施蒂尔纳主编，赵秀举译：《德国民事诉讼法学文萃》，北京：中国政法大学出版社，2005 年版，第 242 页。
④ BGHZ 150, 133.

一是控诉额低于600欧元的可上诉价额标准；二是一审法院不允许控诉。当事人认为该判决侵害了其法定听审请求权而不服的，可以向该一审法院就该判决提出责问，一审法院的诉讼继续进行。

《德国听审责问法》对德国现行民诉法第321条a规定进行改革，扩大了听审责问对象的范围：一是不能提起上诉或不存在其他法律救济方式的裁判，并且该裁判受到法院侵害该当事人的法定听审请求权的严重影响；二是提出责问的裁判必须是终局裁判。由此可见，所有侵害法定听审请求权而不能采用上诉或者法律救济的裁判，通常可以被提出听审责问，而不限于一审裁判。

听审责问涉及所有的裁判，既有法院判决，也包括法院的裁定，不论这些裁判是在判决或者裁定程序中作出的，还是在主程序和附属程序中作出的（甚至包括对保障诉讼费用救助的裁判），因此，也可以在临时法律保护程序中提出听审责问。听审责问适用于所有审级。

②听审责问适用的案件。

按照2001年《德国民事诉讼法改革法》第321条a的规定，被提起责问的侵害法定听审请求权的案件可以大致分为四种类型，即"故障"案件、失权案件、提示案件和错误案件。"故障"案件是法院因疏忽而出现失误的案件，而后三种案件均涉及法院因故意而出现的法律上有错误行为的案件。

第一类，"故障"案件。按照德国联邦宪法法院的裁判，"侵害基本权利通常只是一种'故障'，诸如忽视了期间、没有依法送达、书状放错了卷宗或者造成了损坏等。案件数量多而堆积如山时，这种错误经常出现，而且不能完全避免。"① 侵害法定听审请求权的"故障"案件通常由书记员或法官的疏忽所致，并非故意而为。这些情形包括：书记员的疏忽。当事人在合法期限内提出了书状，但书记员因疏忽而没有及时把该书状提交给法官，因此，法官在裁判时没有考虑该书状，从而侵害了当事人的法定听审请求权。法官的疏忽。法官没有考虑遗漏的、对方当事人有义务提出的陈述；② 法官把对方当事人没有陈述意见的事实和证明结果作为裁判的基础；③ 法官忽视了重

---

① BVerfGE, 42, 248, 249.
② BVerfGE, 55, 95, 99.
③ BVerfGE, 29, 345, 347.

要的事实陈述、①对裁判具有重要性的证据提供②和诉讼申请③。

在"故障"案件中，宪法上的侵害法定听审请求权的概念与民事诉讼法上的一致，是法定听审请求权的"最低保障"。而《德国民事诉讼法改革法》第321条a规定的听审责问，标志着法定听审请求权首次作为一般性的普通法律上的概念出现在民事诉讼法有关法律救济的规定中。④据此，立法者有权制定保护法定听审请求权的相关规定，例如释明义务等。

对"故障"案件的责问，即专业法院自行纠正自己的疏忽导致的错误，实际上阻却了这类案件流向德国联邦宪法法院的道路，从而有效地减轻了德国联邦宪法法院的负担。

第二类，失权案件。失权案件涉及不正当失权的情形。失权的规定促进了诉讼的进行，合法地限制了法定听审请求权。但是，不合法的适用失权规定则不正当地削弱了当事人陈述意见的权利，侵害了其法定听审请求权。失权案件中的不正当失权主要体现为法官故意削弱当事人的法定听审请求权，故意打断或者缩减当事人在法院面前陈述意见的权利，例如错误地适用失权，不正当地把当事人的陈述视为延迟陈述而驳回。当事人的陈述因如下原因而失权：法院确定的陈述意见的期间不清楚、相互矛盾、过于短暂，或者在通知当事人之前该期间已经届满，或者在裁判时该期间尚未起算；法院未依诉讼法上的规定驳回一个重要的证据申请；不正当地拒绝延期申请，使当事人此时不得不在短期内委托律师代理，而该律师显然缺乏相关的案件信息。⑤

第三类，提示案件。法定听审请求权包含了当事人有权获得就所有具有裁判重要性的问题陈述意见的机会。《德国民事诉讼法》规定了法官的实体性诉讼指挥权，法官通过履行提示和释明义务，告知当事人有效行使其知悉权和陈述意见权所必需的信息。该法关于禁止突袭性裁判的规定也使听审请求权保障具体化。这些规定都涉及法官的提示义务。按照该法第139条的规

---

① BVerfGE, 67, 39, 41.
② BVerfGE, 60, 250, 252.
③ BVerfGE, 54, 8692.
④ [德]马克·斯福尔考默：“在民事诉讼中引入听审责问”，米夏埃尔·施蒂尔纳主编：《德国民事诉讼法学文萃》，赵秀举译，北京：中国政法大学出版社，2005年版，第252页。
⑤ 同上注，第257页。

定，法官应当与当事人就具有裁判重要性的事实和法律观点进行公开讨论。如果法官没有作出法律所要求的提示，则侵害了当事人的法定听审请求权。法官必须让当事人能够对其提示作出适当的反应，并且法官作出的提示应当记录在案卷中，以便在法律救济程序中审查法官是否作出该提示，从而保障法定听审请求权。此外，突袭裁判也侵害法定听审请求权，因此，法官同样负有对相关事项的提示义务。在诉讼中，法官在事先没有给予当事人提示时，不能对事实陈述的补充提出过高要求；不得对当事人明显希望的但未作明确阐述的抵销不予考虑；不得把裁判建立在类推适用某一项当事人没有考虑的规定的基础上，法官必须给对证明责任明显判断错误的当事人指出这点。①

第四类，错误案件。错误案件是指法院因疏忽而在事实方面或法律方面出现严重错误，其裁判侵害法定听审请求权的案件。《德国民事诉讼法》规定的裁判理由强制制度②为裁判的错误提供了识别的依据，当事人只有借助裁判理由，才能判断法院是否了解自己的陈述，是否对自己的陈述和特定的法律观点予以审酌。根据该法规定，裁判不说明理由的，则意味着严重的程序瑕疵，甚至成为绝对的上告理由。③ 因此，裁判理由强制制度是法定听审请求权的重要保障。

错误案件中的侵害法定听审请求权的"错误"大多是法官因疏忽而犯下的明显错误，包括：一是形式错误。诸如计算错误这类可以更正的错误。二是事实错误。诸如遗漏、不清楚或者存在矛盾的错误，它可以由当事人在一定期限内提出申请，通过作出相应的补充、澄清或更正而消除。根据最初提出的事实或更正后的事实所提出的请求全部或部分遗漏，法院可以作出补充判决。例如，案卷是完整的，而法官因疏忽遗漏了当事人的重要陈述，忽略了如下情况：此前的陈述未保持；受到质疑的事项被视为无争议；法官忽视了判决中包含了存在矛盾的认定等。④

---

① 同上页注④，第260页。
② 《德国民事诉讼法》第313~313b。
③ 《德国民事诉讼法》第551条第7项。
④ [德]马克·斯福尔考默：" 在民事诉讼中引入听审责问"，米夏埃尔·施蒂尔纳主编：《德国民事诉讼法学文萃》，赵秀举译，北京：中国政法大学出版社，2005年版，第267页。

应当注意的是，事实更正的范围仅限于案卷所记录的当事人的陈述，事实更正也仅用于补充判决，不能纠正本身错误的裁判。如果事实更正导致事实和理由之间的矛盾，则这种矛盾无法在本审级内部通过听审责问解决，而只能提起上诉。此外，请求权被遗漏时也如此。请求权被遗漏时作出的判决是补充判决，其前提是裁判存在漏洞。如果请求权的遗漏并未使判决不完整，而是判决内容错误，也不能适用听审责问程序。

此外，对于因法官的误解、偏见和武断而作出的错误裁判，不能适用听审责问程序。

③责问方式和提出责问的期间。

按照2001年《德国民事诉讼法改革法》第321条a的规定，当事人在一审中提出听审责问时，应当以书面形式提出，即提交听审责问状，并且应当从作出完整形式的判决或者对判决的重要内容的记录送达之日起，在两周的不变期间内递交给一审法院。如果期间迟误时，则实行回复原状。

《德国听审责问法》改革了现行《德国民事诉讼法改革法》所规定的提出责问的期间的起算方式，把两周的不变期间的开始改为知悉法定听审受到侵害之时。责问应当在知道侵害法定听审权后两周内的不变期间提出。责问人应当对知道的时间进行说明。被声明不服的裁判公布后一年届满的，不得再提出责问。无须特定方式而通知的裁判，以交付邮寄后第3天视为公布。

责问应当以书面形式提交给作出被声明不服的裁判的法院。责问状必须指明声明不服的裁判名称，并说明法院侵害责问人的法定听审请求权而严重影响裁判的情形。

④责问的审查。

作出被提出责问的判决的法院对该责问进行合法性和理由审查。合法性审查的内容包括：责问是否提出，以及提出的责问是否符合法定的形式和期限。如果法院审查后发现责问并未提出，或者提出的责问不符合法定的形式和期限，则法院以该责问不合法为由而裁定驳回该责问。听审责问的理由也应当受到审查。如果法院经审查认定，法院没有侵害《德国基本法》第103条第1项规定的法定听审请求权，或者侵害法定听审请求权并未给判决造成重大影响，则该责问无理由，法院不予受理该责问。

听审责问的裁判以裁定形式作出，并简要说明理由，并且不能被声明不服。但是，以下理由必须充分说明，否则不符合理由说明的要求：在裁定驳回时，告知合法性条件不存在的理由；说明不存在侵害法定听审请求权的理由以及这种侵害程序权利的行为对判决没有产生重大影响的理由。在提出宪法抗告时，说明这些理由便于对裁判进行宪法审查。

⑤听审责问救济程序。

法院认为责问有理由时，则适用听审责问救济程序。此时，救济体现为诉讼的继续进行，即一审程序继续进行，治愈程序所存在的侵害法定听审请求权的瑕疵。"继续"的含义是，诉讼以一审法院在作出受到责问的判决时所选择的程序类型继续进行，包括书面程序、言词审理程序和简易程序。诉讼被恢复到言词审理结束之前的状态。通过继续进行一审程序的方式，法院对保障法定听审请求权进行补救。如果责问不合法或者无理由时，法院作出不可撤消的决定，终结诉讼。

⑥听审责问的效力。

按照《德国民事诉讼法改革法》的规定，如果责问的对象是判决，在责问期间提出的听审责问不仅阻碍判决的形式既判力的发生，也使强制执行暂时停止。但是，该判决在其撤消之前依然有效，只是其形式既判力受到阻却而已。这是因为，责问不是上诉手段，因此，责问是否改变原判决，并不取决于一审法院对该申明不服判决的审查，而是在法院认为责问有理由时，一审继续进行，法庭审理的结果决定重新作出（参见现行《德国民事诉讼法改革法》第321条第5款和第343条）。换言之，该判决之所以受到责问的原因就在于其所依据的程序存在瑕疵，而治愈这一瑕疵应当重开程序，即程序恢复到言词审理结束前的状态。因此，该判决也失去了对法院的拘束力。经过听审责问救济程序后作出的新的判决在考虑原判决时，应当参照对缺席判决提出对异议的裁判，采用相同的规则。

《德国听审责问法》则规定，提出听审责问并不阻止判决既判力的发生。责问具有一种类似于回复原状的救济方式的构造，从而可以向作出一审裁判的法官主张法定听审请求权受到严重侵害。

(3) 听审责问程序与其他救济程序之辩异。

听审责问不是上诉手段。首先,听审责问是本审级中针对不能提起上诉或不存在其他法律救济方式的、法院严重侵害当事人的法定听审请求权的裁判,其目的在于消除法定听审请求权受到的侵害,不具有移审效果,是在原来出现了受到侵害法定听审请求权责问的诉讼中继续进行该诉讼,从而对侵害法定听审请求权实施补救的程序,而上诉则是另开一个审级。其次,审查方式不同。原判决是否得以变更,在上诉时,取决于上诉法院对被声明不服判决的审查;而在听审责问时,取决于继续进行诉讼辩论的结果。[①] 再次,裁判的要求不同。上诉判决必须说明理由,而责问判决可以不写明事实情况,在笔录中记载其实质内容的情况下也可以不说明理由,且可以放弃裁判理由。[②]

听审责问也不同于再审。它与再审中的无效之诉具有相似性,都需要把合法性和有无理由的问题与独立的新的辩论区分为不同的程序阶段,[③] 最初在 2001 年规定听审责问时,也参照了再审程序中的停止强制执行的效力,但是,再审程序是通过起诉而引起的新的独立程序,而听审责问并非如此,只是在同一审级中以附加的程序形式"简单地""廉价地"继续进行诉讼。[④]

听审责问救济方式利弊并存。听审责问在消除司法实践中相关审级中出现的那些所谓的"故障"案件方面,是一种进步,因此受到欢迎。但是,听审责问救济方式的局限性在于,它仅限适用于法院作出的不可撤销的一审裁判。这一规定与当时期望藉此新规定减轻德国联邦宪法法院的负担有关。

(二) 上诉审级

侵害法定听审请求权的裁判也可以通过上诉获得治愈。当事人在控诉审

---

① 《德国民事诉讼法改革法》第 321 条第 5 款第 3 项,第 343 条。
② 《德国民事诉讼法改革法》第 321 条 a。
③ 2001 年以前的《德国民事诉讼法》第 579 条第 3 款,第 589 条,第 590 条。
④ [德] 马克斯福尔考默:"在民事诉讼中引入听审责问",米夏埃尔·施蒂尔纳主编:《德国民事诉讼法学文萃》,赵秀举译,北京:中国政法大学出版社,2005 年版,第 245 页。

或上告审中获得陈述意见的机会,通过民事法院内部获得充分的救济,从而避免了对控诉或者抗告裁判提出宪法抗告。

这种治愈方式具有合理性。当事人的法定听审请求权在一审中受到侵害,如果在上诉审中才得到治愈,那么,他就失去了在一审中得到治愈的机会,相当于缩减了其审级利益,由此而产生的后果是,前一审级作出的不可撤销的裁判在一定程度上不受法定听审请求权的制约,并且因此常常出现故意拒绝给予当事人法定听审的现象。其原因就在于,这种侵害法定听审请求权的缺陷最终未受重视。尽管如此,由于陈述意见权不能得到多审级保障,上一审级再度提供法定听审保障的机会也并未侵害下一审级中当事人的法定听审请求权。①

但是,这种治愈方式并不总是能够实现。如果提出的理由和提出理由的时机都很重要,当事人却没有机会陈述意见,那么,这种侵害法定听审请求权的程序瑕疵在上诉审中也无法补救。例如,根据《德国法院组织法》第177条、第178条规定的对违反法庭秩序的当事人作出罚款裁定所进行的抗告程序。此时,当事人的法定听审请求权原本应当得到保障却没有,这种对法定听审请求权的侵害不能通过治愈方式补救,出现的明显后果是,一审中法警的职权随着法庭的关闭而解除,但是又不能驳回当事人的抗告,否则当事人的法定听审请求权则无法保障,那么,就不能做出罚款处罚,这显然是不合理的。

在控诉和法律抗告程序中,对侵害法定听审请求权的治愈极为罕见。在控诉程序中,假如当事人既不按照法律规定,也不按照实体利害关系原则参与程序,此时,有必要或者也只能指望案件事实能够根据事实和争议状况得到进一步查明,法定听审请求权的保障由上告法院或者法律抗告法院补救。当然,该当事人提出的新的攻击防御手段和新的申请必须被驳回,否则,法定听审不能阻止上告法院对该案件作出裁判。

第三审对侵害法定听审请求权予以补救的条件是,法定听审只涉及法律问题。② 法的观点和它所支撑的事实之间的相互影响。但是,在对法律意见的法定听审请求权被削弱时,这种补救也并非完全能够实现。上告法院错误

---

① Waldner, Der Anspruch auf rechtliches Gehör, 2. Auflage. , Köln 2000, S. 173.
② BayVerfGHE 12, 127 (129).

地否定了上告程序却不能对控诉法院侵害法定听审的行为予以补救时，也会认定控诉法院侵害法定听审请求权。

1. 控诉程序（二审）

控诉审对于侵害法定听审请求权的判决可以发回重审。没有进行法定听审是一种程序瑕疵，因此，控诉法院可以根据《德国民事诉讼法》第538条的规定，把案件发回一审法院。但是，如果相关人的法定听审权已经得到保障，则可以自行判决，一审程序的瑕疵因此而治愈。

控诉程序驳回侵害一审法定听审请求权的裁判，是对一审侵害法定听审请求权的程序进行补救的方式之一。一审判决在作出之前，当事人的法定听审权遭到削减，如果该判决被控诉审撤销，那么，一审程序就具有重大的程序瑕疵，按照《德国民事诉讼法》第538条的规定，该瑕疵使控诉法院有权在自由裁量后驳回一审判决。这一规定的意义在于，当事人的审级利益不能因为法院明显违反程序规定而遭剥夺。侵害法定听审请求权使程序存在这种根本的瑕疵。甚至可以说，违反一种可以通过提起宪法抗告而进行责问的法律规定必定是一项重大的程序瑕疵。

控诉法院把一审侵害法定听审请求权的案件发回重审具有一定的现实意义。控诉法院很少亲自审理侵害法定听审请求权的案件，而常常发回一审法院重审。这对于一审法院重视法定听审请求权起到了一定的促进作用，因为从工作负担考虑，侵害法定听审请求权是不值得的。

2. 上告程序

上告程序通常是第三审程序。上告案件必须合法且有理由。上告有理由是指被声明不服的裁判建立在违反法律规定的基础上。上告必须具有合法性是指，上告符合澄清原则性问题、法律发展和维护判决的统一目的。上告可以分为许可上告和飞跃上告。许可上告必须具有合法性，而飞跃上告是指对初等法院的判决和州法院的一审判决可以不经控诉审而提起上告，声明不服。飞跃上告不必要求具有合法性。上告审是法律审，其审查的对象是被声明不服的裁判是否违反某项条文。[1] 进入上告审的是控诉审作出的终局判决、初

---

[1] [德]奥特马尧厄尼西：《民事诉讼法》（第27版），周翠译，法律出版社，2003年版，第389页。

级法院的判决和州法院的一审判决。上告法院是德国联邦最高法院。

（1）对声明不服的裁判的法律依据的审查

保障法定听审请求权是上告裁判的依据。对侵害法定听审请求权的裁判提出的上告，上告法院必须撤消被申明不服的裁判。现行《德国民事诉讼法》第547条规定了民事诉讼中某些侵害法定听审请求权的行为作为绝对的上告理由。例如，如果当事人无诉讼能力而实施诉讼，或者他未经合法代理，那么他的法定听审请求权没有得到有效保障，从而具备了该条第4款规定的绝对的上告理由。① 在当事人完全没有参与程序时，也适用此规定。

上告审必须依法对提起上告的裁判进行审查，从而决定是否撤销该裁判。此处的法律依据不仅包括法律条文，还应当理解为一种潜在的依据，包括法律原则等。如果被提出上告的裁判是在违反法律的基础上作出的，那么，该裁判只能因为存在程序缺陷而被撤销。侵害法定听审请求权的上告案件即如此。没有进行法定听审就侵害了法定听审请求权，如果这种侵害被确认，虽然理论上应当独立审查相关的法律依据，但是实际上法院推定该判决的作出是违法的。不过，只有在前一审级中的当事人行使法定听审请求权时，才能考虑侵害法定听审的情形。因此，当事人必须采用积极的方式获得听审。如果当事人提出责问，称他在事实审中没有用尽一切办法去获得先前被打断的法定听审，那么，该裁判就不是在侵害法定听审请求权的基础上作出的。这规则适用于相同情形下的上告和宪法抗告程序。

《德国民事诉讼法》的一些规定可以让当事人获得事后听审，尤其是当事人可以据此提出回复原状的申请或者上诉申请，主张程序违法。《德国民事诉讼法》第140条对诉讼指挥或发问的异议作出了规定。参与辩论的人如果认为审判长关于指挥诉讼的命令或者审判长或法院成员所提出的发问违法而提出异议时，法院可以对此作出裁判。这种裁判就是事后应当采取的方式之一。此外，该法第283条规定了申请保障释明期日，以便能够对对方的陈述表明意见；第227条规定，有重大理由时，可以取消期日或变更期日。

---

① 《德国民事诉讼法》第547条第4款。

(2) 对前审作出的预决裁判的审查

《德国民事诉讼法》第548条规定，终局判决之前所作出的裁判，按照该法规定可以申明不服，也应当接受上告法院的裁判。据此，控诉法院不可撤销的裁判通常不受上告法院的裁判。但是，这类裁判侵害了法定听审请求权时，上告法院有权审查。例如根据《德国民事诉讼法》第227条第2款3项的规定，对拒绝延期申请的裁判是不可撤销的，这就不公正。但是，这却不能说明其法定听审请求权受到侵害。所以，德国联邦最高法院的判决赋予了上告法院审查权，审查拒绝延期申请的裁判是否侵害法定听审请求权。

尽管这些裁判难以符合《德国民事诉讼法》关于上告期限的规定，[①] 但是，它们却满足了一种经济需要，否则，德国联邦最高法院就不得不对侵害法定听审请求权的行为进行制裁，直接干预法定听审。因此，这种对侵害法定听审请求权提出责问的合法性至今被视为一种习惯法。其合法性体现在：控诉判决中的不可撤销的预决裁判虽然在一定程度上侵害法定听审请求权，并且终局判决本身同时也侵害法定听审请求权，但是，这种针对上告期间的判决已经关联到纠正侵害法定听审请求权的错误。此时，这种关联如果没有得到民事诉讼法的支持，就可以据此提出宪法抗告，那么，民事法院就不能再用"自我控制"的方式纠正自身的错误了。[②]

[①] 《德国民事诉讼法》第548条。
[②] Waldner, Der Anspruch auf rechtliches Gehör, 2. Auflage, Verlag Dr. Otto Schmidt KöIn S. 178.

第三部分 我国民事法定听审请求权实践之反思

- 第七章 我国法定听审请求权立法缺失及成因
- 第八章 我国确立法定听审请求权之必要性与可行性
- 第九章 我国法定听审请求权实定法化之宏观构想与制度完善

第七章
我国法定听审请求权立法缺失及成因

一、我国古代法定听审请求权缺失及成因

法定听审请求权发端于古老的"听取他方陈述"的法定听审原则，它与我国历史上的"两造听讼"制度形似而神非。因此，尽管"两造听讼"制度早在我国西周时期就已实行，但不能认为我国民事诉讼中从古至今存在法定听审请求权。这是由我国传统文化对个人的否定所决定的。

（一）我国古代两造听讼与法定听审请求权保障之辨异

1. 两造听讼制度

我国古代的民事和刑事诉讼机关虽然早有区分，但是，直到清末，民事和刑事审判制度都未分化，重刑事而轻民事。民事审判程序虽然有其特殊之处，但大部分都准用刑事审判程序。① 两造听讼是我国古代审判程序实行的一项重要制度。审判机关审问两造，然后作出裁判。《尚书·吕刑》记载："听狱之两辞""两造具备，师听五辞，五辞简孚，正于五刑"。司法官审理案件，原告和被告双方当事人都到场。司法官应当认真听取诉讼双方的陈述，采用"五辞"的方法，审查判断双方的陈述是否确实，并据此对案件事实作出判断，进而作出裁判。《周礼·秋官·小司寇》中说："古者取囚要辞，皆对坐。"在审讯时司法官要察言观色："五声听狱讼，求民情：一曰辞听，二曰色听，三曰气听，四曰耳听，五曰目听。"当事人陈述的内容、陈述时的

---

① 那思陆：《清代州县衙门审判制度》，北京：中国政法大学出版社，2006年版，第211页。

表情、气息、精神和眼神，都成为司法官综合判断其陈述是否真实的依据，进而成为对案件作出裁判的基础。司法官除了以"五听"的方式直接听取陈述和对陈述的情况进行综合考察外，还注意比较和发现陈述人言词中的差异和矛盾，即"察辞于差"。此外，司法官在必要时还应当广泛调查，一一核对陈述中的细枝末节，未经查实者，不得作为定案根据，即"简孚有众，惟貌有稽""无简五听"。

"五听"制度早在我国奴隶社会即已存在。我国封建社会的法律承继了奴隶制社会"以五声听狱讼，求民情"的要求。秦朝时，据《封诊式·讯狱》记载，"凡讯狱，必先尽听其言而书之"，如果当事人的供词矛盾或陈述不清，司法官可以反复讯问。如当事人多次变供"更言不服"，司法官可实施"笞掠"，即刑讯。① 汉朝实行鞫狱制度，即审讯被告，同时沿用"五听"之法。五听制度在唐朝得到进一步发展，并为后世传承。《唐律·断狱》规定："诸应讯囚者，必先以情审查辞理，反复参验；犹未能决，事须讯问者，立案同判，然后拷讯"。《唐律疏议》记载："察狱之官，先备五听，又验诸证信，事状疑似，犹不首实者，然后拷掠。"② 当时，司法官必须采用五听的方式审理案件，依据情理审查供词的内容，然后同其他证据进行比较印证，检验证据的可靠性。宋承唐制。《宋刑统》规定，凡审理案件，应先以情审察辞理，反复参验；如果事状疑似，而当事人又不肯实供者，则采取拷掠以取得口供。元朝时，司法官审理案件应当"以理推寻"。《元典章》规定："诸鞫问罪囚，必先参照元发事头，详审本人词理，研究合用证佐，追究可信显迹。若或事情疑似，赃仗已明，而隐讳不招，须与连职官员，立案同署，依法拷问。其告指不明，无验证可据者，必须以理推寻，不得辄加拷掠。"《元史·刑法志》也规定："诸鞫狱不能正其心，和其气，感之以诚，动之以情，推之以理，辄施以大披挂及王侍郎绳索，并法外惨酷之刑者，悉禁止之。"元朝在强调"以理推寻"规则的同时，要求司法官必须先行"问呵""讯呵"程序，如果不得"罪囚"的"言语回者"，才能施以"拷掠""拷

---

① 《中华传世法典·唐律疏议》，刘俊文点校，北京：法律出版社，1998年版，第592页。
② 张晋藩：《中华法治文明的演进》，北京：中国政法大学出版社，1999年版，第133页。

讯"之刑。这样就限制了刑讯的适用，是"五听"断狱制度具有进步意义的重要发展。按照《明会典》的记载，明朝司法官进行审讯时，"观看颜色，察听情词，其词语抗厉颜色不动者，事理必真；若转换支吾，则必理亏。"清朝时，通过五听以及依法刑讯而获取"狱囚"的口供受到极大重视。《大清会典》规定："如法以决罚，据供以定案"；[①]《大清律例》规定："凡狱囚徒流死罪，各唤囚及其家属，具告所断罪名，仍取囚服辩文状。若不服者，听其自理，更为详审。"[②]

2. 两造听讼与法定听审请求权保障之辨异

两造听讼和现代法定听审形似而神非。二者在形式上具有相似性，却在理念上大相径庭。

在形式上，二者都注重对双方当事人进行听审。发源于"听取他方陈述"这一古老的诉讼原则的现代法定听审原则，与以"两造具备，师听五辞"为主要特点的两造听讼制度一样，都强调司法官亲自坐堂闻案，并且要求双方当事人在场，在审理时，司法官直接听取当事人的陈述，并且应当依职权促使当事人尽可能进行陈述。而实质上，两造听讼原则和现代法定听审原则之间在程序的主体、构建的理念和目的，以及社会政治背景和法律文化方面都存在的根本差异。

从程序主体上看，在我国古代两造听讼原则下，审判官追求案件真实，采用五听的方式审理案件，诉讼呈现纠问式特点：审判官为纠问者，完全依职权进行各项程序，刑讯逼供也得到法律的许可；当事人则沦为诉讼的客体，作为被纠问者，是被追究的对象，尤其是被告。即使当事人向审判官作出了陈述，其陈述对裁判形成并无重大影响和约束力，审判官依然可以脱离当事人的陈述意见而作出裁判。法定听审原则则赋予当事人程序主体地位，当事人有权要求法官保障其对裁判所依据的案件事实和证据充分发表意见的权利，从而对裁判的形成发挥积极的影响。

---

① 《大清会典》，卷55，第1页。转引自那思陆：《清代州县衙门审判制度》，北京：中国政法大学出版社，第229页。

② 《大清会典》，卷55，第1页。转引自那思陆：《清代州县衙门审判制度》，北京：中国政法大学出版社，第229页。

从构建理念上看，两造听讼原则体现的是司法专断，而法定听审原则体现的是法治民主，即法官与当事人之间在形成裁判过程中的沟通和互动。五声听狱讼是古代司法官在审理案件时必须遵循的要求。法官必须亲自坐堂问案，面对面地听取当事人的陈述，对其察言观色，获得感性认识，然后以情理和事理进行比较分析，综合判断，从而准确查明案件事实。因此，古代五听制度对司法官的个人素质要求较高，甚至过分依赖司法官的高素质。司法官必须具有较强的观察能力和分析能力，体察民情，通晓风物，才能准确判案。因此，这种听讼制度具有较大的主观性、盲目性和随意性，极容易导致司法官主观擅断，从而造成冤假错案。此外，听讼制度的适用伴随着刑讯逼供，司法官可以依法刑讯取供，不由当事人决定自己是否提交证据，当事人无权对此作出有约束力的辩论，更无法预测涉及自己权益的裁判的内容。可以说，在两造听讼原则下，案件事实的发现和裁判的形成，其权力专属于司法官，当事人与司法官之间没有对话和沟通。法定听审原则则来自于法治国家原则，即国家对公民人性的尊重。当事人对于涉及自己的司法裁判的基础有权与法官进行沟通，从而维护自己的权益。这是国家赋予公民的一项宪法权利。法官如果侵害这一权利，则构成违宪。法定听审原则实际上体现了当事人对涉及自己权益的裁判的影响力，而这种影响力具有受宪法保护的最高法律效力。

从目的上看，两造听讼原则注重案件真实的查明，通过五听制度来甄别当事人的陈述，从而获取准确的案件事实。而法定听审原则更强调当事人对涉及自己权益的裁判的形成所发挥的参与作用，换言之，其更重视权利。两造听讼发端于古代落后的社会形态。在古代社会，生产力欠发达，人们认知自然和社会的能力有限，纠纷的发生却不可避免。为了消弭社会矛盾，维护社会秩序，通过查明案件真相而实现社会正义就成了诉讼的重要任务。要查清案件真相需要重构案件事实，然而，案件事实是一种不可能重现的过往事实，只能借助证据来还原。在科学技术和认知能力有限的条件下，物证并未受到充分的重视，而对当事人的陈述和人证的强调无以复加，尤其是被告人的陈述，因此，刑讯逼供获得了合法性并盛行，人性尊严被漠视。法定听审原则以当事人充分表明自己对案件事实和法律的意见为主要内容，不仅如此，它还强调当事人获得一个对影响自己权益的裁判的基础表明意见的机会，从而体现其程序主体地位和宪法上的人权保障。因此，法定听审原则是现代宪法运动的产物。

（二）我国古代法定听审请求权缺失之原因

1. 个体性消失的传统儒家文化之"自我"观

在我国传统的儒家文化中，个体性消失在社会关系中，没有独立的"自我"。儒家理论描述的"自我"处于一种多重关系的网络中心，并且不断扩充与转化。该网络可以由一层层的同心圆来表示：家庭、邻里、各种形式的群体、社会、国家、世界，以至宇宙、超越界等。这些同心圆的最外一圈是开放的，不是封闭的。个人与家庭、社群、国家、人类、自然、天道之种种关系，在自我的发展中是重要的，不可或缺的。儒家的"自我"既避免孤立地自我中心，又不丧失个体的独立性。不约化社群，而是要通过社群。通过社群然后才能通天。因此，"儒家的自我的发展是双轨的，一个是横向或平面的扩充，一个是纵向或立体的深化。以上两个动态过程整合的结果是人格的造就，是天、地、人三材的融合。"[①] 然而，儒家这种对个人在社会中的地位的设计，毋宁说是一种理想，即把个人看作是编织各种关系的网络上的连接点，由此而发展出各种关系，并强调个人在这些关系中的独立性和关联性。可是，它正说明了个人被社会抹灭。这张所谓以个人为中心的网，其实就是淹没个人的网。个人被分解，社会对人的优势关系被取消。

运用结构功能主义的分析方法来看，社会是一种功能性范畴。个体对整体具有依附性。整体得以维持存在，完全借助于其成员完成的功能的统一性。从人与社会的关系来看，似乎社会是人的社会，是属于人的，是直接与其主体成为一体的。实际上，社会独有的东西处于对人的关系优势上。[②] 换言之，人在这种关系优势中失去了权利。在儒家对个人的设计中，个人虽然位于家

[①] 杜维明：《杜维明文集》（第一卷），武汉：武汉出版社，2002年版，第4页。
[②] 阿多尔诺：《社会》，载苏国勋、刘小枫主编：《社会理论的政治分化》，上海三联书店，华东师范大学出版社，2005年版，第28页。

庭、邻里、各种形式的群体、社会、国家等所组成的同心圆的核心，但实际上是被这些外圆关系组成的网络般的社会所决定并淹没于其中。个人并非原子式的。社会似乎把个人化约成单个的、孤立的原子，个人成为网络中的一个"结"，但是，个人却不得不通过层层同心圆似的多重关系而得以体现。

儒家的这种多重关系网络论貌似强调个人的独立性和关系性，即强调个人处于诸多关系构成的网络中，独立而不孤立，不约化社群而以社群为形式，达到一种人与人相互关联、天地人一统的理想状态。而实际上它忽视了权力的结构和等级，无法提供阶级的区分和权力的等级的视图，因而抹灭了社会对个人的关系优势。因此，在这张网中，在儒家思想统治下，具有真正的独立性的个人是不存在的。

2. 家族主义的核心——否定个人的家长制

（1）家长制对传统社会的控制。

家族主义的家长制是传统社会否定个人的制度根源。家族主义是一种社会哲学观点，认为家族或家庭作为一种社会组织形式，是建构社会生产生活和管理各种制度和组织的核心。在村社、社团、学校、政府等社会组织形式中，家族或家庭是最基础的一环。家族是整个社会的基础与枢纽。家族主义是儒家文化甚至整个中国传统文化的本质或核心。[1]

传统社会中，家庭具有多重社会功能：它是最重要的经济生产单位，是经济活动展开的最主要形式，其稳定和谐直接影响着社会经济运行状况。它具有强大的教化功能。社会主流意识形态，包括道德观念等，都以家庭形式灌入人们的头脑并世代相传。它是行政管理的基本单位。在古代中国，族长或家长被赋予极大的权力，对个人行使广泛而苛严的管理。尤其是在广大的农村。它使中国古代乡村社会具有某种程度的"自治特征"。[2] 孟子在《离娄》中说："天下之本在国，国之本在家。"儒家主张"齐家治国平天下"，特别强调家族家庭的教化和管理功能。因此，"治国必先齐家"的社会哲学成为中国古代社会的主流。

---

[1] 王夫之：《张子正蒙注》，北京：中华书局，1975年版，第5页，第51~52页。
[2] 韦伯：《儒教与道教》，北京：商务印书馆，2003年版，第145~150页。

家长制作为家族主义的核心，控制着家庭和国家。家族实行父权制，实质上就是家长权、家长制。在家庭中，家长是父权的行使者，所有家庭的卑幼都在家长的绝对统治之下。"凡诸卑幼事无大小，必咨禀于家长。安有父母在上而其下敢恣行不顾者乎？虽非父母，当时为家长者，亦当咨禀而行之，则号令出于一人，家始可得而治矣。"① 在家族中，父祖是统治的首脑，经济权、法律权、宗教权等一切权力都集中在他的手中，家族中所有人口都在他的控制之下。族是家的综合体，族居的大家族由族长来统治全族的人口。族长除了负责处理族祭、祖墓等家族事务外，还作为家际之间的共同法律和最高主权的代表，负责调整家际之间的社会关系，尤其是在发生冲突的时候。"没有族长，家际之间的凝固完整，以及家际之间的社会秩序是无法维持的。族长权在族内的行使实可说是父权的伸延。"② 这种家长权的神圣化和强化源自祖先崇拜。祖先崇拜成为家族绵延、家族团结伦理的目的和核心。家长权得到法律的认可和支持，更加强大坚韧。

家长制在封建国家统治制度中的蔓延与盘踞。家长制是"礼"的核心。宋代的理学家们提出"三纲五常""三从四德"，都是以"父为子纲"为核心，即便"君为臣纲"，也是"父为子纲"的扩大化与变异。在国家这个"大家庭"中，家长制体现为君权（或称皇权）。君主权力至高无上，仅次于天，以天为父，皇帝则称为"天子"；以百姓为子，百姓被为"子民"。君主对百姓享有"父权"。随着父权的扩大，上至国家的统治机关，包括中央政府及地方政府组织，下至农村乡里的民间组织，无一不是家庭式的集合单位。"从家法与国法、家族秩序与社会秩序的联系中，我们可以说家族实为政治、法律的单位，政治、法律组织只是这些单位的组合而已。这是家族本位政治法律理论的基础，也是齐家治国一套理论的基础，每一家族能维持其单位内之秩序而对国家负责，整个社会的秩序自可维持。"③ 家长制于秦以后形成。到了明清两代，家长制已成为一种意识、一种精神，最终可以归结为一种蕴

---

① 司马光：《书仪》卷四，《居家杂仪》。转引自瞿同祖：《中国法律与中国社会》，北京：中华书局，2003年版，第18页。
② 瞿同祖：《中国法律与中国社会》，北京：中华书局，2003年版，第19页，第6页。
③ 同上注，第28页。

含着国家观的国家权力体制。封建社会的极度专制，其实就是家长制，或者说，是父权社会发展的最高峰。家长制牢牢占据了我国传统社会。

以家长制为核心的家族主义具有自然经济的经济基础和专制独裁的政治理论。自然经济是指人们直接从大自然获得生活资料并直接满足劳动者本人及其亲属需要的经济形态。它的典型形式是一家一户、男耕女织、自给自足。与这种经济形态相适应，人与人之间存在长幼等级、男女有别的宗法关系和血缘等级，表现为人身依附和屈从，父系家长、族长在生产和消费中处于绝对支配地位，其他成员则是作为附庸或权力支配的对象而存在。这体现在家规和宗法要求子从父、妻从夫、家从族。人们只有在履行子对父、妻对夫、家对族的单向性义务中才得到微不足道的利益。

自然经济滋生了专制独裁的政治统治。自然经济具有封闭性。在自然经济条件下，人们的劳动差别不大，几乎都从事手工劳动。因此，生产者之间互相隔离，而不互相依赖和互相交流，无法形成一股有组织的政治力量。"他们不能代表自己，一定要别人来代表他们。他们的代表一定要同时是他们的主宰，是高高站在他们上面的权威，是不受限制的政府权力，这种权力保护他们不受其他阶级侵犯，并从上面赐给他们雨水和阳光。所以，归根到底，小农的政治影响表现为行政权支配社会。"[①] 人们既盲目又被迫地服从长官，而最高的长官莫过于皇帝。皇帝掌握着无限制的权力，至高无上，口含天宪，言出法随。皇帝的这种地位和权力被"家国合一""君权神授""真龙天子"等儒家观念进一步强化。在皇帝面前，所有的臣民只有义务而无权利，只有服从而无权力。

（2）家长制在司法上对个人的否定。

家长制否定了个人的法律地位。中国传统社会是以家族为单位构成的社会，家族是父权家长制的，因而中国传统法律也打上了家长制的烙印。

首先，个人不享有独立的财产权甚至生命权。

法律对父权以及对家族团体经济基础的维持给予了强大的支持。不仅家

[①] 中共中央马克思恩格斯列宁斯大林著作编译局编：《马克思恩格斯选集》（第一卷），北京：人民出版社，1995年版，第678页。

财属于父亲或家长，子女也被认为是父亲的财产，父亲可以把子女典质或出卖于人，使他们永远失去独立的人格。子女对自己的人格是无法自主或保护的，除少数法律外，也从不曾否认父母在这方面的权力。同时，家长对家中男系后裔具有最高的、永久的、绝对的权力。子孙即使在成年以后也不能获得自主权。在宗法时代，父权最盛时期，父亲对子女具有生杀权。《李斯列传》中记载："父而赐子死，尚安敢复请？"君之于臣，父之于子，都有生杀权。直到汉代，随着法律制度的发展，生杀权才开始完全操纵在国家机构和国君手中。

其次，个人在诉讼中处于客体地位。

第一，当事人在纠纷解决过程中，无力影响纠纷解决的结果。家长、族长兼具裁判者甚至司法官的身份，民事纠纷的解决也具有家族和家长制色彩。族长处断族内纠纷和族内家际间的纠纷，家长处断家内纠纷。族长是族的执法者和仲裁者，具有至高的权威，可以根据自己的意志判断曲直，族中如果没有规定处罚的条款，他可以采取自由裁定的方式，酌定处罚。族长的话在族中即命令即法律，处理纠纷一言而绝，其效力不下于法官，有的权力甚至为法律所承认。因此，当事人在诉讼中只能是被治理的对象。

第二，当事人的诉讼利益不是国家保护的首要利益，它让位于家庭、家族甚至国家利益。家长、族长在维持家族秩序及家族司法上所处的重要地位，体现了国法与家法之间分头治理、互相补充的关系。在社会和法律都承认家长或族长这种权力的时代，家族实被认为政治、法律之基本单位，由家长或族长享有每一个单位的主权，对国家负责。可以说，家族实际上就是最初级的司法机构，家族团体以内的纠纷及冲突应先由族长调解，不能调解处理时，才由国家司法机构处理。尤其是许多纠纷完全可以调解，或者依家法处理，用不着涉讼。更有些法律并未规定的家庭矛盾，只能由家族自行处理。家长、族长除了生杀权以外，实际上具有最高的裁决权与惩罚权。反而观之，国家法律既然承认家长、族长对家族的主权，并赋予法律上的种种权力，当然也希望每一单位的主权者能为其单位团体的每一份子对法律负责，对国家负责。这种责任甚至成为家长族长对国家的一种严格的义务。因此，即使当事人提起诉讼，得到保护的也并非个人的利益，而首先是家族家庭甚至是国家的利益。

第三，个人在诉讼中是裁判的对象。个人在诉讼中只能服从裁判者的意志，"为政者为父母，人民是赤子"，诉讼因此被称为"父母官诉讼"①。在这类诉讼中，"个人既渺小又无足轻重，集团的存在高于一切，个人只有服从他（她）所依属的集团（氏族、部族、宗族、家族、国家、社会），才有生存的必要和价值，而个人的独立性和权利则早已淹没在集团、权威和专制之中了。"②审判官员与双方当事人的对话，如同皇帝与大臣之间议事，当事人必须听从审判官的指令，甚至被刑讯逼供。

3. 漠视个人权利的义务本位观

传统社会中，家族主义家长制否定了个人，在法律上则体现为漠视个人权利的法律观念——义务本位观。本位是指某种理论观点或做法的出发点。③"法的本位"是关于在法这一定型化的权利和义务体系中，权利和义务何者为起点、轴心或重心的问题。"权利本位"和"义务本位"是在讨论"法的本位"的过程中引出的概念组合。"权利本位"是"法以（应当以）权利为其起点、轴心或重心"的简明说法，"义务本位"是"法以（应当以）义务为其起点、轴心或重心"的简明说法。

家族主义理论下的法以自然经济、家族关系和专制独裁为基础，因而具有义务本位的特征。义务本位主要体现在两个方面：第一，法的主要作用是社会控制，即严格控制社会上下层之间的流动，并通过把统治阶级的世袭特权神圣化和固定化，维护社会的等级结构，进而全面巩固统治阶级的统治地位。相应地，法律规范体系中的禁令或者义务性规范大大多于准许或授权性规范。第二，法律道德化。古代社会重伦理轻法理，大量的道德规范被统治阶级国家化为法律规范，道德原则也被奉为法的精神。古代中国礼法合一，自汉代统治阶级实施"罢黜百家，独尊儒术"以后，历代都以儒家的伦理道

---

① 滋贺秀三："中国法文化的考察——以诉讼的形态为素材"，滋贺秀三等著：《明清时期的民事审判与民间契约》，北京：法律出版社，1998年版，第16页。
② 张中秋：《中西法律文化比较研究》，南京：南京大学出版社，1991年版，第55页。
③ 中国社会科学院语言研究所词典编辑室编：《现代汉语词典》（第5版），北京：商务印书馆，2006年版，第65页。

德作为法的指导思想和断案依据。"道德义务的本身就是法律、规律、命令的规定。"① 道德主要是以规定人与人之间的义务来调控社会关系的，因此，法律的道德化使法在道德基础和调节方式上呈现出义务本位。

正如梅因所言，社会进步的初期，人与人之间的关系，局限于家庭，各人均有特定的身份，在这种身份关系上，建立了社会的秩序。所以，不论在社会政治方面还是在经济方面，均以家族为单位，个人不能有独立的地位，从而亦不能表达独立的意思。② 随着社会的进步，家族逐步解体，以个人与个人之间通过达成合意而形成的关系为基础，个人才成为一个独立的单位，在政治、经济和社会方面，取代家庭的地位。由此可见，我国古代的君臣关系脱胎于父子关系，五伦的中心在父子，从修身到治国平天下，中心都在齐家，于是孝成为百善之先。在这种道德与法律、刑事法与民事法不分的时代，权利观念无从产生。③ 在这种身份制度下，个人当然没有独立的地位，个人权利更是从谈起。法律的重心集中在使每一个人尽其特定身份上的义务，法律因而具有义务本位的特质。

这种家族主义始终极大地支配着我国传统法律实践活动。"它宣布这样一条真理：个人不是作为个体的自然人而存在的，他只不过是某一社会团体的组成部分，个人只有作为这一社会团体的缩影而存在时，才成其为真正的人。要使人成为真正的人，必须具备使人成其为人的环境，即社会团体。法律的社会职能不是从确认和维护个人的权利出发，并进而维护有利于实现个人权利的社会秩序的。恰恰相反，法律从维护社会团体的整体利益和秩序出发，来考虑个人的地位、责任、权利和义务。实际上，在法律的天平中间，权利的指针总是倒向社会团体（或整体），义务的砝码则总是落在个人一方。"④

因此，不难理解，作为古代社会法制最为成熟的清代的民事诉讼，并不

---

① 黑格尔：《哲学史讲演录》第1卷，北京：商务印书馆，1981年版，第125页。
② ［英］梅因：《古代法》，范景一译，北京：商务印书馆，1997年版，第65～97页。
③ 王伯琦：《近代法律思潮与中国固有文化》，北京：清华大学出版社，2005年版，第241页。
④ 武树臣等：《中国传统法律文化》，北京：北京大学出版社，2000年版，第722页。

以"权利保护"为理念,①这与现代民事诉讼不同。当事人诉诸衙门,并非寻求现代意义上的权利保护,而是为了平复自己感受到的不满和冤抑。②地方官则把听讼理解为"答民所劳"的重要手段,如同汪辉祖在《学治臆说》中所言的"听讼宜静"和"亲民在听讼"那样,听讼被视为教化人民的重要手段。③

综上,体现现代法治对人性尊严的尊重,并在诉讼上保障当事人主体地位的法定听审请求权,在我国古代法律和诉讼中并不存在。

二、我国法定听审请求权立法缺失之现状与成因

(一)我国法定听审请求权立法缺失之现状

1. 当事人的知悉权、陈述权保障不充分

首先,送达制度存在弊端,尤其是在送达方式的设计上存在有可能导致无效送达的缺陷,这常常使当事人根本不知法院的公告,或者收不到法院的传票,而根据法律关于缺席判决的规定,法院可以在当事人不到庭的情况下,依法作出缺席判决。因此,当事人没有被有效送达文书时,他就案件向法院陈述自己意见的机会就被剥夺了。

其次,审前程序设计不合理,妨碍当事人知悉对方意见陈述的权利。双方当事人相互知悉对方所提出的诉讼主张和证据材料,才能在诉讼中利用发表意见的机会。但是,我国民事诉讼的审前准备程序的立法和实务中都存在一些不利于当事人知悉对方信息的问题,例如《民事诉讼法》规定,被告可以对原告的起诉不予答辩。由于被告不提交答辩状,原告根本无从得知被

---

① 关于清代民事审判的性质是否是权利主张与权利保护,黄宗智与森田成满都持否定说,但两者观点略有不同。前者主张,清代存在的审判类型是法官遵循法的规范来保护人民权利,后者则把清代审判的各种事态分别建立在实现权利的这种逻辑之上的"法理"部分和对此进行"调整"的部分,并强调了"法理"部分的意义。而实际上这两者并没有回答出在权利的基础上,民间社会秩序与司法秩序内在性质的统一问题。参见寺田浩明:"权利与冤抑——清代听讼和民众的民事法秩序",滋贺秀三等著:《明清时期的民事审判与民间契约》,北京:法律出版社,1998年版,第195页。

② 同上注,第238、239页。

③ 同上注,第193页,第250页注6。

的诉讼主张和证据材料，原告的知悉对方当事人陈述意见的权利受到侵害。

再次，证据失权制度不完善导致当事人的陈述权难以保障。当事人及时提出证据，有利于双方在庭审中就证据材料充分表明意见。我国长期以来实行"证据随时提出主义"，当事人在一审法庭辩论结束之前随时可以提出证据，甚至在二审和再审程序中都可以提出证据，使对方当事人无法就该证据充分表明意见，从而造成证据突袭。就此问题，《最高人民法院关于民事诉讼证据的若干规定》（以下简称《证据规定》）探索建立证据失权制度，规定了举证时效。按照该规定，当事人应当在举证时限内向人民法院提交证据材料而没有按期提交的，视为放弃举证权利。这使我国的"证据随时提出主义"转变为"证据适时提出主义"，有利于当事人在诉讼中充分进行抗辩，防止证据突袭。然而，该规定允许在一审举证期限届满后提出新证据，又推翻了举证时限制度，给缺乏诚信的当事人不及时提出证据提供了可乘之机，不利于当事人充分行使抗辩权。

2. 当事人请求法院审酌和禁止突袭性裁判的权利保障不充分

首先，当事人不仅有充分陈述意见的权利，也有要求法院充分审酌自己所陈述的意见的权利。但在我国司法实践中，法院不履行其意见审酌义务的情形并不鲜见。一种表现是法官在当事人陈述意见和辩论时，并不认真倾听，无理打断，甚至法官根本不到庭参加审判；而另一种则表现为当事人陈述的意见没有被法官在判决书中提及，法官即使不采纳当事人的意见，在判决书中也不予说明理由，其实质在于，法官的裁判根本不以当事人所表明意见的事实和证据为基础，当事人的辩论对法官的裁判不起任何约束作用。

其次，法官对事实评价和法律见解的心证公开程度不够高。法定听审请求权要求法官在诉讼过程中，听取并审酌当事人就裁判所依据的事实和证据所表明的意见，并且在必要时，及时作出明确的提示，引导当事人补充不清楚、不完整的陈述，并与当事人进行对话，了解和确认当事人的陈述意见，进而作出裁判。我国法官在庭审中不公开心证。法官在听取双方当事人法庭辩论后，对当事人所提供的事实和证据所形成的认识、判断和评价都不向双方当事人公开，当事人在诉讼中无从知晓法官的心证，更无法对此发表自己的意见，弱化了当事人对裁判形成的影响力。

（二）我国《宪法》上法定听审请求权缺失及成因

当代中国各时期的宪法都没有对法定听审请求权作出明确规定。虽然1982年《宪法》第33条规定的"中华人民共和国公民在法律面前一律平等"等包含了公民平等地享受法律赋予的权利以及通过法律程序实现权利及获得权利救济的内容，[①] 但是，这并不意味着我国《宪法》明确而完整地确认了法定听审请求权。因为法定听审请求权是从人性尊严，即人的权利的角度来规定该权利的，例如《世界人权宣言》第8条规定："任何人当宪法或法律所赋予他的基本权利遭受侵害时，有权由合格的国家法庭对这种侵害行为作有效的补救。"第10条规定："人人完全平等地享有一个独立而无偏倚的法庭进行公正的和公开的审理，以确定他的权利和义务……"此外，《公民权利和政治权利国际公约》也由类似明确的规定。所以，我国现行《宪法》第33条不足以表明它就是法定听审请求权的明文规定。

我国现行《宪法》没有明确规定法定听审请求权，其原因有三个方面：一是商品经济不发达，人们的权利意识比较淡薄。在该《宪法》制定时，我国商品经济很不发达，正处于计划经济时期，强调行政权力对社会经济运行的干预，法律对经济的调节作用并不明显，人的权利观念被遏制。二是传统的国家本位主义主导立法观。国家本位主义是指从国家的角度和立场出发，简单地把法律视为国家控制和管理社会的工具的思想观念。[②] 这实质上体现了家长制的残余影响，其最大特点就是重权力轻权利，以权力至上为价值基础，[③] 公民的权利保障置于国家利益之后。这种思想对我国立法、司法等法律实践活动带来深刻影响，在《宪法》上也体现出重视审判权，而轻视法定听审请求权情形。三是理论准备欠缺。与当时不发达的商品经济相对应，公民之间的经济交往较少，纠纷不多，公民的权利意识不强，法学界对公民权利的研究，尤其是公民基本权利的研究相当薄弱。作为公民基本权利的法定

[①] 刘荣军：《程序保障的理论视角》，北京：法律出版社，199年版，第87页。
[②] 廖中洪：《中国民事诉讼程序制度研究》，北京：中国检察出版社，2004年版，第79页。
[③] 刘敏：《裁判请求权研究——民事诉讼的宪法理念》，北京：中国人民大学出版社，2003年版，第105页。

听审请求权研究并没有进入我国法学理论界的视野。在这种缺乏理论准备的条件下，《宪法》不可能对法定听审请求权作出明确规定并加以保障。

（三）我国现行《民事诉讼法》上法定听审请求权缺失及成因

我国现行《民事诉讼法》没有明确规定法定听审请求权。法定听审请求权的相关内容仍然散见于该法的零星条款。该法第2条规定，保护当事人行使诉讼权利是民事诉讼法的任务；第5条规定涉及法定听审请求权的主体："外国人、无国籍人、外国企业和组织在人民法院起诉、应诉，同中华人民共和国公民、法人和其他组织，有同等的诉讼权利义务。"第8条规定："民事诉讼当事人有平等的诉讼权利。人民法院审理民事案件，应当保障和便利当事人行使诉讼权利，对当事人在适用法律上一律平等。"第13条规定："当事人有权在法律规定的范围内处分自己的民事权利和诉讼权利。"第50条规定了阅卷权、委托代理权、收集和提供证据权、辩论权；第114条规定了人民法院对当事人进行诉讼权利义务告知，保障当事人对程序系属的知悉权。

我国《民事诉讼法》没有把法定听审上升为一项诉讼基本原则，并未对法定听审请求权给予足够的重视，其原因有两个方面：

首先，宪法依据缺失。由于上述原因存在，我国《宪法》没有明确规定法定听审请求权，诉讼中的人权保障也因此缺乏宪法依据。而宪法作为母法，是一切下位法制定的依据，因此，我国《民事诉讼法》没有立法依据，也缺乏宪法上的人权保障理念的指引。

其次，理论研究不足。法定听审请求权的实质在于人权保障，在诉讼中体现为保障当事人的主体地位。虽然我国立法没有确认法定听审请求权，但是，法定听审请求权相关理论研究和司法实践从20世纪末的审判方式改革和程序保障理论的勃兴就开始了，[①]并在后来发展出了当事人主体性理论，只是它们仍然存在不足之处。

---

① 我国学者较早的关于程序保障的著述：顾培东：《社会冲突与诉讼机制》，成都：四川人民出版社，1991年版；张卫平：《程序公正实现中的冲突与平衡》，成都：成都出版社，1993年版；季卫东："论程序的意义"，《中国社会科学》，1993年第1期；季卫东："程序比较研究"，《比较法研究》，1993年第1期。

1. 程序保障论

程序保障理论认为，程序是法制协调运行的要素，程序正义与实体正义具有同等的重要性。在民事诉讼中，程序论直接具体化为程序保障论。程序保障的含义与民事诉讼制度机能存在密切联系。民事诉讼制度的传统机能是当事人主义，发现案件真实和保护当事人的权利。[①] 据此，程序保障的含义有两个层面：发现真实和保护权利，即一方面保障当事人在审判中充分进行主张和举证的机会；另一方面要求法院听取双方当事人的意见，根据案件事实作出正当裁判。其重点在于把程序作为发现案件真实和保护受侵害的权利的手段。程序保障论以此突破了很久以来一直支配着很多法学研究者和司法工作者重实体、轻程序的传统观念，[②] 通过民事诉讼的形式，宣扬诉讼公正，推动审判的重心由审判结果向审判过程本身转移。

程序保障论的趣旨与其说在于强调当事人的诉讼权利保护，不如说强调程序的独立性，反对程序工具论。按照该理论，程序保障不仅适用于实体法，也适用于程序法，它可以作为衡量一部法律或一项程序正当与否的基准。[③] 由于我国的民事司法理论和实践长期受到这种传统的程序工具论的主导，程序保障论的引入主要体现在对我国职权主义诉讼模式的反思与批判中，并在民事诉讼中直接体现为当事人主义的确立和实施。

程序保障论对审判方式改革起到推动作用。审判方式改革主要围绕着弱化法官的职权，强化当事人诉讼权利的主题进行。例如强化庭审程序，当事人提供的诉讼资料必须在庭审程序中进行质证和确认；强化当事人之间的辩论，突出当事人相互质证、认证，改纠问式为辩论式；实行审、立分离制度。但是，由于这些改革主要是针对法院的审判方式，改革的方向和功效强调提高审判效率、减少审判成本、节约审判资源，并没有从根本上改变传统的职权主义模式。

---

① 刘荣军：《程序保障的理论视角》，北京：法律出版社，1999年版，第343页。

② [日] 谷口安平：《程序的正义与诉讼》，王亚新、刘荣军译，北京：中国政法大学出版社，1996年版，第67页。

③ Dennis Campbell, Transnational Legal Practicem, Kluwer Law and Taxation Publishers, 1982, p. 365.

2. 当事人主体论

当事人主体论强调当事人在诉讼中的主体地位，并从保障当事人的诉讼主体地位角度出发，研究民事诉讼的构造和制度。根据不同的切入点，当事人主体论存在不同的代表性表述：

（1）程序主体原则论。

该理论提出了当事人程序主体作为立法和司法的原则的观点，即"以法的主体性原则的理论来考察宪法法理与诉讼法的关系，我们不难看出，欲使宪法规定的基本权获得程序保障，就应在一定范围内肯定国民的法主体性，并应对当事人以及程序关系人赋予程序主体权，即程序主体地位。这就是所谓的'程序主体性原则'。这一原则，是立法者从事立法活动、法官适用现行法以及程序关系人（包括诉讼当事人）进行诉讼行为时均须遵循的指针。按照这一原理，程序当事人以及利害关系人不仅不应沦为法院审理活动的客体，相反，法律应赋予对与程序的进行有利害关系的人以相当的程序保障。"[①]

（2）司法之主体性理念。

该观点把当事人主体性问题置于整个司法制度中研究，提出"司法之主体性理念，它是指在司法制度的构建与运作中，尊重公民和当事人的意愿，保障其权利和自由，维护其尊严，让其发挥决定、支配和主导作用，避免沦为客体的司法价值观。"[②] 该观点强调司法程序中公民和当事人的中心主体地位。"作为裁判者的法官如果承认和尊重被告人的诉讼主体地位，就会给予他们获得公正听审的机会，使他们充分有效地参与到裁判制作过程中来，成为自身实体利益乃至自身命运的决定者和控制者。……被告人、被害人及其他社会成员也会对这一审判过程的公正性和合法性产生信任和尊重。"[③]

（3）当事人程序主体性原则。

该观点从制度构建的角度，指出当事人主体性对于诉讼构造的意义。当事人程序主体性原则是指当事人在国家创设的，并由审判权运作的纠纷解决

[①] 江伟：《中国民事诉讼法专论》，北京：中国政法大学出版社，1998年版，第2页，第3页。
[②] 左卫民：《在权利话语与权力技术之间》，北京：法律出版社，2002年版，第4页。
[③] 陈瑞华：《刑事审判原理论》，北京：北京大学出版社，1997年版，第51页。

的法的空间内所具有的,能够受到尊重,并享有权利保障自我决定自由的原则。① 该原则包括两个方面的内容:第一,当事人应当得到应有的尊重,即当事人在诉讼中的权利以及意志自主的界限,这是当事人程序主体性原则的基础和应有之意。第二,当事人获得充分的权利保障。这是指当事人被赋予相当广泛的"自主决定"的权利,该权利的保障要求将解决纠纷从"以法官职权决定为中心"转为"当事人平等交涉为中心",并辅以强有力的司法保障。在这一原则下,当事人自主决定案件的审理对象、提出证据,主体之间通过辩论的方式,即当事人双方以及法院和当事人之间进行富有实质性内容的对话和讨论,借此形成法院裁判的基础,使得纠纷的解决在尽可能大的程度上符合当事人自我解决的要求。从这一观点出发,"恢复民事诉讼中当事者本人的主体性就应该作为充实程序保障的重要部分来加以强调"。②

当事人主体论尽管从不同的角度出发,强调当事人在诉讼中的主体地位,然而,从整体上来看,当事人主体论仍然是程序保障理论的深化,依然停留于程序独立性的理念倡导的层面,而没有把保护当事人作为诉讼主体地位的权利作为一种诉讼理念进行系统化研究,没有把这种理念上升到民事诉讼原则的高度和宪法的高度进行设计。在司法实践中,当事人主体论也没有全面贯彻。这体现为当事人未获得程序保障的同时,其权利也受到侵害。以司法实践为例。继审判方式改革后,民事证据制度改革成为强化当事人权利的又一重大举措,它强化了当事人的举证责任,建立举证时限制度,诉讼以当事人举证为主,当事人不举证或举证不能时,将承担不利的后果,法院只负责审核证据。这在强化当事人的处分权上是一个重大的进步。但是,这类改革在把传统的职权主义诉讼模式转变为当事人主义的过程中,在强化当事人的程序保障的同时,由于相关制度设置不合理或缺失,实际上削弱了当事人权利的保护。

---

① 唐力:"当事人程序主体性原则——兼论以当事人为本之诉讼构造法理",《现代法学》,2003 年第 5 期,第 122、123 页。

② [日]谷口安平:《程序的正义与审判制度》,王亚新、刘荣军译,北京:中国政法大学出版社,1994 年版,第 60 页。

第八章
我国确立法定听审请求权之必要性与可行性

随着全球经济一体化的发展,世界各国的文化交流日益频繁。在面对纷呈的域外经验时,法学家除了应当保持一种开放的态度之外,还必须保持审慎和理智。法律借鉴和移植之所以必要和可能,是因为本国固有的传统无法完全满足制度发展的供给而需要外来制度"养分"加以补充。正如埃尔曼所认为的那样,法律制度自一种文化向另一种文化移植是常有的情况,当改革是由于物质或者观念的需要以及本土文化对新的形势不能提供有效对策,或仅能提供不充分的手段的时候,法律上的移花接木就可以取得完全或部分的成功。[1] 然而,任何国家的法律制度都有其历史根基,不同国度之间法律制度的移植与借鉴都必须立足于它们相互之间的嫁接点。只有"在老根子的浅处粗处嫁接新文化的新芽,才是有益的新陈代谢"。[2] 我国民事诉讼制度的改革和完善不可能脱离与其他国家制度文化的交流,理论与实务的研究和探索的成果也必定在民事诉讼立法上得到体现。而这种交流的成效性取决于坚持以我国法律和问题为改革的立足点。中国的法律需要解决中国的问题,而中国的问题植根于历史传承性,任何制度改革都必须以对中国问题的深刻理解与洞察为前提。"中国法律不同于西方法律,并非只是法律本身的不同,更重要的是法律所蕴含的以及法律背后所支撑的社会文化条件不同。任何法律形式上的移植和模仿都不难,但法律的社会文化移植是不可能的。"[3] 因此,

---

[1] [美]埃尔曼:《比较法律文化》,贺卫方、高鸿钧译,北京:清华大出版社,2002年版,第7页。
[2] 刘星:《法学作业——寻找与回忆》,北京:法律出版社,2005年版,第141页。
[3] 尹伊君:《社会变迁的法律解释》,北京:商务印书馆,2003年版,第10页。

这种交流的真正意义在于：使某项体现人类共同价值的域外制度在移植到本国内或者被借鉴后，依然能够发挥正常如初的作用。为此，必须首先理清本土制度的"老根子"，找到其中真正的"粗处"和"浅处"，找到其与外来制度之间的最为恰当的嫁接点。①

我国借鉴德国民事法定听审请求权时，最重要的"嫁接点"是法治国家和人权保障的法律观念。正如沃尔森所言，外国法律对本国法发生影响时，"法律的发展主要是靠借鉴。……任何国家法律中的民族因素相对而言都是微不足道的……法律制度总是受制于一些超越于民族的因素，这些因素经常会达到一种主导和支配的程度。这种影响是一种复杂的、普遍的现象，称之为'法律观念的渗透'。"②"外国法能够给我们一种观念、一种刺激、一种智慧的火花，这已经不错了。因为观念是一种稀缺品，即是我们不知道它们在别处到底被证明如何有用，我们也应该在任何可能的时候抓住它们。"因为"一种法律观念自身就具有一定的价值：它给我们一种新的仔细观察事物的有益地位，让我们的思考走上新的道路。"③

概言之，德国民事法定听审请求权在以下三个方面为我国提供启示：一是在诉讼理念方面，强化法治与人权在诉讼中的保障与实现。人权保障纳入我国宪法，理应在各法律部门得到实现。而民事法定听审请求权即是宪法上人权保障在民事诉讼中的体现。因此，确立法定听审请求权是法治国家的依法诉讼和诉讼中的人权保障理念的强化。二是在理论研究方面，把司法保障请求权与法定听审请求权分离，进而把整个审判程序划分成司法保障请求权、法定听审请求权的实现过程。由此而得出相应的理论研究的范围：司法保障请求权涉及的是民事案件受案范围，法定听审请求权则属于程序权保障理论范围。三是在制度完善方面，我国应循着法定听审请求权内含的法治与人权保障的理念，完善民事诉讼各项制度。

---

① 常怡、黄娟：《传统与现实之间》，载《法学研究》2004 年第 4 期。
② 参与 Watson, The Making of the Civil Law, Cambridge, Mass., 1981, S. 53, 181, 183, 186, 187.
③ [德] 伯恩哈德·格罗斯菲尔德：《比较法的力量与弱点》，孙世彦、姚建宗译，北京：清华大学出版社，2002 年版，第 76 页。

一、我国确立法定听审请求权之必要性

我国历史上没有确立法定听审请求权的传统，关于法定听审请求权的立法及其保障的现状自然远不及一些法治发达的西方国家。为了实现法定听审请求权的有效保障，法定听审请求权应当实定法化。法定听审请求权不仅要纳入宪法的规定，而且还应当在民事诉讼法中明确规定。它只有在宪法上被确认为公民的一项基本权利，才能成为我国民事诉讼制度设计的宪法理念，也才能称之为法定听审请求权的宪法保障；也只有在被民事诉讼法确立为基本原则并明确相应的救济方式后，才能成为贯穿我国民事诉讼法制度和民事诉讼的主线，得到切实的法律保障。当前，法定听审请求权的实定法化具备了坚实的社会基础。

（一）我国《宪法》与《民事诉讼法》之立法完善

1. 法定听审请求权的宪法化

（1）完善宪法的需要。

从近代宪法到现代宪法，宪法在阶段上从"确认、保障公民的自由"演进到"保障公民的权利与自由"，在理念上从"控制权力"演进到"控制权力以保障公民自由与权利"。[1] 一般认为，规定公民权利的宪法规范是宪法的一种"根本规范"，对基本权利与自由的确认与保障是立宪民主主义政治体系的本质核心。[2] 因此，宪法对基本权利确认的广度和深度是衡量宪法完善与否的一个标志。世界上绝大多数国家的宪法不仅确认公民的实体基本权利，而且也确认公民的程序基本权利。例如，《德国基本法》在规定公民享有财产权等实体权利之外，第103条第1款确认了公民的法定听审请求权，第19条第4款确认了公民的司法裁判请求权。我国是社会主义民主法治国家，我国现行《宪法》虽然规定了公民的基本权利，但是，从来没有明确规定公民

---

[1] 胡锦光、秦奥蕾：《论违宪主体》，《河南政法干部管理学院学报》，2004年第1期，第52页。
[2] [美]罗文斯坦：《现代宪法论》，日本：有信堂，1986年版，第391页。

享有法定听审请求权。在现代民主法治社会，没有确认法定听审请求权的宪法是不完善的。从基本权利体系来看，法定听审请求权缺位。从当事人程序权保障的依据来看，法定听审请求权的法律保障缺乏宪法依据。宪法规定的基本权利条款具有两层意义：一是宣誓并确认公民权利与自由的宪法性，即最高法律地位；二是保障公民基本权利与自由的实现。这两层含义密切相连，公民权利与自由只有经宪法的宣誓与确认才能成为基本的权利与自由，并获得宪法的保障与救济的强制力。基本权利条款是国家立法、行政、司法机关履行实现公民基本权利与自由的保障义务的依据。国家机关不履行或不正当履行该义务即违宪，应承担宪法责任，公民此时则可以依据宪法规范寻求宪法救济来实现其基本权利与自由。我国宪法没有规定公民享有法定听审请求权，这使得当事人在民事诉讼中的法定听审请求权的行使与救济没有宪法依据。此外，法定听审请求权在宪法上的缺位也造成我国民事诉讼法宪法基础的缺陷。因此，法定听审请求权纳入宪法基本权利规范，是完善我国宪法的标志之一。

（2）强化人权保障的需要。

中国近代的人权概念是西方宪政文化影响的产物。魏源根据中国传统文化指出"人者，天地之仁也"。严复等人根据西方天赋人权学说，提出了"民权"。20世纪初，"民权"改称"人权"。"人权"概念从此成为中国知识界的话语。新中国成立后，由于受冷战思维的影响，在1954年制定宪法之时，包括"人权"在内的西方思想遭到摒弃，"人权"概念被"公民的基本权利"取代。1982年宪法增加了公民基本权利的规定，突出宪法保护公民基本权利的作用。改革开放以后，我国找到了一条适合国情的、促进和发展人权的道路，人权状况由此发生了历史性变化，我国先后加入了21个国际人权公约。1997年中国政府签署了《经济、社会及文化权利国际公约》，1998年又签署了《公民权利和政治权利国际公约》。这表明我国人权事业的推进，中国已经融入世界人权保障事业的潮流，正在扩大和加强保障人权的范围与力度。

宪法确认法定听审请求权也是加强人权保障的需要。首先，从法定听审请求权的内容上看，法定听审请求权是人权的应有之义。"人权是一种特殊的权利，一个人之所以拥有这种权利，仅仅因为他是人。"① 人权不是抽象的，在司法领域，人权不仅包括实体权利，也包括程序权利。法定听审请求权具有人权的基本内容，不仅被世界大多数国家所认同，也为国际社会所普遍承认。例如《德国基本法》明确规定的法定听审请求权来源于人权（人性尊严）保障，《欧洲人权公约》《世界人权宣言》《公民权利和政治权利国际公约》等都确认了法定听审请求权的内容。法定听审请求权的宪法化体现基本权利保障的宪法化和国际化趋势。② 其次，从法定听审请求权的功能上看，法定听审请求权保障具有人权保障的功能。一方面，法定听审请求权是一项基本权利，是人权的内容，因此，保障法定听审请求权即保障人权；另一方面，法定听审请求权作为一项程序基本权利，具有保障实体性权利的功能，在实体权利受到侵害时，当事人通过开启诉讼程序，并在诉讼过程中有效地行使法定听审请求权，获得法院裁判，从而实现对实体性权利的保护。尽管人权保障有多种方式，但是，宪法所确认的司法保障具有最高效力。因此，法定听审请求权上升为宪法规定，人权才能在诉讼中得到充分保障。

（3）宣示和保障法定听审请求权。

法定听审请求权的宪法化可以使法定听审请求权得以宣誓和保障。首先，向国家机关、国家官员及公民宣示法定听审请求权的重要性与根本性。正如卡佩莱蒂教授所言："事实上，将特定的权利和保障载入国际文件和宪法文件，其主要目的之一在于，这些文件对公民、法院具有教育上的影响。对公民而言，公民可以得知这些权利如此的基本，如此的重要；对于法院而言，必须强化保护这些价值准则的审判工作。"③ 其次，为法定听审请求权这一基本权利提供最为有力的法律保障。宪法作为国家的根本法，具有最高法律位阶，在国家的政治生活和社会生活中具有至高无上的地位，是调整社会关系

---

① ［美］杰克唐纳利：《普遍人权的理论与实践》，王浦劬等译，北京：中国社会科学出版社，2001年版，第7页。
② ［意］莫诺·卡佩莱蒂等：《当事人基本程序保障权与未来的民事诉讼》，徐昕译，北京：法律出版社，2000年版，第13页。
③ 同上注，第64页。

的最高行为规范，一切国家机关和公民的行为都必须遵守宪法的规定。只要宪法规定了法定听审请求权，普通法律的制定、修订和司法运作都不能漠视、弱化或剥夺公民的这项权利，否则违宪。

（4）确认民事诉讼法的宪法理念。

在法治社会，宪法具有最高权威地位，部门法的制定和实施都必须以宪法为依据。民事诉讼法也应当遵行宪法，对宪法加以具体实践，在这个意义上，民事诉讼法可以称是"被适用的宪法"。《德国基本法》第103条第1项明确规定了法定听审请求权，旨在对民事诉讼中的当事人的人权保障提供宪法依据。我国宪法尊重并保护人权，而人权保障在民事诉讼中体现为当事人诉讼主体地位保障，法定听审请求权即是当事人主体地位保障的具体实践，也是人权的保障。因此，宪法把法定听审请求权纳入公民基本权利的规定，不仅是对作为程序权利的法定听审请求权的确认，而且也是对民事诉讼中的人权保障的宪法理念的确认。

2. 法定听审请求权的民事诉讼法化

法定听审请求权的民事诉讼法化是指民事诉讼法明确规定法定听审请求权。由于法定听审请求权既是一项程序基本权，又体现人权保障和法治国家原则，因此，法定听审请求权的民事诉讼法化也应当具有这两重意义。

（1）作为人权保障理念的法定听审请求权。

第一，人权保障的宪法理念在民事诉讼法上的具体化。

法定听审请求权纳入民事诉讼法的规定，是民事诉讼法的宪法理念的具体化。任何的理念和观点都必有其载体和依托。我国宪法明确规定国家尊重和保障人权的理念，这一理念不仅成为一切国家机关和公民的行为准则，而且也不允许任何法律规定背离。民事诉讼法作为下位的部门法，应当遵守宪法，反映宪法的人权保障观。民事诉讼中的法定听审请求权贯穿民事审判过程，它在诉讼中以当事人主体地位保障而体现出的人权保障观渗透给当事人和法官。一方面，当事人在诉讼中积极、充分行使程序知悉权、意见陈述权和法官审酌请求权，享有就具有裁判重要性的事实和证据发表见解的机会，从而对裁判的形成施加影响；另一方面，法定听审请求权给法官传达对诉讼中的当事人提供人权保障的理念。"在任何案件中都可以看到司法理念的痕迹，任何法律规定，最终都必须通过法官自身独有的司法理念过滤，才能得到富于个性化的展示，并体现在具体案件的程序运作和裁判结果中。"① 首先，法定听审请求权对法官具有约束性。在诉讼中，证据失权制度是对当事人提供证据权的合法限制，在一定程度上限制了当事人法定听审请求权所包含的提供证据权。因此，在德国，证据失权制度的适用极其慎重。如果法官错误地适用了证据失权，使当事人不能在诉讼中提出证据，则当事人的法定听审请求权受到侵害，当事人可以对此提出听审责问。这种对法官权力的限制实际上强化了诉讼以人为本、尊重当事人的主体地位的理念，是宪法的人性尊重、人权保障观在民事诉讼领域的实践。其次，法定听审请求权具有防止突袭性裁判的功能。法官在诉讼中承担释明义务，就当事人陈述不明确、不完整之处进行提示和释明，并且向当事人公开其法律观点，只能在经当事人表明见解的事实和证据的基础上作出裁判，并在裁判书中说明理由。如果裁判理由书中的裁判事项未经当事人事前表明意见，当事人受到裁判突袭，可以就其法定听审请求权受到侵害要求法律救济。因此，法定听审请求权纳入民事诉讼法的规定，不仅可以使当事人的权利和法官的权限有法可依，使诉讼当事人的主体地位保障法定化，而且也是宪法上的人权保障理念的体现和实践，是程序保障的宪法理念的具体化。

第二，法定听审请求权作为人权保障理念的原则化。

法定听审请求权不仅是一项程序基本权利，而且也是一种体现人权保障理念的民事诉讼法基本原则。法定听审请求权纳入民事诉讼法的规定，赋予其在民事诉讼法中的原则地位，有助于确定法定听审所体现的人权保障理念在民事诉讼中的指导意义。

"法定听审"和"法定听审请求权"这两个词语通常可以混用，这说明，"法定听审请求权"或"法定听审"就是一种人权保障观，法定听审请求权既是一项权利，又是一项贯穿和指导民事诉讼的原则或者一种精神。法定听审请求权在诉讼中的行使，实际上起到了指引法官和当事人的诉讼行为的原

---

① 何良彬："论现代司法理念与法官创造性释法——兼评司法能动主义在我国的前景"，《当代法官》，2005年第1期，第22页。

则作用。当事人具有诉讼主体地位，不是诉讼的客体，因此，他有权在诉讼中通过知悉程序信息、提供事实和证据、接受法官就案件事实和法律问题的提示或释明。在对事实和证据表明见解的前提下，经过法官的审酌，接受裁判。而法官则必须保障当事人及时获得程序信息，确定适当的期间，使当事人提供证据并表明见解，最后根据经当事人表明见解的事实和证据作出裁判。因此，法定听审请求权在民事诉讼法中明确规定为其基本原则，这就是对法定听审请求权保障的原则化。

作为一种诉讼理念，法定听审请求权还具有整合民事诉讼制度的功能。首先，法定听审请求权是与其密切相关的民事诉讼制度构建、展开和改革的指导思想。法定听审请求权是当事人在诉讼系属后到裁判作出期间所享有的一项程序性基本权利，并因其丰富的内容而涉及民事诉讼中许多重要制度，包括从送达制度到法官提示义务，从当事人制度到救济程序。可以说，法定听审请求权是民事诉讼程序的一条主线，民事诉讼程序围绕法定听审请求权的行使和保障而展开，各相关的民事诉讼制度的构建、展开和改革也应以法定听审请求权为核心。例如送达制度。我国送达制度改革的核心是有效送达，只有有效送达，当事人才能及时了解案件已系属等诉讼信息，从而为其在审理程序中行使提供证据权、表明见解权提供条件。其次，法定听审请求权成为民事诉讼中其他制度设计和完善的依据。例如裁判文书制度。目前，我国人民法院裁判文书制作中存在不少需要改进的地方，诸如格式不统一，制作粗糙，重证据罗列，轻证据和法理分析，说理不透，逻辑性不强。而裁判文书说明理由是法定听审请求权保障的重要途径。法官在作出裁判的过程中，是否给当事人提供了充分表明见解的机会，是否履行了提示义务，裁判是否建立在经当事人表明见解的事实和证据的基础上，等等，都可以从裁判文书中发现当事人的法定听审请求权是否得到有效保障，裁判文书因此成为当事人就法定听审请求权受到侵害提出法律救济的依据。因此，我国目前对裁判文书的改革与完善，实际上体现了法定听审请求权保障的理念。

（2）作为基本权的法定听审请求权。

第一，法定听审请求权保障的体系化。

法定听审请求权纳入民事诉讼法的规定，是法定听审请求权这一特殊权利保障的体系化的要求。法定听审请求权与普通诉讼权利的不同之处在于，前者具有基本权利的地位。法定听审请求权包含着当事人在诉讼中享有的诸多诉讼权利，例如当事人享有的诉讼系属告知请求权、阅卷权、提供证据权、陈述权等，这些权利都散见于我国现行民事诉讼法的个别条款和各种诉讼制度中，并没有作为一项具体的复合性权利在法律上加以规定，也没有一套专门的法律救济制度。然而，这些权利对裁判的形成具有决定性意义，鉴于民事诉讼法没有明确规定法定听审请求权，法定听审请求所包含的诸多权利在诉讼法上的规定和在诉讼中的行使及保障与其他普通诉讼权利没有区别，没有体现出它们作为法定听审请求权这一程序基本权利的组成部分所应当具有的基本权利的特点和特别保障。因此，只有在民事诉讼法上明确规定法定听审请求权，并把其所属的各项权利纳入其中，法定听审请求权及其保障才得以体系化。

第二，法定听审请求权民事救济程序的法定化。

听审请求权纳入民事诉讼法的规定，则必须实现法定听审请求权民事救济程序的法定化，因为有权利必有救济。我国现行《民事诉讼法》没有对法定听审请求权所包含的权利规定专门的救济程序，而仅仅提供一般的上诉和再审程序救济。这种一般性救济方式与法定听审请求权所具有的基本权利的性质极不相称。法定听审请求权作为一项程序基本权，具有宪法地位。宪法作为最高位法的地位决定了法定听审请求权救济方式的特殊性。各国对于基本权利的救济模式不同。在德国的民事司法改革中，法定听审请求权救济从宪法法院下放到普通民事法院，民事诉讼法专门规定了法定听审请求权救济程序。尽管此举主要出于减轻宪法法院工作负担的考虑，但是，它在客观上为基本权利获得普通程序救济提供了典范。尤其是对于我国而言，我国现行《宪法》目前没有明确规定法定听审请求权。如果把法定听审请求权纳入民事诉讼法，势必面临法定听审请求权的民事救济问题。我国对此应当借鉴《德国民事诉讼法》规定的法定听审请求权的民事救济程序，改革和完善我国民事救济程序。

（二）司法实践之现实需要

1. 从诉讼制度的根源上有效防止涉法上访

涉法上访，是指在已经或应当被司法机关受理，或者已经进入诉讼程序的案件中，有利害关系的当事人对于司法机关的作为或不作为提出意见或投诉，以期其所反映的问题能获得公正解决。从涉法上访的内容看，反映的问题主要涉及司法的权威性、严肃性、廉洁性、公正性，以及司法的效率与公正的关系、社会纠纷与矛盾的解决机制等。目前，我国涉法上访的现象依然突出。2004 年，人民群众涉法来信、来访大幅上升。最高人民法院该年全年共办理来信来访 14 万余件人次，上升 23.6%。由最高人民法院直接立案审查 1500 余件，其余按审级管辖规定交由地方各级人民法院审查。上访已经给最高人民法院造成了极大的负担和压力。而形成涉诉上访潮的很大一部分原因是"一审没审好，审的基础不好，办理案件的质量不高，很可能有当事人走上诉的道路，还有的找领导批示、找关系来解决。"①

法院审判过程中存在问题是涉法上访诸多成因之一。这主要表现为一、二审裁判不公，存在程序上的不合法、实体处理不当和适用法律不当问题；法官不认真对证据进行质证、认证，对当事人提供的新证据不认真审查，既不采信也不否定；不耐心听取双方当事人的意见，偏听偏信，草率下判；少数二审案件该开庭的不开庭，或开庭走过场，敷衍了事；裁判文书质量不高，存在叙述事实不清、说理不透彻，甚至出现错、漏字等文书差错问题，导致当事人不能很好地理解和接受裁判结果并息访息诉，部分申诉人甚至抓住个别判决文书的质量问题，以文书中出现病句或错字而影响公正裁判为由反复申诉。这类型的涉法上访实际上体现出当事人因诉讼程序的瑕疵而质疑司法裁判的权威。

因此，要有效地防止涉法上访，必须切实保障当事人的法定听审请求权。如果当事人在案件审理的程序中获得充分的机会，提出自己的主张和证据，知悉案件信息和对方当事人的陈述，对案件事实和法律问题表明自己的见解，

---

① "两高共解涉法上访难题"，《中国青年报》，2005 年 3 月 11 日。

那么，他就切实感受到程序保障和程序的公正，容易做到"辩法析理，胜败皆服"，案件的处理结果也能得到社会公众的接受和信任。

2. 促进诉讼程序的优化

有效地减少涉法上访的根本措施是保障当事人的法定听审请求权。涉法上访固然能够平息一部分的纠纷，但是，奢望通过信访制度更多地"为民作主"，显然不符合现代民主与法治社会的潮流。让公民自己作主、帮助公民掌握法律武器、为公民提供更多的接近司法的便利和机会以及为他们建立和提供公正与经济的司法制度，才是明智之举。当事人的法定听审请求权保障涉及民事诉讼各制度之间的衔接，例如送达、提供证据、法官心证公开等。这些制度的合理设计使得当事人能够最大限度地参与裁判的形成过程。在当事人的法定听审请求权得以充分保障的同时，当事人也获得了对裁判的信服力和接受度，进而服判息讼。

3. 树立司法权威

司法权威可以藉由法定听审请求权的保障而树立。法定听审请求权具有宪法上的至高地位，因此，法定听审请求权的保障能够有效地把当事人的诉讼权利对法官审判权的合理制约提升到宪法高度，即通过强化当事人受到宪法保障的程序主体地位，使当事人充分有效地参与裁判所依据的事实和证据的厘清过程，并藉此获得裁判预期，进而接受裁判。裁判说明理由是法定听审请求权保障的要求。裁判文书是法官说法论理的法定形式，说明裁判理由是体现裁判权威性和公正性的重要保障，也是进一步增强法官司法能力，提高司法水平的必然要求。因此，裁判书说明理由有利于揭示裁判程序的透明度和公正性，从而促进纠纷的最终解决，使当事人尊重司法裁判的权威性。对此，作为一名人民司法的缔造者谢觉哉也指出："司法威信的建立，在于断案的公正和程序的合法，不在于改判与否上。"[①]

4. 减轻最高人民法院负担

"作为位阶最高的法院，最高法院具有解决纠纷、统一司法、公共政策的制定和制约权力诸功能。顺应市场经济发展的需要和世界潮流，我国最高

---

① 谢觉哉传编写组：《谢觉哉传》，北京：人民出版社，1984年版，第92页。

人民法院应强化统一司法、公共政策的制定和制约权力等功能，而弱化解决纠纷功能，从对个案公正的追求中抽身出来，更好地服务于公共目的。"① 然而，由于当事人在诉讼过程中并未对作为裁判基础的事实和证据充分地表明意见，此时作出的裁判难以得到当事人的信服，当事人只能不断地上诉，并在终审裁判作出后，由于申诉不受限制，当事人可以继续层层向上级申诉，最终给最高人民法院造成极大的负担，严重影响了最高人民法院功能的发挥。对此，有必要在审判程序中全面保障当事人的法定听审请求权，进而使当事人依法对程序进程和结果施加影响，培养并对裁判的信任感和接受感，最终服判息讼。

二、我国确立法定听审请求权之可行性

（一）宪法基础

我国 2004 年通过的宪法修正案明确规定"国家尊重和保障人权"，把人权保障纳入了宪法。人权入宪表明，人权已经成为国家的价值观，国家把尊重和保障人权作为根本目的，人权保障已成为宪法的原则。

人权入宪为法定听审请求权的宪法化提供了基础。首先，尊重和保障人权的宪法原则是公民权利纳入宪法规范的依据。公民权利是人权的法律形式。人权作为人的权利之源，具有公民权利不具有的创造功能，它不断催生新的公民权利，促进公民权利的进步和完善。人权入宪使中国宪法确立了以人为本的思想，恢复了宪法的本来面貌。法定听审请求权作为一项公民程序权，对于民事诉讼中的人权保障和程序正义的实现具有重要意义。法定听审请求权纳入宪法规范是对民事诉讼中的人权最有力的保障。其次，人权入宪赋予国家的责任和义务以新的内涵，明确了国家承担的人权责任，符合法定听审请求权对法官的义务和当事人权利的界定。在国家与公民的关系上，公民是

---

① 左卫民、何永军：《政法传统与司法理性——以最高法院信访制度为中心的研究》，载《四川大学学报》，2005 年第 1 期，第 118 页。

享有人权的主体，国家是保障人权的主体，是义务的承担者。公共权力必须保护人权，否则，就是违宪。依法治国首先就是要依宪治国。在民事诉讼领域中，法定听审请求权不仅赋予当事人程序主体地位，依法行使其意见陈述权、提供证据权等一系列程序权利，而且还要求行使国家司法权的法官为当事人的程序主体地位提供保障，即法官有义务对当事人提供的事实和证据依法进行审酌，对于当事人陈述不清楚、不完整之处予以释明，保障当事人的法定听审请求权。法定听审请求权的行使实际上符合宪法对国家承担的人权责任的界定，为当事人提供了民事诉讼程序的公正性和保障了当事人对程序的信任感。最后，人权入宪提高了社会的人权意识，为法定听审请求权纳入宪法提供了思想基础。法定听审请求权作为民事诉讼领域的一项基本程序权利，它对于保障当事人的诉讼主体地位具有重要意义。然而，我国宪法一直没有明确规定人权保障，这使民事诉讼中的人权意识受到抑制，民事诉讼法的宪法理念难以展开，民事诉讼法的各项制度缺乏相互支撑的根据，最终使民事诉讼法改革遭遇瓶颈。人权入宪有助于提高人们对法定听审请求权的人权保障功能的认识，并加快将法定听审请求权纳入宪法的进程。

（二）实践先行

司法实务中的一些改革举措实际上已经体现出了法院在保障法定听审请求权的内容方面的尝试。例如，北京市第二中级人民法院推出的查阅案卷告知制度。从2007年11月1日开始，到北京市第二中级人民法院立案或参与诉讼的当事人及代理人都可以得到一份绿色封皮的查阅案卷告知书。当事人及诉讼代理人可以依法查阅规定范围内的案卷。最高人民法院也颁布了《关于诉讼代理人查阅民事案件材料的规定》。但是，该院在提供查阅案件卷宗服务的过程中发现，很多当事人及诉讼代理人并不知道自己享有查阅案卷的权利，有些当事人即便知道自己享有这项权利，也不了解查阅案卷需要履行的手续和程序。为使当事人及诉讼代理人能够全面了解上述各项内容，从而有效地行使阅卷权，该院专门推出当事人及诉讼代理人查阅案卷告知制度，向当事人发放查阅告知书。这项举措不仅方便群众诉讼，更是促进审判公开的一项最新举措，事实上也是法定听审请求权保障的要求。

(三) 体系定位

根据体系强制理论,法律体系必须是无矛盾的,一旦有矛盾,就构成法秩序中的"体系违反"(Die Systembüche)。体系违反通常表现为"规范矛盾"(Die Normwidersprüche)或"价值矛盾"(Die Wertungswidersprüche)。规范矛盾是指,数个不同的法律规范对同一个法律事实进行规范时,被赋予不同的法律效果。规范矛盾大多可依照有关竞合的理论,通过法律解释的途径来解决。价值矛盾则存在多种态样,其中最典型的是碰撞式价值判断矛盾。当一个规范把一种法律效果赋予某一个法律事实,而另一个规范又把另一个效果赋予另一个法律事实,尽管两个法律事实的实质重点相同,但是,对这种实质重点相同的法律事实却采用事理外的理由加以区别对待,则属于价值判断矛盾。规范矛盾和价值矛盾均属于法律漏洞,在立法时应当避免。①

法定听审请求权是当事人在诉讼过程中所享有的请求法院听审的权利。法定听审请求权纳入我国宪法和民事诉讼法,符合体系强制,不违反我国现行法律体系和现有民事诉讼理论体系。

1. 法定听审请求权在我国《宪法》上的定位

法定听审请求权是一项程序基本权。我国现行《宪法》没有明确规定公民享有的程序基本权,但是,根据该法所宣示的人权保障,法定听审请求权应当纳入公民的基本权利目录。人权一般可以分为"自由权的人权、参政权的人权、生存权的人权、请求权的人权和平等权的人权"。② 民事领域的请求权分为民事实体法上的请求权和民事程序法上的请求权。程序法上的请求权主要分为仲裁请求权和诉讼请求权等。诉讼请求权是指公民享有的请求国家司法机关通过法定的诉讼程序,对实体法上的具体权利提供救济或者对法律争议予以解决的权利。③ 诉讼请求权应当作为人权纳入到《宪法》的程序基本权,程序基本权涵盖司法裁判请求权、法定听审请求权和公正程序请求

---

① 黄茂荣:《法学方法与现代民法》,北京:中国政法大学出版社,2001年版,第311~319页。
② 徐显明:"人权的体系与分类",《中国社会科学》,2000年第6期,第100页。
③ 田平安、肖晖:"简论人权的民事诉讼保护",《现代法学》,2007年第5期,第70页。

权。裁判请求权是公民请求法院开启审判程序，就争议案件作出裁判的权利。公正程序请求权，是指当事人在诉讼程序上享有地位平等、"武器平等"的权利。而法定听审请求权则保障当事人在诉讼中享有对裁判的形成施加积极有效影响的机会。因此，以法定听审请求权纳入《宪法》为契机，构建我国民事程序基本权体系，为其他一切权利提供保障，否则，人权保障无从谈起。

法定听审请求权在《宪法》上的体系定位，弥补了《宪法》上程序基本权缺位的不足，不仅有利于《宪法》的体系完善，也为民事诉讼法中的人权保障提供了最低保障。

2. 法定听审请求权在我国《民事诉讼法》上的定位

法定听审请求权既是一项程序基本权，又是一项复合性诉讼权利，它与诉讼权利不完全相同，但不冲突。一是法律依据不同。法定听审请求权的法律依据是宪法，它是宪法上的基本权利。而诉讼权利的法律依据是民事诉讼法，是民事诉讼法上的权利，是具体的法律权利。二是产生的时间不同。法定听审请求权是一项宪法基本权利，所以，无论诉讼是否开启，它都是公民固有的权利。而除了起诉权外，大多数诉讼权利则是当事人在诉讼过程中才能享有的权利。三是权利主体的相对人不同。法定听审请求权是针对代表国家的法院提出的请求权，法院有义务为当事人提供保障。而诉讼权利主体的相对人则宽泛得多，既包括法院，也包括当事人双方甚至第三方。

法定听审请求权与诉讼权利存在密切联系：首先，法定听审请求权是诉讼权利的宪法基础，是诉讼权利获得宪法保障的依据；其次，法定听审请求权是多项诉讼权利依次有序的复合物，而不是可任意拆卸的诉讼权利的简单累积物；最后，法定听审请求权通过诉讼权利实现，即当事人通过行使意见陈述权、提供证据权等诉讼权利，实现法定听审请求权。

3. 法定听审请求权的理论体系定位

审判程序是司法裁判请求权与法定听审请求权共同运行的过程。司法裁判请求权的行使旨在开启诉讼程序，在诉讼系属后到裁判作出之前行使的法定听审请求权，则旨在对法官形成裁判实施积极有效的影响，因此，这两个不同阶段发展分别适用不同的理论。司法裁判请求权应当由可诉性理论加以研究，解决公民"对什么可以提起诉讼"的问题，即可诉范围，实质上是对公民权利保护范围的界定，回答公民在哪个范围内的权利能够通过司法程序获得保护的问题。① 法定听审请求权则回答在诉讼进程中，法官（国家）应当如何保障当事人的程序基本权，使其充分表明意见，积极影响裁判的形成。因此，司法裁判请求权保障是一种"程序的保障"，是"保障走向法院、接近法官之机会、权利（司法制度使用权、程序参与权）"。而法定听审请求权保障是种"程序权保障"，是"在起诉以后之诉讼程序上或特定非诉程序上，保障当事人或利害关系人，均有在法官面前充分陈述意见、辩论及提出攻击防御方法的机会。"②

---

① 左卫民等著：《诉讼权研究》，北京：法律出版社，2003年版，第53页。
② 邱联恭：《司法之现代化与律师之任务》，台北：五南图书公司，1993年版，第88页。

第九章
我国法定听审请求权实定法化之宏观构想与制度完善

一、《宪法》上法定听审请求权之立法构想

首先,全国人大通过修宪程序,在宪法中明确规定公民享有法定听审请求权。法定听审请求权的行使即意味着人权得到保障,同时,保障当事人的法定听审请求权也意味着提供人权保障。所以,法定听审请求权应当作为一项基本权利在宪法上确认。

其次,在涉及作为基本权利的法定听审请求权的宪法救济方面,应当借鉴德国的专门法院司法审查模式,由最高人民法院设置专门法庭对司法实践中侵害法定听审请求权的行为予以追究。

法定听审请求权在英美国家宪法中受到正当程序原则的保障。综观各国的宪法实践活动,国家机关违反该原则行使权力时,都被认为违宪,受到违宪审查。在司法审查模式上,主要存在美国模式和欧洲模式之分,而欧洲模式又以德国专门法院审查模式和法国的宪法委员会审查模式之区别。但是,由于法系传统上的亲缘关系,德国专门法院审查模式更应当受到我国关注。德国设置宪法法院作为专门司法审查的法院。该法院的任务是"把宪法秩序作为法律秩序加以维护",[①] 它一方面审查法律、法规的合宪性,同时,公民

---

① [德]阵特·奈特海默尔:《联邦德国政府与政治》,孙克武译,上海:复旦大学出版社,1985年版,第185页。

个人也可以通过向该法院提起宪法抗告①而获得宪法救济。宪法法院根据宪法，对涉及宪法性问题的具体争议作出裁决。

我国目前没有建立类似德国宪法法院的司法审查机构，我国法院一直没有在诉讼中引用宪法，宪法上基本权利的救济无法通过司法审查进行，而是通过法律解释或援引相关的普通法律规定予以救济。换言之，宪法不能直接应用于解决纠纷之中。当公民的宪法权利遭到侵犯时，如果普通法律没有相应条款，公民的某些宪法权利就难以得到司法救济。这是法定听审请求权纳入宪法后所面临的最大难题。

对此，在法定听审请求权纳入宪法后，为了有效保障法定听审请求权，全国人民代表大会常务委员会可以委托授权最高人民法院，设置专门法庭，②审理侵害法定听审请求权的案件。当事人在符合"用尽救济程序"条件时，可以向最高人民法院提出宪法控诉。用尽救济程序是指侵害宪法上的法定听审请求权的行为用尽普通司法程序后，仍然不能得到救济时，当事人才能向最高人民法院提起诉讼。例如，普通法律上的终审已经完成，但是公民认为普通法院的判决仍然侵犯了其法定听审请求权，此时，可以向最高人民法院提起控诉。这体现了宪法的"基本法"地位和最高人民法院作为非专门司法机关性质的特点。

二、民事诉讼法上的法定听审请求权立法设计

宪法化的权利实质上是法定权利。宪法所具有的"高级法"（Higher Law）的背景并不能保证当事人切实享有法定听审请求权，因为宪法本身就有纸面上的宪法和现实的宪法之分。如果说在一个经济生活受到彻底管制的国家中，甚至形式上承认个人权利或少数人的平等权利都会失去任何意义，那么，也可以说，在公民法定听审请求权无法得到保障和落实的国家里，仅有宪法或

---

① "Verfassungsbeschwerde"译作"宪法诉愿"，也有学者译为"宪法控诉"。参见陈新民：《德国公法学基础理论》，山东：山东人民出版社，2002年版，第164页。

② 也有学者做出类似设想，例如王广辉主编：《通向宪政之路宪法监督的理论与实践研究》，北京：法律出版社，2002年版。

法律规定的法定听审请求权也将不会有任何意义。因此，民事诉讼法明确规定法定听审请求权及其救济，才是对宪法权利的有效实施和保障。

1. 明确规定法定听审请求权是民事诉讼法的基本原则

民事诉讼法的基本原则是指在民事诉讼整个过程中起指导作用的准则。①哪些基本原则属于宪法上的基本权利保障的范围，哪些属于立法政策、裁量的范围，这个问题的回答有助于判断违反诉讼法的规定仅具有违法性，或者同时兼具有违宪性，从而避免把民事诉讼上的问题都指向宪法层次，避免过度宪法化，或宪法化不足，忽略宪法对于民事诉讼法的基本要求。过度宪法化使民事诉讼法丧失活力与弹性，并有欠缺效率的危险，因为只要违反民事诉讼法就是违反宪法，从而产生高度复杂的宪法争议。同时，程序违法和违宪的救济程序不同。程序违法可以通过民事诉讼本身的救济途径予以排除，而违宪行为则应当设计出最后的救济制度。②

我国民事诉讼法的基本原则主要有平等原则、辩论原则、处分原则等。处分原则与宪法上的人格权、自由权和财产权的保障有关，个人有权自主决定处分其私权。在诉讼上，诉讼的开启、终结和审判对象都由当事人决定，法院应当受当事人起诉、舍弃、认诺、撤回、和解以及关于诉讼标的与诉的声明的约束。诸如是否必须以书面形式或口头形式起诉这类事项，属于立法裁量的范围，不涉及违宪。辩论原则涉及法院不能采用当事人没有提出的事实作为裁判的基础或调查当事人没有声明的证据，其目的在于防止突袭裁判。至于哪些事实和证据属于法官调查的范围，亦属于立法裁量范围。平等原则则来源于宪法规定，违反平等原则应属违宪。法定听审请求权是宪法所确定的人权保障理念的体现，贯穿于整个民事诉讼法和民事诉讼过程，并具有指导作用。因此，法定听审请求权纳入我国民事诉讼法的基本原则是对法定听审请求权的宪法地位最贴切的诠释。

2. 完善法定听审请求权之民事救济程序

法定听审请求权的救济不需要提供特殊的民事审级，因此，其救济程序

---

① 常怡主编：《民事诉讼法学》，北京：中国政法大学出版社，1999年版，第66页。
② 沈冠伶：《诉讼权保障与裁判外纷争处理》，北京：北京大学出版社，2008年版，第33页。

应当全面完善。首先,明确规定法定听审请求权的救济名称。由于法定听审请求权是一项复合性诉讼权利,难以在法律上一一罗列,因此,民事诉讼法可以明确对法定听审请求权的救济作出一般规定。其次,法定听审请求权救济方式多样化。从整体上看,法定听审请求权救济方式实行双轨制,即宪法层面的救济和普通民事程序的救济,对此,应当规定,只有在穷尽普通民事诉讼程序之后才能提出宪法救济,从而与宪法救济接轨。最后,在我国现有的两审终审制度条件下,为了及时、有效地保障法定听审请求权,有必要完善民事再审程序,使民事救济程序富有自治性。

三、我国现行送达制度之检讨与改进

(一)送达制度之检讨

1. 送达方式存在缺陷

(1)直接送达难操作。

我国现行《民事诉讼法》第78条规定了直接送达。该条规定在司法实践中存在三个问题,导致直接送达难:一是送达主体单一。民事诉讼法虽然没有明确规定送达主体,但是,从其相关的法律规定来看,人民法院无疑被认定为唯一的送达主体。二是受送达人的地址难以确定。由于受送达人下落不明,或者当事人提供的地址不准确,法律文书需要反复多次才能送达,这往往使法院的送达工作耗时又费力,当事人也无法及时获悉诉讼信息。三是有关人员的身份难以认定[①]。一些公民的同住人不一定是家属;一些法人和其他组织内部工作人员不一定有明确分工。因此,在送达签收时,同住人、法人及其他组织内部工作人员可能互相推诿或拒绝签收,导致送达无效。

(2)留置送达条件严苛。

留置送达主要适用于被送达人无故或借故拒绝签收诉讼文书(调解书除

---

① 唐震:"对民事诉讼送达程序若干问题的思考",《政治与法律》,2002年第2期,第17页。

外）的情况①。留置送达具有强制性，因此，我国《民事诉讼法》第 79 条、《最高人民法院关于适用〈中华人民共和国民事诉讼法〉若干问题的意见》（以下简称《适用意见》）第 82 条以及 2003 年 12 月 1 日施行的《最高人民法院关于适用简易程序审理民事案件的若干规定》此对此作了严格的限制性规定，要求留置送达应当具备如下条件：一是受送达人拒绝接收诉讼文书，拒绝在送达回证上签字或盖章。二是必须有见证人。受送达人拒绝接受诉讼文书时必须有见证人在场时，才能使用留置送达。三是见证人必须具备特定身份。只有有关基层组织或者所在单位的代表才能作为拒收送达文书的见证人。送达虽然由法院两名工作人员实施，但是，不能以一名工作人员实施送达，另一名工作人员作为见证人的形式进行留置送达。

留置送达制度存在两个问题：一是见证人范围过窄。见证人拒绝签收送达文书或见证送达行为，这也是因上述关于留置送达的法律规定不明确所造成的。首先，法律规定见证人制度的目的在于限制法院滥用留置送达而不确保直接送达。留置送达严格的程式化规定，尤其是留置送达以强制要求有关基层组织或单位代表实施见证行为为前提的规定，都体现了限制法院滥用送达职权的积极意义。其次，法律没有规定见证人的见证义务，这阻碍了法院送达职权的行使。我国民事诉讼法没有规定有关基层组织或单位代表负有实施见证行为的义务。该法只规定"送达人应当邀请有关基层组织或单位代表到场"。据此，有关基组织或单位是否到场见证，完全取决于其自觉性和法律意识。而法院作为送达人，负有送达义务，这种送达义务是承担国家赋予的审判职能而必须履行的职责义务，是不能放弃和怠于依法行使作为国家权力的法院职权。因此，该规定可能导致的后果是，法院在民事送达行为中，法院职权行为的完成取决于其他机关或单位的行为。在司法实践中，有关基层组织或所在单位代表由于种种原因不愿到场见证的情况客观存在，妨碍了有效送达。虽然最高人民法院《适用意见》已经认识到了其他机关或所在单位代表在履行见证义务后不愿在送达回证签名或盖章的情形，但是，对其不愿履行见证义务的情况仍然未予考虑，这使得司法实践中合法有效的留置送

---

① 崔建平："诉讼文书送达法律制度的完善"，《法学》，1994 年第 12 期，第 52 页。

达难以实现。二是留置送达的适用范围狭窄。留置送达只适用于受送达人和指定为代收人的诉讼代理人，这降低了受送达人收受文书的可能性，难以确保实际送达，显然难以适应纷繁复杂的审判实践形势。

(3) 委托送达时的受托法院不明确。

按照《民事诉讼法》第 80 条的规定，"直接送达诉讼文书有困难的，可以委托其他人民法院代为送达。"由于立法和司法解释并未作出具体规定，"其他人民法院"一般被理论界理解为"受送达人所在地人民法院"。受送达人不在同一地域时，委托送达的受托法院可能并不相同，实务操作也不统一。法院有可能委托受送达人所在地法院的基层人民法院、中级人民法院或者高级人民法院，并且在受托法院是中级人民法院或者高级人民法院时，受托法院还可能转委托，委托其下级法院送达。如此一来，送达的及时性和诉讼效率都难以得到保障。

(4) 邮寄送达主体职责不明。

邮寄送达是人民法院较为普遍使用的一种送达方式，它比需要专门的工作人员在规定的工作时间的直接送达方式更有利于降低诉讼成本和提高工作效率。我国现行《民事诉讼法》第 80 条规定了邮寄送达，2004 年出台的《最高人民法院关于以法院专递方式邮寄送达民事诉讼文书的若干规定》明确规定了以法院专递形式进行邮寄送达。虽然立法上没有明确规定法院是唯一的送达主体，但是，我国法律上实际上对此予以默认，并且没有规定除法院之外的其他送达主体。因此，邮寄部门的职责不明，它作为送达主体的合法性受到质疑。

(5) 公告送达形式化。

我国现行《民事诉讼法》第 84 条规定了公告送达。公告送达是在该法所规定的其他送达方式无法送达时所采用的送达方式。立法对此规定比较粗陋，没有规定公告的具体方式和让当事人知晓的有效保障，似乎更多地出于满足程序设计的形式完备性要求，只要"视为送达"即可。这实质上反映了送达制度缺乏有效送达和有利于保护当事人法定听审请求权的理念。因此，无论在立法上还是在司法实践中，绝大多数公告送达只是法院履行法定程序的一种形式，受公告送达的当事人的各项诉讼权利是否得到有效保护的问题均未受到足够重视。

以上五种送达方式所存在的问题一方面阻碍送达的实现；另一方面，立法上也没有明确规定送达不能或者送达过程中的责任承担。因此，我国送达制度急需完善。

2. 推定送达制度之局限性

除直接送达方式以外，其他送达方式都会出现一些效力待定的情况，法律通常应就送达的效力确认进行推定。送达的法律效力由两个方面决定，即送达的凭证（送达回证）和送达的日期。这两个方面是送达推定的主要依据。我国现行民事诉讼法只规定了公告送达和留置送达两种方式的推定，即公告送达的，经过公告期即视为送达，留置送达的文书留交当事人即视为送达。这两种推定在一定程度上保障了当事人的知悉权。但是，由于当事人过失或故意不告知送达地点，或者当场拒收送达文书，诉讼进行遭到阻碍，对方当事人的权益保护将会落空，因此，有必要进一步完善推定送达制度，保护双方当事人的法定听审请求权。

（二）我国民事诉讼送达制度之改进建议

1. 送达方式以保障有效送达为目标

（1）直接送达。

①扩大代收人的范围。自然人只要具有与其年龄与智识相符的、足够的辨别能力，并且方便送达，都可以作为代收人；设立诉讼代理人强制代收制度，一经送达诉讼代理人视为送达；在送达法人或者单位时，法人或其他组织的办公室、收发室或值班室工作人员以及其他负责收件人签收即为送达。

②拓宽送达的场所，明确代收人的职责。受送达人无论是公民还是法人或其他组织，可随地送达，不应有区域限制。

③扩大送达时段。借鉴德国随时送达制度，尤其是受送达人是公民时，只要遇见即可向其送达。

④在立法上确定代收人的转交职责。送达时，在收件人为非当事人时，例如当事人的诉讼代理人、公民的同住成年家属、法人或者其他组织负责收件的人，为了确保诉讼当事人实际知晓法院送达诉讼文书的内容，这些代收人的转交职责应当在立法予以承认。

（2）留置送达。

①留置送达首先应当扩大见证人的范围。留置送达见证人不应当仅仅限于有关基层组织或者所在单位的代表，任何在场或者相邻的适龄适智的公民在留置送达时都可以承担法定的见证义务。

②放宽留置送达的条件。一是规定在有两名以上法院工作人员（限于法官、书记员、法警）在场的情况下即可适用留置送达；二是规定在向经受送达人认可的地址送达时，一定时限内两次不同时间送达均无人接收，即可适用留置送达，从而免去公告送达耗时较长的弊端。这有利于法院及时送达，保障当事人的法定听审请求权，有利于实现司法公正和效率。

③扩大留置送达场所的范围。参照《德国民事诉讼法》，增设"补充的留置送达"制度，除了受送达人的住所地之外，诉讼文书还可以留置于当地的派出所、社区居委会或者村委会，并将留置的情形制作成书面通知，张贴于受送达人的住所门上或交其邻居转交，即视为送达，增加当事人实际知悉诉讼信息的机会。

（3）委托送达。

立法上应当明确规定，委托送达中的受托法院为受送达人所在地的基层法院，同时还要统一委托送达的程序和期限以及送达信息反馈的程序和期限，从而有利于及时送达。

（4）邮寄送达。

确立邮政机关的送达主体地位。从比较的角度看，在国外，邮寄送达的技术与送达的司法性结合起来并纳入诉讼法律规范之中，邮政机关被立法确认为送达的主体。例如，《德国民事诉讼法》第175条规定，"交付邮局即视为送达而发生效力，即使因投寄不到而退回，仍然有效。"我国应借鉴德国、日本等国家规定，邮政机关在实施邮寄送达时，应当明确赋予其送达主体资格，具体负责送达诉讼文书的邮局业务人员准用法院送达人员的规定，承担相应的职责。例如，邮政部门有权根据当事人邮寄送达地址确认制度，实行送达地址推定，依法留置送达。在义务方面，邮政部门应当严格依照送达程序，对受送达人或法定代收人履行告知义务，按照规定的方式和程序，完成要当事人签收并且在规定期限内向法院作好信息反馈的工作等。同时，邮寄人员故意违反程序造成损失时，应当承担相应的法律责任。

（5）公告送达。

公告送达应当改变形式化的弊害，在立法上规定有利于实际送达的公告内容和期限。首先，公告送达的内容应当具体，使受送达人知晓送达事项，从而保护其法定听审请求权。公告送达的内容应当包括诉请内容告知、权利义务告知、程序进行告知和裁判结果告知。其次，立法应当规定公告的张贴和刊登的严密程序，特别是对委托张贴公告要有具体的要求。最后，增加公告方式。由于公告具有公示性质，因此要求一定的地域广度。一种经济而有效的方式是由最高人民法院建设不收取费用或少收费用的公告网，登载公示信息，建立搜索引擎，并将该网址通过媒体广泛告知公众，以引起公众关注，并方便查寻。

2. 完善推定送达制度

为了保障当事人的法定听审请求权，立法应当完善推定送达制度，明确规定公告送达和留置送达中对其他情形下的推定：①送达回证未返回法院，但当事人参与了送达文书指定的诉讼程序或者实施了文书所指定的诉讼行为的，应视为送达；②当事人选择了送达方式，确认了送达地点，本人迁徙而未报告法院的，以其选择的方式向其指定的地点送达，即视为送达；③当庭宣判的案件，法院指定日期要求当事人前来领取裁判文书的，当事人无法定事由未在指定的日期到法院领取裁判文书的，视为已经送达；[①] ④定期宣判的案件，当事人在法院宣判后当即拒收裁判文书的，视为送达。

送达保障了当事人的法定听审请求权中的知悉权。由于法定听审请求权保障的是一种参与程序的机会，而不要求当事人实际行使该权利，因此，在足以确认当事人已经接受送达，或者通过推定确认其已经接受送达后，当事人未按送达文书的要求行使相应的程序权利时，由于法院已经给该当事人提供了法定听审的机会，那么，此时该当事人不得再提出听审责问。

3. 构建层级送达体制

层级送达体制设置的目的在于解决送达的内容问题。层级送达体制是

[①] 曾有焕："关于当庭宣判视为送达的法律思考"，《人民司法》，2001年第10期，第45页。

对送达的分级管理或者层次管理,是在立法上设置诉讼行为的明确指标,把诉讼行为评定为若干等级,根据具体诉讼行为的特点,优化配置送达方式和人力资源,设置简繁不同的送达方式,以适应具体的案件和审理方式。[①] 为了保证程序保障的最低限度,层级送达体制至少应当有下述的明确规则:

其一,以诉讼行为的性质为标准,建构分级送达体制。从诉讼行为联系的角度考虑,送达规则应当具备弹性,以与诉讼行为的性质相适应。以起诉为例,各国程序通知的原则是:起诉书应当直接送达被告,被告应有足够的时间准备答辩和出庭应诉,最佳的通知方式是书面通知直接送达被告。但在特殊情形下,为保持直接成本适度或者避免发生错误,变通这种理想的通知方式也是可以接受的。这种保障在多种送达方式的适用中都应当有所体现。

其二,设置分级送达规则时应当明确规定送达的一般性要求,即规定送达的最低限度要求。从以下两个方面合理设置送达的合法性、及时有效性的评价标准:第一,送达制度在运作中应当保障当事人能够明确地知晓送达事项和程序上的后果;第二,依据实际参与原则,签收人、签收方式应当符合诉讼程序的规定,诉讼行为的送达要有合理的证明,即要有确认实际送达的有效凭证或其他形式的送达证明。

其三,送达方式的多样性和可选择性。应对特定程序中所要求的各种诉讼行为及与其相适应的送达方式作出明确规定,在立法上明确规定特定的诉讼行为应当采取什么方式、在什么场所以及在何时进行通知。例如,法院除采用邮递方式外,可以用图文传真及远距离资讯传送方法,以及电报、电话通讯或其他快捷安全之通讯方法,传递任何信息。

其四,设立必要的送达救济方式。《德国民事诉讼法》关于送达制度的救济,规定了回复原状和再审程序。在留置送达和公告送达中,当事人无过错而没有知悉诉讼告知的内容,进而错过期间的,可以在两周内提出回复原状申请,如果超过了该期间,可以在终局裁判后一个月内申请再审。我国

[①] 王福华:"民事送达制度正当化原理",《法商研究》,2003年第4期。

《民事诉讼法》没有规定此类救济程序，只在第76条中规定了当事人因不可抗拒的事由或者其他正当理由耽误期限时，在障碍消除后的十日内，可以申请顺延期限，人民法院决定是否准许。实际上，"不可抗拒的事由"或者"其他正当理由"都不属于当事人的过错。为了保障当事人的知悉权，人民法院应当在当事人及时阐明原因后，重新确定期间。对此，我国可以借鉴德国的这种救济制度，结合第76条的规定，在立法时规定，"在送达中，当事人因不可抗拒的事由或者其他正当理由没有知悉诉讼告知的内容而耽误期限，可以在知悉该内容后两周内向法院阐明，法院应当重新指定期间。"

四、释明义务之检讨与改进

讨论释明义务的价值，为的是促进法定听审请求权的保障。作为"民事诉讼法上的大宪章"，释明义务要求法官提示当事人明确其不明确的声明、补充其不充分的声明、作出适合的声明并促使当事人提供证据，并对于当事人所忽略或认为不重要的、以及不同于双方当事人的即将作为裁判依据的法律观点作出提示。从实质内容上看，法官释明义务的内容与法定听审请求权的基本内容相辅相成，法官释明义务制约法定听审请求权，法定听审请求权要确保释明义务的实现。法定听审请求权同时又制约法官释明义务，法官释明义务应确保法定听审请求权的实现，释明义务的履行无疑是对宪法权利实现的保障。

我国学界目前一般强调确立释明义务具有诸多价值：或有助于法官与当事人协同进行诉讼，实现民事诉讼法保障当事人利益的诉讼目的和民事诉讼的公正与效率的价值目标，[1] 或有助于弥补当事人诉讼能力的不平衡和律师代理有限性的缺陷。[2] 然而，随着人权入宪，人权保障在民事诉讼中展开，释明义务提升到宪法高度，因此，法定听审请求权保障的价值必定受到强调。

---

[1] 李祖军：《民事诉讼目的论》，北京：法律出版社，2000年版，第155、156页。
[2] 张力：《阐明权研究》，北京：中国政法大学出版社，2006年版，第82~100页。

（一）释明义务之检讨

1. 释明范围缺乏层次

我国释明义务的范围与辩论主义原则相协调，通常适用于民事诉讼案件中的如下情形：①当事人声明的案件事实；②当事人提供的证据材料和攻击防御方法；③当事人提出的关于实体法律关系争议的主张，即具有争议的实体法律关系的当事人、权利义务或诉讼请求；④可能成为裁判基础的诉讼行为，例如自认、撤诉等。这种范围的界定本身没有层次区别，只是简单的类型区分，容易造成一种假象，似乎法官不履行释明义务就一定侵害当事人的法定听审请求权。实际上有些事项的释明并不属于当事人的法定听审请求权保障的内容，法官对这类特定事项不履行释明义务时，并不侵害当事人的法定听审请求权。

2. 法律观点提示义务之误识

我国立法没有明确规定法官法律观点提示义务。在我国，法官的法律观点向来被认为是审判秘密而不予公开。《最高人民法院关于民事经济审判方式改革问题的若干规定》（以下简称《审改规定》）第19条规定："法庭辩论时，审判人员不得对案件性质、是非责任发表意见，不得与当事人辩论"。即使《证据规定》第35条被认为是关于法官法律观点提示条款，但并不清晰和完善。法律观点提示义务的界定直接影响到其构建与完善。我国学界基于不同的出发点，对法官的法律观点提示义务进行界定各持己见，形成了不同观点。

第一种观点认为，法官的法律观点提示义务属于法官释明义务的范畴。法官审理案件所依据的法律应该为当事人所充分理解。如果法官所理解的法律与当事人的法律观点不一致，为防止给当事人带来"判决时不意打击"，法官不能以"法律问题是法官的专属权限"为由而保持沉默，而应当向当事人公开法律观点并尽量求得共同的理解。[①]

第二种观点以广义的心证为视角，把法律观点提示义务作为法官心证公

[①] ［日］谷口安平：《程序的正义与诉讼》，北京：中国政法大学出版社，1996年版，第114页。

开义务的一个组成部分，认为民事诉讼中的事实问题与法律问题相互交错，难以截然分割，所以，法官的心证通常直接关涉法律观点。对于双方当事人所争执或所忽略的法律问题，法官应适时表明法律观点，从而防止当事人遭受来自法院的法律适用的突袭和促进诉讼的突袭。法官法律观点的提示内容包括案件审理各阶段的实体法律上的讨论和举证责任规范的指明两个方面。"法官所持法律观点之表明，实有益于确保当事人对法之预测可能性，并充分赋予提出相关事证或攻击防御方法之机会，乃为保障听审请求权、证明权及辩论权所必要。"[1]

第三种观点认为，法律观点公开义务可以弥补辩论主义的缺陷。按照辩论主义的要求，法院只能对当事人在诉讼中提出的主张和事实作出裁判。如果法院对法律的理解与当事人不同，法院可以认为当事人没有主张与该法律相关的事实，从而认为不能把当事人主张过的事实作为裁判的依据。此时，在当事人看来，法院违反了辩论主义，而在法院看来则并非如此。为了避免在辩论主义适用过程中经常出现这样的问题，法官应当负有法律观点提示义务。此外，法院与当事人对法律的构成要件的理解不同，导致二者对事实的法律评价也存在差异。所以，为了使当事人免遭意料不及的裁判打击，法院就有义务向当事人指明法律的构成要件，并且在向当事人解释法律观点后，再要求当事人尽阐明的义务。[2]

上述三种观点存在共识和分歧。共识是：从法官履行法律观点提示义务的条件来看，法官与当事人对案件所涉及的法律的理解不同时，法官应当提示其法律观点；从法官进行法律观点提示的时机和目的来看，法官的法律观点与当事人的法律观点不同时，法官应当在案件审理过程中适时提示其法律观点，从而防止法官在裁判前未公开其不同于当事人的法律观点而导致裁判的结果出乎当事人的意料之外的情况，即当事人遭受"判决时不意打击""诉讼突袭"或"意料不及的打击"。各种观点在两个方面存在分歧：一是法

---

[1] 邱联恭：《程序选择权论》，台北：三民书局，1992年版，第141、153页。
[2] 张卫平：《诉讼架构与程式——民事诉讼的法理分析》，北京：清华大学出版社，2000年版，第182页。

律观点的"法律"是指实体法还是程序法；二是法律观点提示义务在诉讼法学体系中的地位。

（二）释明义务之改进

1. 界定保障法定听审请求权的释明义务之范围

释明义务的范围应当比法定听审请求权保障所涉及的范围广。法定听审请求权只要求法官履行部分释明义务，首先，法定听审请求权对法官的要求是，法官应当知悉和审酌当事人所提出的、对裁判具有重要意义的事实和证据，而释明义务的范围除了此项之外，还包括法官提示当事人补充其没有提出而应当提出的事实和证据和提出适当申请的义务，这点是释明义务的要求，但是，它不是法定听审请求权的要求。法定听审请求权仅仅要求法官就当事人已经提出的、对于裁判具有重要意义的事实和证据表明见解并审酌。因此，从这点上看，法官没有提示当事人提出其尚未提出的适当请求时，并未侵害其法定听审请求权。其次，从法律观点提示来看，法官只需在裁判作出前对其裁判的可能性作出提示即可，无须提示具体事实、证据和法律观点作为其裁判的依据。换言之，法官不作出这种提示，也不侵害法定听审请求权。

2. 法律观点提示义务之完善

（1）法律观点提示义务的界定。

首先，我国法官法律观点提示义务所针对的"法律"既包括实体法，也包括程序法，法律观点提示既应当包括实体法上的观点，也应当包括程序法上的观点。实体法上的法律观点包括对案件法律关系的看法、具体法律规范的构成要件以及对当事人的举证与诉讼请求是否对应的法律上的评价。程序法上的观点则主要是指关于举证责任规范的说明。只有法官对实体法和程序法上的法律观点加以提示，才能切实有助于当事人提出事实，对裁判的形成发挥有效的影响，保障当事人的法定听审请求权。这也符合确立法官法律观点提示义务的制度价值。

其次，法律观点提示义务在民事诉讼法学体系中应当具有相对独立的地位，但是仍然属于法官的释明义务的组成部分。这是因为，第一，法律观点提示义务与原始意义上的法官释明义务有所不同。法官的释明义务起源于德国。早在1877年的《德国民事诉讼法》第130条即规定：审判长应当向当事人提问，指出不明确的声明，促使当事人补充陈述不充分的事实，声明证据，作出其他与确定事实关系有必要的陈述。审判长应当依职权要求当事人注意应当考虑并尚存疑点的事项。"这一制度的目的在于防止当事人仅仅因不熟悉法律或程序上的失误而造成在实体上承担不该由他接受的后果。"[1] 由此可见，原始意义上的释明义务并不包括法律观点提示义务，法官只是从适用法律的角度指导当事人提出事实和进行辩论。第二，法律观点提示义务仍然属于法官释明义务的组成部分。法律观点提示义务首次规定在德国1976年的《德国裁判程序的简化及迅速化法》中。该法规定，"对于当事人忽略的法律见解，或其认为不重要，或没有提出来的法律见解，如果法官认为该法律见解利害关系重大时，有释明义务，使当事人就其忽略的法律见解加以辩论。"该条款被纳入了《德国民事诉讼法》第278条第3款。这一条款实际上也被视为法官释明义务的组成部分，只不过在条文形式上处于分散状态。[2] 直到2002年《德国民事诉讼法改革法》把第278条第3款规定的法律观点提示义务合并到了现行《德国民事诉讼法》第139条第2款。现行《德国民事诉讼法》第139条的条旨从原来"释明义务"也改为"实质性诉讼指挥"，其内容即包含了旧法第139条规定的释明义务和第278条所包含的法律观点提示义务。由此可见，法官的法律观点提示义务是原始的法官释明义务的扩张，当然属于法官释明义务制度的组成部分。[3]

最后，法官法律观点提示与心证应当区别对待。从概念上看，心证具有广义和狭义之分。狭义上的心证是指法官在事实认定时的确信程度，广义上的心证是指法官就系争事件所得或所形成的印象、认识、判断或评价。[4] 而实际上这两种观点的区别仅在于对心证的含义界定不同，并不存在实质性区

---

[1] 王亚新：《对抗与判定——日本民事诉讼的基本结构》，北京：清华大学出版社，2002年，第43页。
[2] Greifelds, Rechtswörterbuch, 17. Aufl., München 2002, S. 108.
[3] 笔者不赞同认为法律观点提示义务完全独立于释明义务的观点。这种观点参见周伦军："法官公开法律见解义务探析"，《南京师大学报（社会科学版）》，2003年7月第4期，第50页。
[4] 邱联恭："心证公开论——着重于阐述心证公开之目的与方法"，《民事诉讼法之研讨》（七），台北：三民书局有限公司，1998年版，第27页。

别。国内学界一般从狭义上理解心证，即把法官的心证限定在案件事实认定的范畴，认为心证是法官对于证据的真实性、合法性和关联性所作出的认识、评价和判断。据此，笔者认为，法官的心证不同于法律观点。从事实与法律之间的关系来看，尽管事实与法律牵连难以分割，法律观点仍然具有独立性，它对于事实的取舍与认定具有决定性意义，而不是相反。因此，不应当认为法律观点提示义务属于法官心证。

（2）法官的法律观点提示义务的范围。

在如下情形下，法官必须提示其法律观点，否则侵害法定听审请求权，造成突袭性裁判：一是当事人对法律的理解存在根本错误，因而不能正确判断应当提出对裁判具有重要性的陈述，进而不能有效地行使意见陈述权。例如当事人在诉讼中的举证并不能证明其诉讼请求，而当事人却误认为其举证已经完备，或者当事人举证与其诉讼请求没有关系。二是法院在诉讼中明确表述或者通过其行为表明了其法律观点，但随后没有提示当事人而改变了该法律观点。三是没有提示当事人而改变对于裁判具有重要意义的法律的适用。四是对当事人明显忽略或认为不重要的法律观点，法官对其没有陈述意见，而该法律观点被作为裁判的依据。

（3）法律观点提示的法律效力。

法官的法律观点提示对当事人并不具有强制效力。法律观点提示旨在保障当事人知悉裁判上的重要事实和证据的法律观点，并表明其法律见解，从而使其法定听审请求权得到保障。因此，法律观点提示的法律效力直接取决于法定听审请求权的行使特点。而法定听审请求权的实质是一种机会保障，即法院给当事人提供一种对裁判所依据的事实和证据知悉和表明意见的机会即可，当事人可以选择利用或者放弃这种机会，所以，从这点看来，法律观点提示义务对当事人并不具有拘束力。当事人可以不采纳法院所提示的法律观点。实际上，我国司法解释已经赋予了当事人在这种情形下的选择权。例如《证据规定》第35条第1款规定："人民法院应当告知当事人可以变更诉讼请求"，而不是"必须"变更。该条第2款更为明确的规定"当事人变更诉讼请求的，人民法院应当重新指定举证期限。"由此可知，当事人不变更诉讼请求，法院就无须重新指定举证期限。从法官角度来看，法官不受当事人是否接受其法律观点的影响。换言之，只要法官就其法律观点向当事人作出提示，当事人对此已知悉并获得了表明见解的机会，而不管当事人是否利用这种机会，其法定听审请求权即获得保障，法官有权在法律解释时优先考虑自己的法律观点并且据此作出判断。正是由于法官在法律问题方面的决定性地位，当事人为了避免在诉讼中处于不利的境地，通常很少忽视法官所提示的法律观点。

（4）法官提示法律观点的时间。

法官在诉讼中应当适时提示其法律观点。原则上讲，法官在口头辩论终结前，都可以根据当事人的主张和案件情况适时提示其法律观点，从而保障当事人有机会按照法官提示的法律观点调整攻击防御的目标和方法。从诉讼效率角度讲，法官越早提示其法律观点越好，但是，法官法律观点的形成需要借助相当的证据资料，过早且过于仓促地提示法律观点就可能有害于发现案件真实。因此，只要在裁判作出之前所出现的对于裁判具有重要性的法律观点，法院都应当及时提示。

（5）法官履行法律观点提示义务的方式。

其一，法律讨论是法官履行法律观点提示义务的最主要方式。法官在提示其法律观点时，与当事人之间就法律问题进行沟通和说明。

其二，法官在履行释明义务时通常所采用的提问、提示等方法都可以用来提示法律观点。当事人对法律的陈述不明晰时，法官可以通过提问，使当事人作出明确的陈述。当事人对适用的法律规范、法律规范的构成要件理解错误或有忽略时，法官可通过提示的方式提醒其变更和补充。

（6）法官履行法律观点提示义务的证明方式。

法官履行法律观点提示义务是法定听审请求权得到的重要保障之一，同时也是确保程序正确运行的要素之一。德国现行民事诉讼法规定了法官履行提示义务必须制作笔录。这种笔录既可以证明该义务已得以履行，同时也确定了该义务的履行状况，成为事后查证的依据。笔者认为，我国立法也应当规定：法官履行法律观点提示义务的状况应当及时制作笔录，该笔录可以作为法官履行法律观点提示义务的证明。

五、证据失权制度之检讨与改进

(一) 证据失权制度之检讨

1. 正当性理论基础单一

我国现行证据失权制度是由《证据规定》建立的，它在设计理念上强调加快诉讼，旨在消除我国现行《民事诉讼法》第 64 条所确立的证据随时提出主义所造成的诉讼突袭、讼累增加和拖延诉讼等诸多弊端，促使当事人按期及时举证，具有防止证据突袭、提高诉讼效率、实现程序公正和实体公正等重要意义，因此，证据失权制度曾得到普遍认同。① 但是，证据失权制度是否应以提高诉讼效率为最高理念？如何在提高效率的同时确保当事人的法定听审请求权？面对我国现行的证据失权规则极不完善的现状，这些问题更加突出，以致于证据失权规则在司法实践中不被适用，或者不敢适用，甚至证据失权制度本身应否存在都受到质疑。②

2. 证据失权规则之缺陷

（1）新证据的界定失当及其范围过于宽泛，削弱了证据失权制度的适用效果。

首先，《证据规定》把新证据的认定权赋予当事人，当事人可能把已经发现的证据作为新发现的证据，滥用证据规定，规避证据失权的效果，从而拖延诉讼。其次，该规定对新证据的规定过于宽泛，这使得相当多的证据摆脱了时限的限制，产生了相应的证据效力，并没有把超过举证期限后所提交的证据排除在审理之外，从而使证据失权制度的效力落空。

---

① 例如，张卫平教授认为，"民事诉讼中的失权的正义性原理源于人们对诉讼效率性和时间经济性的认同。诉讼效率性和时间的经济性与民事诉讼失权制度的关联点在于，欲求诉讼时间的经济性，就必须对诉讼主体的诉讼行为在实施的时间上予以限制。诉讼时间的耗费主要是诉讼主体行为时间的耗费，包括诉讼主体行为实施的时间耗费和等待行为实施所耗费的时间，即诉讼行为的预备期间。诉讼主体行为的实施是基于民事诉讼法赋予的权利或权力，如果要加以限制，其中一个方法就是使权利者和权力者失去权利或权力。"参见张卫平："论民事诉讼中失权的正义性"，《法学研究》，1999 年第 6 期，第 37 页。

② 李浩："举证期限制度的困境与出路"，《中国法学》，2005 年第 3 期，第 153 页。

（2）没有规定当事人逾期提出的证据（非新的证据）的失权要件，容易导致证据失权的适用轻易而频繁。

证据失权的要件通常包括当事人逾期提交证据是否有正当理由、当事人是否存在故意和严重过失、逾期提交该证据是否会延误诉讼等方面。我国证据失权制度没有规定证据失权的要件，法院对当事人逾期提交的非新证据也不会从上述几个方面进行考查，而是一概地予以排除。这样做过于机械、死板，[①] 并且几乎没有条件的约束，法院很容易通过适用失权制度，排除当事人逾期提交的证据。

（3）证据失权的救济方式不足。

《证据规定》虽然规定了诸多的证据失权的例外情形，但由于这些例外情形的规定失当，不仅当事人恶意规避证据失权有了可乘之机，而且相当数量的证据材料因不是新的证据而在逾期提交后被排除在法院审理的范围之外，导致裁判不公，侵害了当事人的合法权益。

3. 相关配套制度缺失

（1）答辩失权制度。

我国现行《民事诉讼法》第113条把答辩权视为被告的一项诉讼权利。尽管《证据规定》第32条确定了被告答辩义务，被告在答辩期内不提交书面答辩意见而在庭审中进行口头答辩的做法已为审判改革后的规定所摒弃，实际上，该规定第32条与《民事诉讼法》第113条并无差异：被告逾期提交证据时，视为放弃举证权利。而并没有规定被告未及时提交答辩状所承担的失权后果。

被告答辩失权制度的缺失，不利于促使被告积极答辩、提供证据、明确双方当事人争执的焦点，妨碍双方当事人相互知悉证据状况和案件信息、及时提供证据、防止证据失权，使双方当事人的法定听审请求权得不到有效保障。

（2）证据交换制度。

我国《证据规定》对庭前证据交换制度的规定是不全面的。根据《证据

[①] 刘春梅："大陆法系民事诉讼证据排除规则及其借鉴"，《法商研究》，2005年第2期，第148页。

规定》第 37 条的规定，我国庭前证据交换制度有两个方面的内容：一是庭前证据交换是否进行，由案件的难易程度决定；二是庭前证据交换制度的不完整性。只有证据较多或者复杂疑难的案件，才必须进行庭前证据交换。

我国这种不全面的庭前证据交换制度，不仅有可能使当事人因互不了解对方的证据而逾期举证，从而承担证据失权的后果，而且不利于保障当事人的法定听审请求权。一方面，该规定不利于保障当事人对对方陈述意见的知悉权。当事人在举证期限内向法院提交了证据之后，法官可以经过审酌，决定是否向对方当事人开示证据，而当事人欲知悉对方将在庭审中使用的证据却于法无据，甚至一方当事人提出申请，如果人民法院不组织当事人在开庭审理前交换证据，当事人仍然无法获悉对方将在庭审中使用的证据。另一方面，"证据多寡"和"案件难易程度"作为庭前证据交换的前提条件具有模糊性和非科学性。"证据多寡"和"案件难易程度"完全取决于法官自由裁量，没有明确的衡量标准。而"证据多寡"与"案件的难易程度"并无必然的联系，这一标准当然也不具有科学性。因此，当事人要在庭审前获悉对方将在庭审中使用的证据，仍然缺乏制度支撑，这使得他们在举证时限内难以提出对裁判具有重要性的证据，不仅可能承担证据失权的不利后果，而且可能遭受证据突袭，使其法定听审请求权受到侵害。

（二）证据失权制度之改进

1. 诉讼负担论和法定听审请求权的合宪性限制作为正当性基础之补充

（1）诉讼负担论①。

诉讼负担论及其理论依据。诉讼负担（Last）是指一方当事人为了避免不利后果，可以实施某种诉讼行为，如果他不实施该诉讼行为，则承担不利后果的诉讼法律状态。在民事诉讼中，当事人原则上不负有行为义务（Handlungspflichten）。在大多数情形下，当事人做出某种行为的义务不针对法院，因为法院在期待当事人做出某种行为而当事人没有做出时，可以依据

---

① 蓝冰："德国新民事诉讼法律关系理论及启示"，《政治与法律》，2008 年第 1 期，第 146～152 页。

这种行为缺失的后果作出终结程序的裁判。同时，当事人的行为义务也不针对已经实施行为义务的对方当事人，因为一方当事人没有实施某种诉讼行为，并且因为不愿意实施该行为时，那么他最终只是无权要求对方实施与之相关的诉讼行为。法律允许当事人可以自己决定是否实施某种诉讼行为，而当事人做出决定的依据在于其自身利益驱动。如果他不实施该行为，则存在败诉的危险，民事诉讼中存在大量的当事人诉讼负担，例如，提供证据和答辩，等等。

诉讼负担与诉讼义务（Pflicht）不同。首先，二者关涉的领域不同。诉讼义务是民事诉讼法典所规定并强制当事人必须实施的作为或不作为，它涉及的是当事人承担义务的资格，而与民事诉讼法上是否采用"义务"这一用语无关。诉讼负担则是民事诉讼法典把不履行的要件（例如缺席）作为一种以不履行为目的的法律后果的特征。其次，是否受法律的强制性制约不同。民事诉讼法容忍当事人任意不承担法律后果的行为，就是当事人的诉讼负担。民事诉讼法不依当事人自愿与否而要求当事人必须履行某种行为，并且在当事人不履行该行为时，将受到惩罚，则这种行为就是诉讼义务。例如《德国民事诉讼法》上规定的当事人亲自到场义务。[1] 当事人在期日内不到场时，法院可以对之处以罚款。此处的当事人亲自到场义务就是一种诉讼义务。

诉讼负担对应诉讼愿景（Prozesuale Aussicht），诉讼义务对应诉讼权利，这两对概念并存于民事诉讼中。诉讼愿景是指一方当事人在对方当事人实施特定的诉讼行为，尤其是不作为时，该方当事人可以取得利益；如果对方当事人作出相应的行为，则这种利益归于一方当事人的法律状态。诉讼负担不是一项诉讼义务，承担诉讼负担的当事人不负有实施特定诉讼行为的义务；诉讼愿景也不是一项诉讼权利，具有诉讼愿景的当事人也无权要求对方当事人作出民事诉讼法典所规定的行为。因此，一方当事人不履行特定的诉讼行为而承受诉讼负担时，并未违反民事诉讼法。例如，当事人提出有利于自己的主张或者证据就是一种诉讼负担。他不会被强制提出该主张或者证据，但是，如果他不提出该主张或证据时，则承担诉讼上的诸如败诉等不利后果。

---

[1] 《德国民事诉讼法》第141条。

再如，《德国民事诉讼法》规定，举证人可以要求对方当事人交出或者提出证书时，该方当事人有提出证书的"义务"。[1] 如果当事人不依法履行证书提出"义务"，则法院有权按照该法第 427 条的规定："可以把举证人提供的证书善本视为正确的文书。如果举证人未提供证书善本时，举证人关于证书的性质和内容的主张，视为已得以证明。"这种证书提出"义务"通常也仅仅指的是诉讼负担。此时，不作为的当事人可能不会被迫实施他应该实施的诉讼行为，或者受到刑罚，但是这种不作为与特定的、民事诉讼法典中规定的相应的不利后果相关联。当事人诉讼负担论不仅为民事诉讼证据失权制度的建立提供理论基础，也为法官适用证据失权制度提供理论依据。

民事诉讼负担论源自德国当前民事诉讼法律关系理论。诉讼法律关系理论是关于诉讼为何物的理论。德国当前民事诉讼法律关系理论吸收了比洛（Bülow）的诉讼法律关系论和戈尔德施密特（Goldschmidt）针对前者所提出的法律状态论，认为诉讼首先是一种诉讼法律关系，是法院与双方当事人，以及双方当事人之间在诉讼中存在法律上相互制约的公法关系的总和。这种诉讼上的法律关系的依据是公民享有的司法保障请求权和法院的裁判义务。因此，诉讼法律关系中的行为义务只存在于一方诉讼主体，即法院，而当事人相互之间不存在义务关系。所以，诉讼法律关系应当是三面性的，比私法关系更加复杂，并且由多种法律要素组成。这些要素包括当事人之间法律上相互的制约、法院对当事人的行为义务，以及当事人对法院享有的相应权利。[2] 同时，诉讼是一种法律状态，是通过当事人的诉讼行为，实体权利从诉讼开始时的一种不确定前景向着形成判决中所确定的权利发展的过程，是一种当事人就其实体权利提出诉讼主张而所处的一种状况，是可以用"诉讼愿景""诉讼负担"等描述的法律状态。[3] 因此，诉讼可以从整体上理解为法律关系，而诉讼实施的各个阶段可以理解为法律状态。总之，诉讼法律关系论所确认的诉讼主体之间存在的法律义务，与法律状态论所确认的当事人之间的负担相结合，为认识和把握诉讼提供了完整的诠释。

---

[1] 《德国民事诉讼法》第 422 条。
[2] Bülow, Proteßrechtswissenschaft und System des Civilprozeßrechts, ZZP (27), 233.
[3] Goldschmidt, Der Prozeß als Rechtslage, Berlin 1925, S. 259.

诉讼负担论作为证据失权制度的正当性基础。民事诉讼负担论决定了证据失权制度存在的必然性。就证据失权制度而言，在民事诉讼中，负有举证责任的当事人就其主张提供事实和证据，不是该当事人的义务，而是其诉讼负担。如果他不提供证据和事实，则面临诸如败诉等诉讼上的不利后果。同理，当事人在规定的期限内提供证据就是一种诉讼负担而不是当事人的义务。如果当事人不按期提供证据，意味着他将承担证据失权的不利后果。这是因为，一方面，当事人按期提供证据的行为并非必须向法院履行。法院在期待当事人按期提供证据而当事人没有提供时，法院依然可以依据当事人没有按期提供证据的状况作出裁判。另一方面，一方当事人按期提供证据的行为也并不针对按期提供证据的对方当事人，一方当事人没有按期提供证据，往往意味着他不愿意实施该行为，他无权要求对方当事人实施与该行为相关的行为。所以，一方当事人是否按期提供证据的行为，完全取决于他的自愿，取决于他对于自身利益，诸如败诉后果的考量。因此，证据失权就是当事人不按期提供证据所承担的诉讼负担。

由于诉讼负担与诉讼义务不同，不具有诉讼义务的法律强制性，并且当事人的诉讼负担实际上是一种诉讼权利的体现，而诉讼权利是宪法基本权利在民事诉讼中的体现，所以，放弃诉讼权利往往意味着败诉或者其他不利后果。换言之，不积极正确地行使诉讼权利的后果与违反诉讼义务的后果在性质、程度上迥然不同，即诉讼负担的后果不应当像违反义务的后果那样具有制裁性，例如罚款、拘留甚至追究刑事责任。由此看来，对逾期提供证据的当事人课以费用负担的方式来对证据失权予以救济的方式有失妥当。[①]

(2) 法定听审请求权的合宪性限制。

证据失权制度对法定听审请求权的限制具有合宪性。一般而言，证据失权并未限制法定听审请求权。这是因为，法官在对当事人逾期提出的证据进行审酌之后，才对证据失权作出判断，就此而言，证据失权的判断并未侵害当事人陈述权和法院的知悉权、审酌权。但是，法院对当事人逾期提出的证据不予斟酌而将其排除在诉讼之外时，则涉及当事人的法定听审请求权的限

---

① 李浩："举证期限制度的困境与出路"，《中国法学》，2005年第3期，第164页。

制问题。按照德国联邦宪法法院的观点,证据失权对法定听审请求权的限制的合宪性存在于两个方面,一是为了促进诉讼;二是赋予当事人就其逾期提出证据进行释明的权利。可见,尽管"当事人提出的失权作为加快诉讼的手段历来遭受到质疑,其理由与反对同时提出主义的理由一致:无意义的堆积诉讼材料带来诉讼迟延的危险,过于果断的失权而招致原本可以避免的错误判决的危险。就后者而言,排除当事人的陈述只有当其可能导致至少是实体错误的判决时才具有实践意义。失权规定通常具有妨碍正义的性质。"① 但是,证据失权制度客观上所具备的提高诉讼效率、促进诉讼的功能仍然没有遭到否定。

法定听审请求权保障也限制了证据失权的适用,使证据失权的适用条件也更加严格。我国法院在适用《证据规定》时,不作合宪性解释,甚至错误适用证据失权规定的,则侵害了当事人的法定听审请求权。德国联邦宪法法院和上诉法院曾经多次撤销因迟延而拒绝接受当事人提出的攻击和防御方法的判决。德国联邦宪法法院认为,拒绝考虑迟延提出的攻击和防御方法违反了宪法所规定的"禁止法院作出武断的裁决",② 即侵害了宪法所保障的法定听审请求权。因此,"在不断增加的德国联邦宪法法院和高等法院的约束性判例的压力下,失权越来越应被看作一把钝刀。"③

2. 具体制度之改进

我国应当设计严格的证据失权制度,把该制度对法定听审请求权的限制降至最低。

(1) 有条件地放宽举证期限。

举证时限除了现有的《证据规定》的期限外,还应当允许当事人在一审言词辩论终结以前,提供对裁判具有重大影响的证据。证据失权制度主要的功能在于促进当事人积极提供证据,从而有利于庭前整理争点、促进诉讼效率、防止证据袭击,同时,该制度也不能过度限制当事人的诉讼权利。因此,德国、日本的民事诉讼法及我国台湾地区最新修订的民事诉讼法律都规定,

---

① [德]尧厄尼希:《民事诉讼法》(第27版),周翠译,北京:法律出版社,2003年版,第155页。
② 沈达明:《比较民事诉讼法初论》(下册),北京:中信出版社,1991年版,第69页。
③ 同上注,第157页。

除非当事人有拖延诉讼的故意或重大过失，否则当事人在第一审言词辩论终结之前，都可以根据发现案件真实的需要及时提出新的攻击或防御方法。而按照我国《证据规定》第34条、第36条，除了在对方当事人同意、当事人申请延期举证并获人民法院准许或提交新证据等几种情形，当事人都必须在举证期限内提交证据，这一规定实际上脱离了我国的国情。我国当事人的法律专业知识和诉讼技巧都相当欠缺，并且律师代理制度等辅助制度仍然有待完善，因此，在诉讼中，当事人通常只有在庭审时，在法官的指导下才明确自己应当提供和补充哪些证据。随着庭审的推进，法官对于影响裁判的重要证据已经了然于心。此时，如果法律不允许当事人提出这类新的攻击或防御方法，则当事人的合法权益难以得到充分保护。因此，法律应当规定，当事人应当在举证期限届满之前提供证据的一般原则，同时，在一审言词辩论终结前，根据查明案件真实的需要，当事人有权及时提供证据。

（2）严格规定证据失权要件。

为了充分保障当事人的法定听审请求权，即对法定听审请求权施以最低限度的限制，证据失权制度的适用应当具备严格的条件。因此，有必要借鉴德国的做法，[①] 规定我国证据失权制度的要件。我国证据失权必须具备以下条件：①法官实施了审前准备，为当事人提交证据提供了足够的机会和时间；②允许当事人逾期举证将导致诉讼延迟；③当事人逾期举证有重大过失或者恶意；④当事人逾期举证时，法院应当赋予该当事人就无过失逾期进行释明的机会。只有在法官认为当事人逾期举证存在重大过失，而且逾期举证会导致延迟诉讼时，才能适用证据失权。

（3）明确规定新证据的范围。

与举证时限的放宽相匹配，新证据的范围也应当重新确定。一审中的新证据应当包括：①无论出于何种原因，最后言词辩论终结时未提出、被放弃、被法院正确地排除的证据；[②] ②无论是因何理由，在一审言词辩论终结后才

[①] 关于德国证据失权的要件，参见［德］狄特·克罗林庚：《德国民事诉讼法律与实务》，刘汉富译，北京：法律出版社，2000年出版，第379页。［德］尧厄尼希：《民事诉讼法》，周翠译，北京：法律出版社，2003年版，第155页。

[②] Weth, Die Zurückweisung verspäteten Vorbringens im Zivilprozeβ, Koln 1988, S. 95.

发生的事实；③对于相对立主张，当事人并没有实质性的争议，但是在第二审时，对补正该争议的实质性时所提供的证据也是新证据。此时，"新"证据的判断标准应当借助于提出上诉的判决的事实，并结合相关书状和笔录来判断。

在第二审失权的相关规定中，新证据与一审中的相关规定有关。二审允许提供的新证据包括：①一审法院明显忽略或者认为不重要的观点；②因一审程序缺陷而没有主张的证据；③非因当事人的过失而没有在一审中提出的证据。

相应地，取消"新证据"的证据失权例外情形的现行规定。当事人逾期提交的证据经法院审查后，存在两种情形，一是不予审理，即该证据是当事人为了恶意拖延诉讼而逾期提交，或者因当事人重大过失不及时提交的，不予审理；二是予以审理，即该证据属确因客观原因不能及时提交的，应当予以审理。

3. 相关配套制度之构建

（1）答辩失权制度。

基于答辩是被告负有的诉讼负担，借鉴德国模式，构建答辩失权制度，规定被告没有在规定的答辩期内提交答辩状，不得在此后的诉讼过程中提出攻击和防御方法。我国近年来虽然强调程序公正，但实际上实体公正依然是诉讼关注的重点，这点与德国相似。因此，被告没有在规定的期限内提交答辩状，并不意味着法院可以如英美法系国家那样，直接认定原告主张的成立，即只要给被告提供了答辩这一程序保障，即可作出实体判决。但是，被告这种程序上的不作为也应当承担相应的不利后果，被告应当承担在答辩期满后不得提出攻击和防御方法的负担。

（2）庭前证据交换制度。

庭前证据交换制度应当包括适应简易程序和普通程序各自所需的证据交换制度，保障所有证据进行庭前交换，从而保障当事人开庭审理前充分了解对方拟在开庭审理时使用的证据，防止证据失权的发生。鉴于此，有必要建立适合简易程序和普通程序各自需要的庭前证据交换制度。

首先，应当明确所有的案件均需进行庭前证据交换；其次，根据案件的繁简程度建立不同的庭前证据交换模式。例如，由于适用简易程序的案件通常事实清楚，权利义务关系明确，那么，其采用的庭前证据交换的方式可以简便易行且多元化，例如采用书面证据、电话告知等。而对于适用普通程序的案件，尤其是事实疑难复杂、当事人分歧较大的，人民法院应当举行庭前会议，固定争执焦点，并要求当事人围绕争执焦点举证，从而尽可能使当事人提供充分的证据，保证当事人充分了解对方攻击和防御的方法，避免证据失权的发生，最低限度地限制当事人的法定听审请求权。

六、心证公开制度之检讨与改进

（一）我国心证公开制度之检讨

1. 立法粗疏

心证公开是自由心证制度的组成部分。我国立法上没有明确规定自由心证制度，只有我国《民事诉讼法》第71条被认为蕴含了自由心证的原则，[①]而心证公开在我国是以准立法的形式规定的。《证据规定》第64条确立了法官依法独立审查判断证据原则，实际上是一个法官自由心证条款，即由法官在遵循法律规定的前提下，依据良知和理性对证据行使自由裁量权，从而形成法官的内心确信，并公开判断的理由和结果。此外，《证据规定》第79条还强调了人民法院应当在裁判文书中阐明证据是否采纳的理由，换言之，法官作出裁判的心证过程和结果应当在裁判书中公开展示。然而，关于法官是否必须公开心证、公开的内容、方式方法、时机、效力等内容，法律并未作出明确规定。

2. 实践随意

在我国审判实践中，自由心证原则得到大量运用，我国法官在审查判断证据时确享有远超过西方法官的自由裁量权，这实质是一种"超自由心证主义，"[②] 具

---

① 杨建华：《大陆民事诉讼法比较与评析》，台北：三民书局，1994年版，第254页。
② 叶自强：《民事证据研究》，北京：法律出版社，1999年版，第6页。

有很大的随意性。首先，法官对是否公开心证随意性较大。有的根本就不公开自己的心证，"你辩你的，我判我的"给当事人造成裁判突袭；有的公开心证时扩张职权，干预当事人诉讼权利的行使，破坏当事人之间的攻防平衡。其次，法官的心证过程不公开。目前在庭审中，法官的心证过程，尤其是法官对案件事实和证据的个人认识以及法律见解，很少向当事人和其他诉讼参与人公开。当事人对法官心证的形成过程无从认知，因而无法有针对性地向法官补充陈述事实、提供证据和进行辩论，进而难以更大限度地接近客观真实，获得公正的裁判，实现实质正义。再次，法官心证结果的公开程度低。这主要体现在两个方面，一方面，在庭审结束前，法官在证据是否采信、如何认识涉讼法律关系、是否支持原告或被告的全部或部分主张等问题上笼统地表明意见，或者不表明意见，不说理或者说理不充分，当事人和其他诉讼参与人对案件结果不能预测；另一方面，裁判文书对事实的证明不够严密，说理不够充分，缺乏对认定事实和适用法律全案推理过程的阐述，这导致当事人看不懂裁判文书，认为裁判文书不讲理，容易产生对立情绪。最后，法官拒绝在裁判书中公开心证理由或公开不充分时，当事人缺乏救济途径。

3. 理论视角偏狭

理论界的主流观点迄今一直否定自由心证主义，[①] 对自由心证过分矜持。从理论研究的视角来看，尽管我国学界对心证公开的研究似乎基本遵循着德国、我国台湾地区的思路，[②] 但是，后者有关"心证公开"以及防止突袭性裁判的一系列思想和学说中[③]所体现的法定听审请求权保障却并未引起我国学界的高度重视。实际上，台湾地区学者邱联恭把心证公开与禁止突袭性裁判结合在一起，以其建立的程序保障理论为基础展开，而程序保障理论的核

[①] 陈一云：《证据学》，北京：中国人民大学出版社，1991年版，第96页。
[②] 这点从大量的文献论述中引用我国台湾地区学者的论述可见一斑。
[③] Wolfram, Waldner, Der Anspruch auf rechtliches Gehör, köln 1989, Rdn. 207f. Kurt Kettembeil, Juristische Überraschungsentscheidungen als Problem von Logik und Strukturen im Recht, 1978, S. 20f；姜世明："法律性突袭裁判之研究"，载《万国法律》2000年第6期；邱联恭：《司法之现代化与程序法》，台北：三民书局，1992年版；邱联恭："突袭性裁判"，载《民事诉讼法之研讨（一）》，民事诉讼法研究会编，1987年版；《心证公开论——着重于阐述心证公开之目的与方法》，载《民事诉讼法之研究（七）》，台北：三民书局有限公司，1998年10月版。

心是法定听审请求权保障。然而，我国学界并未从法定听审请求权保障要求的高度来理解心证公开，或者寻求自由心证的另一个理论基础，相反地，仅仅在自由心证制度是否符合主流的认识论的问题上争执不休。①

(二) 我国心证公开制度之改进

1. 转换研究视角

在我国学界应当把研究视角从如何使自由心证制度规范化和合理化的思路，切换到当事人的程序主体地位的切实保护上；从过多地纠缠于自由心证是否符合我国国情的问题，转向如何保障体现人权的当事人的法定听审请求权上。实际上，作为自由心证制度的必然要求的心证公开是法定听审请求权对法官的裁判行为提出的要求，或者说是当事人的法定听审请求权对法官肆意裁判的限制，这在任何一个司法民主、公正、高效、透明和保障人权的国家，都会有其立足之地。这也能充分解释，为何自由心证制度在我国立法和理论界都未明确确立，在实践中却屡见不鲜，而实践中的混乱现象也恰恰说明了规制失范。因此，我国理论界对心证公开的研究还应当从法定听审请求权保障的角度予以深化。

2. 心证公开制度之具体构建

（1）心证公开的内容。

①心证过程。

公开心证过程是现代自由心证的主要内容，也是当事人防备突袭裁判的基本屏障。应当明确的是，这是法官在审理开始后至裁判结果作出之前所形成的暂时的心证，并不具有必然的终局效力。公开心证过程应当包括以下三方面：

第一，庭前准备中明确争议焦点。法官在庭审前的一定期间内，召集双方当事人进行庭前证据交换，筛选当事人提供的证据，编写目录，主持交换证据副本，指导举证，并根据当事人的诉辩主张，综合确定诉讼焦点及法庭庭审的

---

① 我国学界长期在法学研究方法论上很难摆脱单一性的倾向，这很容易造成理论研究的僵化和落后。

重心。这样才能使当事人在法庭辩论和证据提供时有的放矢而非措手不及。

第二，法官应在庭审中适时履行提示义务，发表对事实的看法。在当事人应当主张的事实没有在庭审中主张时，法官应当以谨慎而中立的方式提出意见，提示当事人提出其应当主张而尚未主张的事实，或者促使其充分提供相应的证据。对于经过庭审质证、辩论后仍不明确的事实和主张，法官可以在当事人的主张和证据范围内向当事人进行必要的调查与询问，以明确当事人的主张，查明案件事实。

第三，释明相关的法律规定。当事人由于法律专门知识和技巧的欠缺，在诉讼中，通常难以明确和充分地阐明法律观点，甚至产生误识。对此，法官应在庭审中，就涉讼法律关系、相关法律依据和理由作出必要的解释和说明，从而使当事人能够正确理解，并且有针对性地充分参与辩论。

②心证结果。

第一，庭审结束前的心证结果公开。在法庭辩论终结后、庭审结束前的阶段，法官经过必要的合议后，对是否采信证据和诉讼法律关系的认识要有针对性的充分说理，明确"认定"或"暂不认定"证据的观点和法律依据，并按照情理对当事人进行思想疏导和说服教育，明确当事人即将承担责任的根据，促使其在合法的前提下自主决定自己的民事权利处分。

第二，裁判文书中的心证结果公开，即阐明裁判理由。首先，准确归纳、概括当事人的诉辩主张，详尽说明是否采纳其观点、是否支持其主张；其次，结合现有证据，有层次地分析、说明法官内心确信的心证事实，完整反映举证、质证、认证的过程，尤其应当注重阐明双方争议的焦点问题；再次，准确、全面地引用法律法规，充分论证法律适用的理由，对法条进行详尽的法理阐释，强化判决的说服力。

（2）心证公开的方式与程度。

①事实和法律讨论。

法官在公开其心证时，与双方当事人及其代理人就案件事实和法律问题进行协商、讨论，谨慎而有限地说明自己的心证意见、理由和心证形成的过程，耐心听取双方当事人的意见，并根据当事人的意见确定下一步审理工作的重点，摒弃传统的命令、通告等纠问式庭审方式。

②心证公开程度的标准。

法官心证的公开程度应当遵循两个原则：一是遵循法官中立原则。法官在公开心证时，应当与双方当事人保持同等的司法距离，对案件保持超然和客观的态度，不能对某一方当事人心存偏见，更不能干预当事人的诉讼权利。二是在心证公开的终止时间上，法官应当以当事人能否提出新的事实主张及相应的证据材料、新的法律观点为标准。如果当事人已经没有新的事实主张或法律观点，则法官的心证公开即可宣布结束。

（3）心证公开之救济。

按照法定听审请求权保障的要求，法官对于当事人所提供的、作为裁判基础的证据和事实没有进行审酌，就侵害了当事人的法定听审请求权。在诉讼过程中，法官心证不公开，或者公开的程度不高，使裁判结果出乎当事人的意料，此时，法官心证公开存在瑕疵。当事人有权依据法定听审请求权保障的要求而获得法律救济。

心证公开瑕疵的救济途径可分两种。一是当事人提出听审责问。这适用于在裁判作出之前的诉讼阶段。如果法官没有公开心证，或者法官因疏忽而没有发现原心证有误，而当事人对法官的初步心证补充了证据或进行了补充辩论后，当事人可以向法官提出请求听审责问，法官应当向当事人说明原因并改正原来的心证意见。二是当事人以法定听审请求权受到侵害为由而提起上诉或再审。这适用于裁判文书已经作出并送达当事人的情形。

七、当事人申请再审制度之检讨与改进

为了解决当事人"申诉难""申请再审难"的问题，[①] 我国 2007 年修改的《民事诉讼法》建立了当事人申请再审程序。此处仅就其所涉及的法定听审请求权的内容进行检讨。

在修改后的《民事诉讼法》第 179 条规定的当事人申请再审的事由中，

---

① 黄松有：《〈中华人民共和国民事诉讼法〉修改的理解与适用》，北京：人民法院出版社，2007 年版，第 14 页。

包含了侵害法定听审请求权的情形："（4）原判决、裁定认定事实的主要证据未经质证的；（9）无诉讼行为能力人未经法定代理人代为诉讼或者应当参加诉讼的当事人，因不能归责于本人或者其代理人的事由，未参加诉讼的；（10）违反法律规定，剥夺当事人辩论权利的；（11）未经传票传唤，缺席判决的；（12）原判决、裁定遗漏或者超出诉讼请求的；对违反法定程序可能影响案件正确判决、裁定的情形……人民法院应当再审。"当事人提出的申请再审书中声明的事由，经人民法院审查认为符合其中事由之一时，人民法院应当裁定进入再审审理阶段。该条款以保护当事人的权利为价值取向，以列举的方式，对原有的过于笼统、简约和操作性不强再审事由进行了修改，使其进一步明细化、法定化，强调提升了法律对当事人充分参与程序机会的保障。但是，这些规定在保障当事人的法定听审请求权方面仍然存在问题并有待改进。

（一）当事人申请再审制度之检讨

1. 程序工具论尚存

按照上述法律规定，"违反法定程序可能影响案件正确判决、裁定"时，才能成为再审的理由。而民事程序违法，尤其是涉及当事人法定听审请求权保障的程序瑕疵，例如不当限制当事人提出新的攻击防御方法等，已经侵害了法定听审请求权，此时，如果还要以裁判结果是否公正作为是否启动再审的衡量标准，那么，这种做法无疑重陷程序工具论的窠臼，显然与现代司法追求程序公正和当事人程序主体地位的理念相悖，并且断然不会为具有现代法治观念的当事人接受，服判息讼、案结事了难以实现，解决当事人"申诉难"的目标依然难以企及。

2. 当事人申请再审的事由有待扩展

我国修改后的《民事诉讼法》第179条列举了当事人申请再审的若干事由，最后还规定了一个程序性兜底事由，即"对违反法定程序可能影响案件正确判决、裁定的情形，人民法院应当再审。"实际上，该条款并没有把法官违背释明义务和不当限制当事人提出新的攻击防御方法这些侵害法定听审请求权的情形列入再审事由，使当事人的法定听审请求权保障不全面。当事人的法定听审请求权不仅包含知悉权、陈述权，还包括请求法官审酌裁判所依据的事实和法律的权利，防止突袭性裁判，除非正确适用证据失权制度，该权利一般不受限制。而法官违背释明义务，造成突袭性裁判，侵害了当事人的陈述权和审酌请求权，不当限制当事人提出的新的攻击防御方法也侵害了当事人的陈述权。由此看来，该条款中"违反法定程序"的笼统规定需要不断有新的内容补充。而兜底条款所带来的这种不确定性的风险在于再度导致随意和过度申请再审，因为对一切违反程序的行为都可以提起再审。这不利于当事人法定听审请求权的及时救济，也不利于再审程序本身。

3. 立法上没有规定当事人申请再审必须经过上诉审

当事人申请再审的裁判范围过于宽泛，实际上任由案件放弃审级保障而直接走向再审，不利于引导当事人获取全面的法定听审请求权救济。

首先，再审是在终审判决生效后，法院对生效裁判进行复核审理的法律程序，是种事后补救程序，当事人如果不充分利用上诉程序而径行开启再审程序，实际上浪费了法律所赋予他的维护自身权益的机会。尤其是修改后的《民事诉讼法》第178条规定："当事人对已经发生法律效力的判决、裁定，认为有错误的，可以向上一级人民法院申请再审。"这无疑打消了当事人对于"申诉难"的顾虑，当事人可以充分利用上诉程序维护自身权益。

其次，立法上规定只有经过上诉审的案件才能申请再审，这一方面引导诉讼当事人走上诉程序保护权益，确保其审级利益；另一方面也有利于完善对当事人的法定听审请求权的保护。

法定听审请求权保障并不要求必须经历完整的审级，因此，二审法院如果使当事人有陈述意见的机会，那么当事人在一审中未获听审的程序瑕疵即属治愈，无须再用再审予以保障。将申请再审的案件限制在必须事先经过上诉审的范围内，这一要求并未限制当事人的处分权，相反，它引导当事人合理行使其处分权。按照我国《民事诉讼法》第13条规定："当事人有权在法律规定的范围内处分自己的民事权利和诉讼权利。"处分原则是民事诉讼的重要原则，当事人有权在法律许可的范围内自由支配自己的民事权利和诉讼权利。作为自身利益的直接感受者，当事人对于案件的结果拥有绝对的自由判断。上诉是当事人的诉讼权利，不上诉是对上诉诉讼权利的自由处分，同时也意味着接受审判程序和实体判决的结果。同时,我国没有设置上诉许可制度,地方各级人民法院在普通程序和简易程序中作出的一审判决,以及法律规定的可以上诉的裁定,当事人都可以上诉,这实际上给当事人行使处分权提供了广阔的选择空间。

案件裁判是法官依据法律、良心和经验对案件是非过错作出的判断。由于法官欠缺法律知识和生活经验,裁判难免有错误,因此需要借助救济程序,尽可能让案件审判的结论接近公正。我国程序法设置了二审救济程序,二审就是补救一审审判程序和实体上可能存在的错误,维护二审终审的法律地位和审级制度的完整。对于侵害当事人法定听审请求权的裁判而言,上诉审可以提供有效的救济,如果直接申请再审,当事人实际上失去了一层救济。

4. 申请再审的次数无限制

修改前的《民事诉讼法》没有限制再审的次数,导致个案多次反复再审,危害权利的有效保护和虚化审级制度。修改后的《民事诉讼法》在确立当事人申请再审程序后,也没有对申请再审的次数作出限制性规定,据此,当事人仍然可以多次申请启动再审程序。当事人只要不服判决就可以无数次地重复申请再审,使案件长时间处于不确定状态,不仅当事人的合法权益得不到及时保障,也浪费有限的司法资源,损害法律权威。此外,不限制申请再审的次数,还不利于两审终审制度的维护。我国诉讼审判实行二审终审制的目的就在于运用审级监督的方式,纠正一审可能发生的程序错误和实体不公,因此,审级制度的设计可以保证案件的公正审理,不需要依赖审级以外的其他补救程序来实现法律正义。允许反复申请再审,实际上就是默认了对审级制度的质疑,即对二审终审制的不信任,削弱了审级制度的程序保障价值,甚至使审级制度流于形式。

5. 申请再审的期限过长

修改后的《民事诉讼法》第184条规定了申请再审的期限:"当事人申请再审,应当在判决、裁定发生法律效力后二年内提出。"就该法第179条中关于法定听审请求权的上述规定而言,这一期限过长,因为该条第1款规定的第(7)、(9)、(10)和(12)项事由都是在原裁判生效过程中发生的,完全可以在生效前发现;第(4)和(11)项的情形在判决生效时也可以即时发现对于这类在裁判生效时就能发现的错误，规定相对较短的申请再审期间，有利于及时有效地保护当事人的合法权益，平衡当事人权利救济与生效裁判既判力之间的关系。①

（二）当事人申请再审制度之改进

（1）对当事人申请再审的事由分类，把"原裁判侵害当事人法定听审请求权"作为当事人申请再审的一类事由，并补充"法官违背释明义务"和"不当限制当事人提出新的攻击防御方法"的再审事由。

（2）以当事人法定听审请求权保障作为再审制度设计的理念。

（3）限制申请再审的案件范围，规定：未经过上诉审的案件，当事人不能申请再审。

（4）限制申请再审次数，规定：当事人只能申请一次再审。

（5）缩短申诉期间。

---

① 虞政平主编：《再审程序》，北京：法律出版社，2007年版，第109、110页。

结　　语

本书从历史分析到理论探寻，从法律规范到司法实践，从法律政策主张到具体制度改革，通过对中德法定听审请求权的全景式考察和体系化研究，得出以下结论：

第一，法定听审请求权是一种程序基本权，具有的宪法上的基本权利的至高地位，也是一种法的精神和民事诉讼法的一项基本原则。法定听审请求权源于自然法而为宪法所确认，是对当事人在诉讼中享有请求法院听审的权利的贴切表述，是当事人在诉讼系属后到裁判作出之前所享有的一项程序基本权，与司法裁判请求权存在区别，也不同于辩论主义、平等原则和公平程序请求权，具有独立性。"法定听审请求权"和"法定听审"具有同等含义，即法定听审请求权本身也意味着权利保障。

第二，法定听审请求权仅仅指诉讼系属到裁判作出这一阶段所实施的请求权，不包含司法裁判请求权，即开启诉讼的权利。据此，判决程序可以分为两个阶段，适用不同的理论。法定听审请求权属于程序权保障理论的研究范围，司法裁判请求权属于受案范围理论研究的对象。

第三，法定听审请求权虽然受到各国宪法的保障，但是，德国不仅在宪法上明确强调法定听审请求权，而且在民事诉讼法上明确规定听审责问的民事救济途径，从而全面构建法定听审请求权保障无漏洞体系，因而最具特点。基于法定听审请求权所要求的共同的宪改主义法治国家理论和人权保障观，以及法系上的亲缘关系，我国法定听审请求权的设计可以从德国法获得有益参考。

第四，法定听审请求权在我国实定法化的时机已经成熟，应当纳入我国《宪法》和《民事诉讼法》规范，从而为该权利的保障提供法律依据。我国现行《宪法》明确了人权保障的国家观念，而人权保障正是法定听审请求权的目的和依据。因此，法定听审请求权可以通过宪法化而成为一项宪法性权利，从而获得最高保障。民事诉讼制度和理论都应当以宪法为依据，以法定听审请求权作为其基本原则，保障当事人的程序主体地位。法定听审请求权纳入民事诉讼法，践行我国宪法明确规定的尊重和保障人权的理念，成为一项民事诉讼法基本原则，是我国民事诉讼法的各项制度设计的核心，对民事诉讼理论和制度完善具有指导作用。同时有必要完善法定听审请求权的民事救济程序，使法定听审保障在民事诉讼中得以实现。

参考文献

一、中文类

（一）中文著作

1. 刘敏：《裁判请求权研究——民事诉讼的宪法理念》，北京：中国人民大学出版社，2003年版。

2. 姜世明：《民事程序法之发展与宪法原则》，台北：元照出版社，2003年版。

3. 江伟、邵明、陈刚：《民事诉权研究》，北京：法律出版社，2002年版。

4. 陈荣宗、林庆苗：《民事诉讼法》（上），台北：三民书局股份有限公司，2005年修订版。

5. 林钰雄：《刑事诉讼法》（上册），北京：中国人民大学出版社，2003年版。

6. 陈清秀：《行政诉讼法》，台北：台湾翰芦图书出版有限公司，2001年版。

7. 陈敏：《行政法总论》，台北：三民书局，2004年版。

8. 柴发邦主编：《诉讼法大辞典》，成都：四川人民出版社，1989年版。

9. 陈瑞华：《看得见的正义》，北京：中国法制出版社，2000年版。

10. 殷海光：《中国文化的展望》，北京：中国和平出版社1988年版。

11. 《德汉词典》编写组编：《德汉词典》，上海：上海译文出版社，1987年版。

12. 杜景林、卢谌编：《德汉法律经济贸易词典》，北京：法律出版社，1997年版。

13. 郑永流：《法治四章——英德渊源、国际标准和中国问题》，北京：中国政法大学出版社，2002年版。

14. 何家弘主编：《证据学论坛》第六卷，北京：中国检察出版社。

15. 陈瑞华：《刑事审判原理论》，北京：北京大学出版社，1997年版。

16. 刘兆兴：《德国联邦宪法法院总论》，北京：法律出版社，1998年版。

17. 那思陆：《清代州县衙门审判制度》，北京：中国政法大学出版社，2006年版。

18. 张晋藩：《中华法治文明的演进》，北京：中国政法大学出版社，1999年版。

19. 《中华传世法典·唐律疏议》，刘俊文点校，北京：法律出版社，1998年版。

20. 《中华传世法典·大清律例》，田涛、郑秦点校，北京：法律出版社，1999年版。

21. 维明：《杜维明文集》（第壹卷），武汉：武汉出版社，2002年版。

22. 阿多尔诺：《社会》，载苏国勋、刘小枫主编：《社会理论的政治分化》，上海联书店，华东师范大学出版社，2005年版。

23. 王夫之：《张子正蒙注》，北京：中华书局，1975年版。

24. 韦伯：《儒教与道教》，北京：商务印书馆，2003年版。

25. 瞿同祖：《中国法律与中国社会》，北京：中华书局，2003年版。

26. 中共中央马克思恩格斯列宁斯大林著作编译局编：《马克思恩格斯选集》（第一卷），北京：人民出版社，1995年版。

27. 张中秋：《中西法律文化比较研究》，南京：南京大学出版社，1991年版。

28. 中国社会科学院语言研究所词典编辑室编：《现代汉语词典》（第5版），北京：商务印书馆，2006年版。

29. 黑格尔：《哲学史讲演录》第1卷，北京：商务印书馆，1981年版。

30. 王伯琦：《近代法律思潮与中国固有文化》，北京：清华大学出版社，2005年版。

31. 武树臣等：《中国传统法律文化》，北京：北京大学出版社，2000年版。

32. 刘荣军：《程序保障的理论视角》，北京：法律出版社，1999年版。

33. 廖中洪：《中国民事诉讼程序制度研究》，北京：中国检察出版社，2004年版。

34. 顾培东：《社会冲突与诉讼机制》，成都：四川人民出版社，1991年版。

35. 张卫平：《程序公正实现中的冲突与平衡》，成都：成都出版社，1993年版。

36. 江伟：《中国民事诉讼法专论》，北京：中国政法大学出版社，1998年版。

37. 左卫民：《在权利话语与权力技术之间》，北京：法律出版社，2002年版。

38. 刘星：《法学作业——寻找与回忆》，北京：法律出版社，2005年版。

39. 尹伊君：《社会变迁的法律解释》，北京：商务印书馆，2003年版。

40. 谢觉哉传编写组：《谢觉哉传》，北京：人民出版社，1984年版。

41. 黄茂荣：《法学方法与现代民法》，北京：中国政法大学出版社，2001年版。

42. 左卫民等：《诉讼权研究》，北京：法律出版社，2003年版。

43. 邱联恭：《司法之现代化与律师之任务》，台北：五南图书公司，1993年版。

44. 李祖军：《民事诉讼目的论》，北京：法律出版社，2000年版。

45. 张力：《阐明权研究》，北京：中国政法大学出版社，2006年版。

46. 邱联恭：《程序选择权论》，台北：三民书局，1992年版。

47. 张卫平：《诉讼架构与程式——民事诉讼的法理分析》，北京：清华大学出版社，2000年版。

48. 王亚新：《对抗与判定——日本民事诉讼的基本结构》，北京：清华大学出版社，2002年。

49. 沈达明：《比较民事诉讼法初论》（下册），北京：中信出版社，1991 年版。

50. 杨建华：《大陆民事诉讼法比较与评析》，台北：三民书局，1994 年版。

51. 叶自强：《民事证据研究》，北京：法律出版社，1999 年版。

52. 陈一云：《证据学》，北京：中国人民大学出版社，1991 年版。

53. 邱联恭：《司法之现代化与程序法》，台北：三民书局，1992 年版。

54. 黄松有：《〈中华人民共和国民事诉讼法〉修改的理解与适用》，北京：人民法院出版社，2007 年版。

55. 虞政平主编：《再审程序》，北京：法律出版社，2007 年版。

（二）译著

1. ［德］奥特马·尧厄尼希：《民事诉讼法》（第 27 版），周翠译，北京：法律出版社，2003 年版。

2. ［德］康德：《道德形而上学原理》，苗力田译，上海：上海人民出版社，2002 年版。

3. ［德］奥特马·尧厄尼西：《民事诉讼法》（第 27 版），周翠译，法律出版社，2003 年版。

4. ［德］狄特·克罗林庚：《德国民事诉讼法律与实务》，刘汉富译，北京：法律出版社，2000 年出版。

5. ［德］伯恩哈德·格罗斯菲尔德：《比较法的力量与弱点》，孙世彦、姚建宗译，北京：清华大学出版社，2002 年版。

6. ［日］谷口安平：《程序的正义与诉讼》，王亚新、刘荣军译，北京：中国政法大学山版社，1996 年版。

7. ［英］彼得纽马克（Peter Newmark）：《翻译教程》，上海：上海外语教育出版社，2001 年版。

8. ［英］梅因：《古代法》，范景一译，北京：商务印书馆，1997 年版。

9. ［美］迈克尔·D·贝勒斯：《法律的原则——一个规范的分析》，张文显等译，中国大百科全书出版社，1996 年版。

10. ［美］埃尔曼：《比较法律文化》，贺卫方、高鸿钧译，北京：清华大出版社，2002 年版。

11. ［美］罗文斯坦：《现代宪法论》，日本：有信堂，1986 年版。

12. ［美］杰克·唐纳利：《普遍人权的理论与实践》，王浦劬等译，北京：中国社会科学出版社，2001 年版。

13. ［美］约翰·罗尔斯：《正义论》，北京：中国社会科学出版社，1988 年版。

14. ［意］莫诺·卡佩莱蒂等：《当事人基本程序保障权与未来的民事诉讼》，徐昕译，北京：法律出版社，2000 年版。

（三）中文期刊文章

1. ［德］Robert alexy：“作为主观权利与客观规范之基本权”，程明修译，《宪政时代》，1999 年第 24 卷第 4 期。

2. 萧立明：“论科学的翻译和翻译的科学”，《中国科技翻译》，1996 年第 3 期。

3. 蔡维音："德国基本法第一条"人性尊严'规定之探讨"，《宪政时代》，1992 第 18 卷第 1 期。

4. 高金桂："从安全感需求论少年与儿童之基本人权"，《台湾法学会报》，1999 年 11 月 3 日。

5. 邱联恭："心证公开之理论与实践（一）"，载《月旦法学杂志》，第 19 期，1996 年 12 月。

6. 邱联恭："程序选择权之法理——着重于阐述其理论基础，并准以展望新世纪之民事程序法学"，台湾《法学丛书》，1993 年第 151 期。

7. 季卫东："论程序的意义"，《中国社会科学》，1993 年第 1 期。

8. 季卫东："程序比较研究"《比较法研究》，1993 年第 1 期。

9. 唐力："当事人程序主体性原则——兼论'以当事人为本'之诉讼构造法理"，《现代法学》，2003 年第 5 期。

10. 常怡、黄娟："传统与现实之间"，《法学研究》，2004 年第 4 期。

11. 胡锦光、秦奥蕾："论违宪主体"，《河南政法干部管理学院学报》，

2004 年第 1 期。

12. 何良彬："论现代司法理念与法官创造性释法——兼评司法能动主义在我国的前景"，《当代法官》，2005 年第 1 期。

13. 左卫民、何永军："政法传统与司法理性——以最高法院信访制度为中心的研究"，《四川大学学报》，2005 年第 1 期。

14. 徐显明："人权的体系与分类"，《中国社会科学》，2000 年第 6 期。

15. 田平安、肖晖："简论人权的民事诉讼保护"，《现代法学》，2007 年第 5 期。

16. 周友苏："构建和谐社会中的司法问题研究"，《社会科学研究》，2006 年第 3 期。

17. 唐震："对民事诉讼送达程序若干问题的思考"，《政治与法律》，2002 年第 2 期。

18. 崔建平："诉讼文书送达法律制度的完善"，《法学》，1994 年第 12 期。

19. 曾有焕："关于当庭宣判视为送达的法律思考"，《人民司法》，2001 年第 10 期。

20. 王福华："民事送达制度正当化原理"，《法商研究》，2003 年第 4 期。

21. 周伦军："法官公开法律见解义务探析"，《南京师大学报（社会科学版）》，2003 年 7 月第 4 期。

22. 张卫平："论民事诉讼中失权的正义性"，《法学研究》，1999 年第 6 期。

23. 李浩："举证期限制度的困境与出路"，《中国法学》，2005 年第 3 期。

24. 蓝冰："德国新民事诉讼法律关系理论及启示"，《政治与法律》，2008 年第 1 期。

25. 刘春梅："大陆法系民事诉讼证据排除规则及其借鉴"，《法商研究》，2005 年第 2 期。

26. 姜世明："法律性突袭裁判之研究"，《万国法律》，2000 年第 6 期。

(四) 中文析出文献

1. ［德］卡尔·海因茨·施瓦布，埃郎根，彼得·戈特瓦尔特，雷根斯堡："宪法与民事诉讼"，米夏埃尔·施蒂尔纳主编：《德国民事诉讼法学文萃》，赵秀举译，北京：中国政法大学出版社，2005 年版。

2. ［德］马克·斯福尔考默："在民事诉讼中引入听审责问"，米夏埃尔·施蒂尔纳主编：《德国民事诉讼法学文萃》，赵秀举译，北京：中国政法大学出版社，2005 年版。

3. 刘荣军："德国民事诉讼行为论"，《诉讼法论丛》（第一卷），北京：法律出版社，1998 年版。

4. 滋贺秀三："中国法文化的考察——以诉讼的形态为素材"，滋贺秀三等著：《明清时期的民事审判与民间契约》，北京：法律出版社，1998 年版。

5. 寺田浩明："权利与冤抑——清代听讼和民众的民事法秩序"，滋贺秀三等著：《明清时期的民事审判与民间契约》，北京：法律出版社，1998 年版。

6. 邱联恭："心证公开论——着重于阐述心证公开之目的与方法"，《民事诉讼法之研讨》（七），台北：三民书局有限公司，1998 年版。

7. 邱联恭："突袭性裁判"，载《民事诉讼法之研讨（一）》，民事诉讼法研究会编，1987 年版。

二、德文类

（一）德语专著

1. Kurth, Das rechtliche Gehör im Verfahren nach der Zivilprozeβordnung, Bonn 1964.

2. Mauder, Der Anspruch auf rechtliches Gehör, seine Stellung im System der Grundrechte und seine Auswirkung auf die Abgrenzungsproblematik zwischen Verfassung-und Fachgerichtsbarkeit, München 1986.

3. Keidel, Der Grundsatz des rechtlichen Gehörs im Verfahren der Freiwilligen Gerichtsbarkeit, 1964.

4. Musielak, Grundkurs ZPO, 4. Aufl., München 1998.

5. Kenneweg, Darstellung und kritische Würdigung der Rechtsprechung zum Grundsatz des rechtlichen Gehörs unter besonderer Berüchksichtigung verfassungsrechtlicher Gesichtspunkte, Diss. Münster 1967.

6. Musielak, Kommentar zur Zivilprozeßordnung, München 1999.

7. Karwacki, Der Anspruch der Parteien auf einen fairen Zivilprozess, Köln 1984.

8. Schilken, Eberhard, Gerichtsverfassungsrecht, 2. Aufl., Köln 1994.

9. Schwartz, Gewährung und Gewährleistung des rechtlichen Gehörs durch einzelne Vorschriften der Zivilprozeßordnung, Berlin 1977.

10. Rosenberg/Schwab/Gottwald, Zivilprozeßrecht, 15. Aufl., München 1993.

11. Rüping, Der Grundsatz des rechtlichen Gehörs und seine Bedeutung im Strafverfahren, Berlin 1976.

12. Greifelds, Rechtswörterbuch, 17. Aufl., München 2002.

13. Wassermann, Zur Bedeutung, zum Inhalt und zum Umfang des Rechts auf Gehör, DRiZ 1984.

14. Franklin, Reichshofgericht im Mittelalter, 2. Bd, Hildesheim 1967.

15. Brunner, Deutsche Rechtsgeschichte, 2. Bd. Leipzig 1892.

16. Deppeler, Due Process of Law, Ein Kapitel amerikanischer Verfassungsgeschichte, Ben 1957.

17. Vocke, Annemarie, Grunddrechte und Nationalsozialismus, Diss. Heidelberg 1938.

18. Wassermann, Rudolf, Der soziale Zivilprozeß, Luchterhand 1978.

19. Stammen, Der Rechtsstaat-Idee und Wirklichkeit in Deutschland, München 1977.

20. Karpen, Die geschichtliche Entwicklung des liberalen Rechtsstaates, Mainz 1985.

21. Kaufmann, Beiträge über das Prinzip des rechtlichen Gehör nach zürischerischem Zivilprozeβrecht, Diss. Zürich 1935.

22. Habermas, Strukturwandel der Öffentlichkeit, 5. Aufl., Berlin 1971.

23. Hohmann, Die Übermittlung von schriftstücken im der Zivilverwaltungs- und Finanzgerichtsbarkeit, Köln 1977.

24. Waldner, Der Anspruch auf rechtliches Gehör, 2. Auflage., Köln, 2000.

25. Kopp, Verfassungsrecht und Verwaltungsverfahrensrecht, München 1971.

26. Kettembeil, Juristische Überraschungsentscheidungen als Problem von Logik und Strukturen im Recht, Frankfurt/M, Berlin: Lang 1978.

27. Thomas/Putzo, Zivilprozeβordnung, 22. Aufl., München 1999.

28. Schilken, Gerichtsverfassungsrecht, 2. Aufl., Köln 1994.

29. Rosenberg, Lehrbuch des deutschen Zivilprozeβ rechts, 5. Aufl., München 1951.

30. Thomas/Putzo, Zivilprozeβordnung, 22. Aufl., München 1999.

31. Weth, Die Zurückweisung verspäteten Vorbringens im Zivilprozeβ, Köln 1988.

32. Goldschmidt, Der Prozeβ als Rechtslage, Berlin 1925.

33. Waldner, Der Anspruch auf rechtliches Gehör, Köln 1989.

（二）德文期刊

1. Wassermann, Zur Bedeutung, zum Inhalt und zum Umfang des Rechts auf Gehör, DRiZ 1984.

2. Schumann, Die Wahrung des Grundsatzes des rechtlichen Gehörs-Dauerauftrag für das Bundesverfassungsgericht. NJW 1985.

3. Baur, Fritz, Anspruch auf rechtliches Gehör, AcP 153.

4. Stein/Jonas/Leipold, BayVerfGH, NJW-RR 1998.

5. Leipold, Prozeβförderungspflicht der Parteien und richterliche Verantwortung, ZZP 93.

6. Deubner, Das Ende der Zurückweisung im frühren ersten Termin, NJW 1985.

7. Waldner, Kognitionsgrenzen des Bundesverfassungsgerichts bei der Verfassungsbeschwerde gegen Zivilurteil, ZZP 98.

8. Deubner, Willkürschutz statt Grundrechtsschutz Zum Bedeutungsverlust der Grundrechte im Verfahren der Verfassungsbeschwerde, NJW 1987.

9. Leipold, Auf der Suche nach dem richtigen Map bei der Zurückweisung verspäteten Vorbringens, ZZP 97.

10. Schumann, Die Wahrung des grundsatzes des rechtlichen Gehörs-Dauerauftrag für das Bundesverfassungsgericht, NJW1985.

11. Bülow, Proßrechtswissenschaft und System des Civilprozessrechts, ZZP（27）.

12. Röhl, Das rechtliche Gehör, NJW 1964.

13. Arndt, Dasrechtliches Gehör, NJW 1959.

14. Leonardy, Überraschungsentscheidungen im Zivilproß, NJW 1965.

15. Prütting, Die Grundlagen des Zivilprozesses im Wandel der Gesetzgebung, NJW 1980.

16. Winterfeld, Das Verfassungsprinzip des rechtliches Gehörs, NJW 1961.

17. Bettermann, Hundert Jahre Zivilprozessordnung-das schicksal einer liberalen Kodifikation, ZZP 91（1978）.

18. Pawlowski, Die Aufgabe des Zivilprozesses, ZZP 80（1967）.

（三）德文析出文献

1. Habermas, Vorbereitende Bemerkungen zu einer Theorie der kommunikativen Kompetenz, in: Theorie der Gesellschaft oder Sozialtechnologie. Frankfurt am Main 1971.

2. Zeuner, Der Anspruch auf rechtliches Gehör, Festschrift fur Hans Carl Nipperdey, Bd. I, München/Berlin 1965.

（四）德国联邦议会文件

1. BT Drucks 14/4722.

2. BT Drucks 10/2951.

（五）德国判例

1. BVerfGE 60, 7.
2. OLG Nürnberg MDR 57, 45, 46.
3. OLG Köln NJW 52, 1191.
4. BVerfGE 107, 395, 409.
5. BVerfGE 50, 1；51, 146 und 352；52, 203.
6. BVerfGE 26, 66（71f）；52, 131（143）.
7. BVerfGE 83, 182, 194.
8. BayVerfGH, NJW 1984, 1874（1875）.
9. BayVerfGH, 313：61、70.
10. BVerfGE, 71, 202.
11. BayVerfGH 4, 21 ff.（26）.
12. BVerfGE 4, 7.
13. BVerfGE 27, 1.
14. BayVerfGH 17, 44f., 23, 14ff.
15. BVerfGE 89, 28, 35.
16. BVerfGE 39, 1, 41.
17. BVerfGE 18, 399, 403.
18. BVerfGE 66, 313, 318f.
19. BVerfGE 81, 123, 126.
20. BVerfGE 21, 132, 137.
21. BVerwG NJW 1993, 847.
22. BVerfGE 1, 332, 347.
23. OLG Hamm, MDR 1979, 766.
24. BVerfGE 109, 279, 370.
25. BVerfGE 36, 85, 88.
26. BVerfGE 26, 37（40）.

27. BFHE 74，151（153）.

28. BVerfGE 40，95，(98f).

29. BVerfGE 11，218，220.

30. BVerfGE 70，93，100.

31. BVerfGE 50，32（35）.

32. BVerfGE 70，215，218.

33. BVerfGE 72，119，121.

34. BVerfGE 12，110，113.

35. BVerfGE 63，80，86；62，347，353.

36. BVerfGE 70，288，293.

37. BVerfGE 86，133（144f）.

38. BVerfGE 86，133（145）.

39. BVerfGE 69，145，149.

40. BVerfGE 69，145，149.

41. BVerfGE 69，141，144.

42. BGHZ 86，218.

43. BayVerfGH，NJW 1989，215（216）.

44. BVerfG，NJW 1989，706.

45. BayVerfGH，NJW 1990，502（503）.

46. BGHZ 150，133.

47. BVerfGE，42，248，249.

48. BVerfGE，55，95，99.

49. BVerfGE，29，345，347.

50. BVerfGE，67，39，41.

51. BVerfGE，60.250.252.

52. BVerfGE，54，86，92.

53. BayVerfGHE，12，127（129）.

三、其他外文文献

1. ［美］尤金·奈达（Eugene A. Nida）：《语言、文化与翻译》（英文版）（LANGUAGE，CULTURE AND TRANSLATING），上海：上海外语教育出版社，1993年版。

2. ［日］山田日成：《ドイシ下法律用語辞典》（改訂増補版），大学書林株式会社，平成6年第3版。

3. ［日］山木户克己："诉讼当事人权：诉讼与非讼程序构造的差异考"，《民商法杂志》39卷456号，1959年。

4. ［日］本间靖规：《手续保障侵害救济》，载上田他著，《效果的权利保护宪法秩序》，法律文化社，1990年。

5. Dennis Campbell, Transnational Legal Practicem, Kluwer Law and Taxation Publishers 1982.

6. Watson, The Making of the Civil Law, Cambridge, Mass., 1981.

致　　谢

法律敬畏什么？人性尊严。

当目光超越国界，当思想穿透时光，人性尊严与法治在异域法律文化之间的碰撞总让我满怀激情，又心生敬畏。斯宾诺莎论伦理，开篇谈的是神。古今中外，童颜鹤发，无不在神话故事中获得关于人的最初印象。纵然科学的发展使人的解释具有了生物学的定义，可是这并不否认人生为一个人就具有的权利。德国文豪歌德一生不辍地歌颂人性光辉，德国法却精巧细致地构建着人权保障体系，而中国法制在现代化和全球化的潮流中，又如何实现保障人性尊严这一法的理念呢？

思考始于论文写作，却无法在搁笔时终止。文字承载思想的火花，是许多人心血的凝集。

感谢导师田平安教授。追随先生多年，学术之路与人生之旅中的点滴进步都凝聚着先生的心力。先生学术思想高屋建瓴，纵深理论又关注实务，立足本土又放眼域外，引领我发掘德中法律文化的精髓。博士论文选题的时候，先生不仅提出了诸多建议和殷切期望，而且给予我挑战自我的莫大鼓舞和勇气。先生治学严谨，追求卓越。在论文写作过程中，与先生的每一次交谈，哪怕三言两语，都令我醍醐灌顶，如坐春风之中。在论文修改意见书上，当看着那些细微到标点符号错误的提示标注时，由衷感念先生对我寄予的厚望，我更加惭愧不已，唯有倍加勤奋与努力。先生胸怀博大，精力充沛，思维敏捷，任何困难当前仍然从容面对。每当我遭遇挫折，就会想起先生率领我们在运动场上的每一次挥汗搏击，绝不放弃。感谢师母张玉敏教授。师母学识渊博，开拓创新，宽容豁达，她独到的见解能瞬间化解我的疑惑，她爽朗的笑声犹如阳光照耀心田。从师求学路上，我不及学富五车，但是日趋心智圆融。"不忘春风教，长怀化雨恩。"先生和师母的教诲与期望，我永远铭记在心。

感谢西南政法大学常怡教授，他年逾古稀依旧专注学术而勤耕不辍，对本书的选题和写作提出了珍贵的意见和建议，他的鼓励和指引一直是我前行的动力；感谢李祖军教授以丰富的法律实务经验和独到的法律见解给我深刻启示；感谢廖中洪教授为论文的写作提供了精辟的理论启发和建议；感谢黄松有副院长以丰富的司法实践给本书提供宝贵的指导；感谢汪祖兴教授给以思想在法的理性和务实之间游走的乐趣；感谢徐昕教授在比较法研究方面给予的真知灼见。

感谢华东政法大学陈刚教授勤奋而专注的学术激情的感染；感谢四川大学左卫民教授给予严密的思维和敏锐而深刻的洞察力的学术指引；感谢西南财经大学吴越教授启迪丰富的学术想象力和倾力支持。

感谢德国科隆大学普吕廷教授，他的学术激情和智慧吸引着国际型学者，感谢他对我的热忱帮助和殷切希望；感谢德国法兰克福大学赫尔穆特·科尔教授无私的帮助与深切关怀。作为一名经济法专家，他以渊博的学识、儒雅的学者气质和和蔼可敬的绅士风度，不仅让我在他的家乡领略了德国法的浩瀚精深和严谨细致，也让我对德意志民族及其文化充满敬意。

深深怀念德国法兰克福大学曼弗雷德·沃尔夫教授。一年前，他在参加一个国际会议时，不幸猝然病故异乡。在他那四壁图书的办公室里讨论我的博士论文选题的画面，凝固成美好而永恒的记忆。

特别感谢德国法兰克福大学留德博士丁晓春女士，难忘那些在Bockenheim共度的短暂而愉快的游学时光。没有她热心地查找资料、热烈地探讨德国法的不解之疑，我的博士论文写作困难将难以想象。

感谢何静、苑书涛、段文波和施鹏鹏，人生因为有你们的陪伴而精彩且充实；感谢彭融和王焜为我的博士论文的写作提供智识启发，人生因为你们陪伴而深刻且有意义。

感谢我的同窗江霞、郝振江、赵泽君、王嘎利，与你们共度求学是一段弥足珍贵的难忘而快乐的时光；感谢我的师妹陈飚，总是热情认真地做事，给我鼓励和快乐。

感谢我的父母和家人。当酷爱旅游的父亲亲自下厨，变着花样地为我煲汤做饭；当慈爱内敛的母亲努力背诵着听来的笑话放松我紧张的情绪；当在国外出差的姐姐还操心着添置家用的时候，我知道那是怎样一种无私而深沉的爱。

无言的谢意和挚爱献给我的丈夫黄春水。在我异乡求学数年，他独自一人默默扛起了家庭重担，在经济上给我倾力支持。当我遭遇困难和挫折的时候，有他的鼓励和宽慰相伴；当我为自己取得的一点点进步而沾沾自喜的时候，是他勉励我历练一种胸怀宽广、博学谦逊的高贵的学者气质。就在我的博士论文里，也有他悉心校对的笔迹……携手人生，无怨无悔。他是我心的归属，精神的家园。

蓝　冰
2008 年 3 月